MY TWENTY-FIVE YEARS IN CHINA

「在支二十五年」

米国人記者が見た戦前のシナと日本

上

ジョン・B・パウエル【著】
中山 理【訳】
渡部昇一【監修】

祥伝社

「在支二十五年」米国人記者が見た戦前のシナと日本（上）

装幀　中原達治

推薦の辞

小堀桂一郎

（一）

一九四五年（昭和二十年）の出版物である本書が、刊行後六十三年を経た後世である本年（平成二十年）に至つてその初めての日本語全訳が上梓されることになつた。この数奇なめぐり合せに、本書原著の存在のみは二十年近い過去に認識してゐた者として一種異様な感慨を禁じ得ない。異様な、といふのは、原書刊行から邦訳実現までの六十余年といふ歳月の長さと、それにも拘《かかわ》らずこの書の邦訳出現を促した時代の要請といふものの根深さが、やはり尋常のものではないと思ふからである。

それは、同時代の証言記録としてのこの文献が、書庫の一隅に眠らせておけばよい様な歴史的過去の記念物となり果せてゐるわけではなく、依然として今日現在の国際関係についての有効な研究資料たり得る現役の参考文献なのだ、といふ事実への感慨でもある。

本書の存在が視野に入つてきたのは、平成三年春に發足した『東京裁判 却下未提出 辯護側資料』編纂事業の途上に於いてのことである。東京裁判（正式には「極東国際軍事裁判」）の全公判（昭和二十一年五月三日～二十三年十一月十二日）の殆《ほとん》ど全日程を傍聴席に通ひ詰め、克明な「公判日誌」を作成された（日誌本文は上記『辯護側資料』第八巻に「附録」として所收）故冨士《ふじ》信夫《のぶお》氏の記録によれば、本書の原著者ジョン・B・パウエルは、昭和二十一年八月五日・六日の両日、東京裁判法廷に検察側證人として出廷し、日本の対支侵攻行動について證言、書證をも提出してゐる。

その證拠文書といふのがおそらくこの『在支二十五年』中の満洲事変関連部分ではなかつたであらうか。パウエルは検察側證人として出廷し、当然ながら検察側に有利に、被告たる日本側には不利に作用する様な線での證言をしたのであるが、その時に、このパウエルの回想記が辯護側の證拠資料としても有効なものなのではないかといふ事に着目した辯護団は十分に明敏だつたと称揚してよいであらう。

元来検察側證人として出廷し、上海のブリッジハウス収容中に受けた苛酷な処遇への怨みを忘れないパウエルの回想記なのであるから、そこに一般的に日本に対して有利な記述を期待することができないであらうことは、辯護側ももちろんよく心得てゐたであらう。だがパウエルが、当時の東アジアの英米系の情報機関として高名な存在だつた『チャイナ・ウィークリー・レヴュー』の編集長といふ責任ある地位に在つた人物だけに、まさかその手記が全般的に対日悪意に満ちた宣伝文書であるはずもなく、それは一九一七年（大正六年）から四二年（昭和十七年）にかけての支那大陸に於ける政治・社会情勢について十分に公正な「客観的」記述の證言たり得る資料であると思はれた。且つ著者の英語ジャーナリズムの世界に於ける経歴と受けてゐる信頼の度合からしても、国際軍事裁判の場での證言としての有効性に辯護側がある種の期待をかけたのは尤《もつと》もな事であつた。

（二）

因《ちな》みに前以て記しておくべきだと思はれる一つの前提事項がある。パウエルが囚獄に於いて日本人から受けた虐待の怨みがどれほど執念深いものであつたかどうかには関係なく、およそ辛亥革命以後の支那大陸で何らかの職務や事業に従事したアメリカ人の大多数が、殆ど「先験的」に「親中反日」の情念、むしろ氣質の持主であつたといふ事である。歴史的に考へてみれば是亦《これまた》当然の話であり、パウエルが特別な例であつたわけでは全くない、といふこの関連は一考に値する。

何故ならば、彼等アメリカ人の眼から東アジアでの（といふよりインドが大英帝国の領土の一部に過ぎなかつた以上、東半球全体でといふべきか）代表的な二つの独立の強国ではあつた日本と中華民国を見比べた時、二千年の歴史を誇る大日本帝国と、アメリカ合衆国と共通の国体を有すると見える支那人の新生共和国と、彼等がそのどちらに親愛感を有するか、それは文字通りの自明の理によつて後者贔屓《びいき》になるに決つてゐたのである。アメリカ国民なる存在自体が、大英帝国に叛旗を翻して独立革命を成就した結果の共和国の民である。独立以後にも南北戦争を最大とする多くの内戦及び外戦（例へば一八一二〜一四年の米英戦争）を経て、第一次欧洲大戦を機会に漸《やうや》く五大列強の位置に上りつめた新興国である。中華民国も亦、清王朝の支配に対する叛逆としての国民革命を成就し、現在産みの苦しみとでも呼ぶべき幾多の内紛を抱へながら、懸命の建設途上にある新興国なのだが、その国の前途に立ち塞つて、清朝の亡霊たる満洲帝国を支持し、中華民国の自由な発展を牽制する役割を担つてゐるかの如くに見えたのは、どう見ても明治維新以来の対外戦の連勝に傲《おご》る大日本帝国である。同情すべきは同氣相惹く仲の中華民国であつて、憎むべきは日本である……。

この單純で明快な図式的先入観から免れてゐるアメリカのアジア研究者は稀である。その稀なる例としてすぐ思ひ浮ぶのは、これは研究者の範疇に入れるべきではない秀れた外交官J・V・A・マクマリーである。彼のメモランダム『平和はいかに失われたか（How the Peace Was Lost)』は一九三五年に書かれてあつた原稿が一九九二年に出版され、その五年後の一九九七年に邦訳された（原書房）ものであるから、パウエルの本書と同様、著述されてから日本人一般の眼にふれるところとなるまでに六十二年を経過してゐる。マクマリーは職業的外交官で、しかも且つ当時在支外交官中最高の地位であつた公使として、元来卓越した知性と透徹した戦略眼の持主であり、親中反日といつた感性的な図式を遙かに超越した高い世界史的次元で物を見、考へてゐた人であつた。これは正に例外的存在と見るべきであらう。

同じく外交官であつてもラルフ・タウンゼントの場合は、領事館員といふ紛《まご》う方《かた》なき「現場」の職位にあつたため、自由なジャーナリスト達が見たくはない故に見ないですましてゐた支那人の国民性の醜悪な現実を退引《のっぴき》ならぬ「写実派」の眼を以て見てゐた。その現場体験の結果として彼は上記の図式を反転させて「親日反中」の観察記述を克明に綴る事になつた實に珍しい存在である。そして彼の手記（Ways That Are Dark - The Truth about China）も亦、不思議な事に原稿は一九三三年に書き上げられてあつたのに出版されたのは実に六十四年後の一九九七年であり、それが『暗黒大陸中国の真実』（田中秀雄・先田賢紀智共訳）として邦訳されたのはその更に七年後の二〇〇四年（芙蓉書房）である。又この著作の後に続けられてゐたタウンゼントの氣の毒なほどに冷遇され、非力なものだつた言論活動の記録は上記の書と同じ訳者の丹念な蒐集と編纂により『アメリカはアジアに介入するな！』との題名で邦訳されてゐる（二〇〇五年、芙蓉書房）。

（三）

話がそれた様であるが、マクマリーやタウンゼントの如く、先入見なき眼光を以て二十世紀前半の支那大陸の現実を観察し報告し得たアングロサクソン系知識人の方が完全な少数派、といふよりも、所謂《いわゆる》「絶えて無くして僅かに有る」稀有な存在なのである。我々が一ジャーナリストとしてのパウエルの「在支二十五年」の経験に、その様な公正な観察眼を期待しても、それが所詮無いものねだりにしかならないのは実に已《や》むを得ない次第である。

ところが、そこに又逆説的な本書の史料的価値が浮上してくるのが面白いところである。即ち、型通りの「親支嫌日」のアメリカ人パウエルにしても、當時の支那には、その職業意識からして彼が到底無視默過するわけにはゆかない「排日」を主眼とする暴力的非合法的排外運動の長期に亙る猖獗《しようけつ》とそれに対する各国の居留民保護の自衛行動、そしてそこから發する紛争と混乱の現実といふものがあつた。それに加へて西安《シーアン》に於ける張学良の蔣介石監禁事件を象徴的現象とする国民党と共産党との間の政争、武闘、妥協、合作等の関連から生ずる日本にとつての緊張や対抗的処置の諸件は、正しく現地感覚を以て記述されてゐると評してよい。

昭和二十二年二月二十四日に東京裁判法廷での審理が辯護側立證の段階に入つたところで、極めて早い時期（二月二十六日）に、辯護団はパウエルの『在支二十五年』からの何箇所かの抜萃を法廷に提出する事を試みてゐる。然しそれらは、一新聞記者の意見に過ぎず法廷での證明力は有さない、とか、支那の国内事情は本法廷での審理に関係がない、とか、著者の滑稽なる観測記事に過ぎない、といつた理由を付けて、或いは裁判長の単独即決で、或いは判事団の多数決で、次々と却下されて行つた。却下理由の中には、訴追国二国にとつての不快な言辞を弄してゐる、などといふ感情的判定もあつた。二国とは言ふまでもなく当時の中華民国とソ連であり、〈不快な言辞〉などといふ表現が提出された證拠書類却下の理由に恬然として挙げられてゐるところにも、この裁判の「勝者の裁き」としての傲慢さと恣意性がよく表れてゐる。

上海に於ける国民党と共産党の衝突事件を支那に於ける秩序混乱の例證として提出した或る辯護側文書には、〈著者（パウエル）が検察側證人として出廷證言した時には、彼の個人的観察・意見も證拠として受理されてゐる。（故にこの観察も）證拠として受理してもらひたい〉との辯護団の申立書が添へてあつたのだが、それでも却下された。その理由は〈内容は著者の個人的観察・意見であつて、證明力は無い〉といふものであつた。

（四）

本書の第十一章は「ブルー・エクスプレス事件」といふ、現今の慣例によれば列車ハイジャック事件と呼ぶのが適当であらう様な珍しい事件の長文の記述に充てられてゐる。これは一九二三年（大正十二年）五月五日に山東省で発生した、一般の歴史年表では「臨城土匪《りんじょうどひ》事件」と呼ばれてゐるもので『辯護側資料』第三巻には「ブルー・トレイン事件」として相当の長文が抄録されてゐる。パウエルの手記からの證拠提出は却下につぐ却下の扱ひで辯護側も意氣沮喪し、この部分は未提出に終つてゐる。事件の詳細は本書の記述に依つて見て頂ければよいのでここに紹介はしないが、一箇所少しく興味を惹く記述がある。それは列車強盗により拉致され人質となつた外国人旅客中の西洋人を救出するための列国の国際的行動が起されたのであつたが、この時おそらく義和団事件の前例に徴して日本の軍隊の国際的救出活動への参加が期待されてゐたのであつたらう。然し日本政府は何の動きも見せなかつた。列強の中で日本だけがこの事件に冷淡だつた。パウエルは本文から読みとれる通り、そのことを恨めしげな、又如何にも日本を見下した様な語調で記してゐる。確かに拉致被害者の中に日本人は入つてゐない。そのことだけのために日本が救出に協力しなかつたのだとしたら、義侠心の欠如を責められても仕方がない。だが日本政府がこの事件の解決に協力的でなかつた背景として、パウエルが日本政府スポークスマンの談話として正直に伝へてゐる通り、日本には前年一九二二年のワシントン軍縮会議で日本に対し山東省からの撤兵を強要した列強の態度についての言分があり、且つ又現地の秩序維持のために日本が主張してゐた山東省での駐兵継続が認められてゐたらこの様な匪賊の列車襲撃事件などは起らなかつたであらう、との推論の表明は十分顧慮に値する。それに加へて、これはパウエルがふれるはずもない背景事情であるが、この事件の生じた年の数年前からパウエルの母国アメリカに於いては露骨な人種差別観に発する排日政策が次第に強化されつつあり、一九二二年には日英同盟の解消成功の勢《いきおい》に乗つて日本人移民の帰化権否認、既得移民権剝奪の暴挙に出てゐる（同年には「絶対的排日移民法」が成立する）。

明けて一九二三年（大正十二年）には年頭から支那各地での排日運動が激化し、三月には中華民国政府が二十一箇條の廃棄と旅順・大連の回收を要求するのも、明らかに合衆国政府の排日政策への便乗であり、裏から見ればアメリカによる支那の排日・侮日政策教唆なのである。その五月に起つた列車ハイジャック事件に、日本が北清事変に際しての如き国際的義俠心を發揮しなかつた事を咎める資格が誰にあらうか。むしろ日本政府スポークスマンの表明に見られる通り、山東省の土匪は日本軍の撤收によつて生じた一般的秩序維持能力の空白に素早くつけこんでこの暴挙に出たと見る方が自然であらう。

ここに挙げたのはその僅か一例なのだが、この様にパウエルのこの回想記は、読者の歴史的知識の詳細と視角の広さに応じて、そして何よりもこれを読み進めてゆく際の注意深さと愼重さに応へる形で、種々の面白い新視点を提供してくれる情報を豊富に含んだ書物である。著者の露骨な嫌日感情、例へばこのブルー・エクスプレス事件とその解決の形を回想した著者が恬然と口に出してゐる、「日本人《ジャップ》の悪党どもよりシナ人の匪賊のほうが好きだ」といふ乱暴なせりふに象徴される如く、我々にとつて決して愉快な読み物ではない。だが、それにも拘らず、所謂戦間期の二十五年に於ける支那大陸の政治と社会の実相を、行間から入念に読み出すことのできる好個の史料として、此書を広く世の読書人諸氏に推薦したいと思ふ。

監修者まえがき

渡部昇一

なぜ反日文書が弁護側資料として提出されたのか

日本の戦争犯罪を裁くための極東国際軍事裁判（いわゆる東京裁判）はそもそも無理な裁判であったことが、時間が経つに連れてますます明らかになってきている。

第一に、判事がすべて戦争の当事者である国々から出されている。裁判が公平と正義のためのものならば、判事は中立国からのみか、勝者・敗者の両方からと、中立国から出さないといけない。

第二に、検事の論告にも中立国が加わらないと、勝者が自分の都合のよいことだけ並べ立てることになる。

第三に、国際裁判である以上、国際法によらなければならないのに、裁く基準となる規程は、占領軍の最高司令官マッカーサー――実際にはその参謀部が検事側と相談して作った――の名において発令された条例であり、国際法的には恣意的と言ってもよいものであった。

第四は、国際法で裁くとすれば、戦争犯罪は勝者も敗者も同じ物差しで裁かれなければならないのに、勝者の犯した犯罪は明々白々の大量虐殺（たとえば無差別爆撃や原爆）でも一切不問に付せられたのに反し、敗者の場合は捕虜に対する監督不十分まで裁判の対象になった、などなど、並べ立てることが容易である。

　こうした裁判であったから、弁護側の主張に断然分《ぶ》があった。裁判の始めに、清瀬《きよせ》一郎《いちろう》弁護人が、この裁判の管轄権を問うたところ、裁判長は答えることができなかった。本当はこれで公訴棄却になるべきだというスミス弁護人の主張は正しいのである。しかしこの裁判はドイツを裁いたように、とにかく日本を有罪にするという目的のものであったから、強引に進められたのである。ドイツを裁いたニュールンベルク裁判は、対象がナチス党と限定されたのに対し、日本の場合は、昭和三年（一九二八年）以降の日本の合法的な政治と軍事のすべてが裁判の対象になったのである。つまり日本の近代史が裁かれたのであった。

　弁護団の活躍は目ざましかった。公平な裁判であったならば、被告を無罪にすることは比較的容易であったろう。しかし裁判所は、検事側の証拠には甘かったが、弁護側の証拠には不当に厳しく、片っ端から却下していった。それは現在『東京裁判 却下未提出 辯護側資料』として八巻もの膨大な書物として出版されている。このうち「未提出」とあるのは、却下された資料と同じようなもの、あるいはその関連した資料であるため、却下されることが事前に明らかであったため提出を控えたものであり、資料としての質が劣っているわけではない。

　却下されたものの中には超一流の資料といってもよいものがあった。たとえばレジナルド・ジョンストンの『紫禁城の黄昏』（もちろん原書で提出。本書の訳者による全訳書は祥伝社刊）などがそれである。これは満洲国の成立の本質にかかわる最も重要なもので、これが証拠として採用されていたら、東京裁判自体が成立しなくなるようなものであった。このほかに却下された書物の中で、ジョンストンの本とは別の意味で注目を引くものがある。それがパウエルの書いた『在支二十五年』という大著である。この著者は、第一次世界大戦の終わり頃からシナに渡り、上海で新聞社をやっていたジャーナリストである。彼は日米開戦後に上海の収容所に入れられ、凍傷のため踵《かかと》に重傷を負った人物で、骨の髄まで日本と日本人を憎んでいた。その人物が戦争中にアメリカ人の反日感情を高めるために出版したのがこの本なのである。日本や日本軍のために好意的なこと、有利になることなど何一つ書いていない。それなのに東京裁判の弁護団は本書を弁護側資料として申請したのである。

なぜか。憎日ジャーナリストの書いた戦時中の本ならば、日本軍に有利なことを書く気のないことは明瞭なのに、客観的には日本の弁護に使える記述があったからである。親日家の証言や資料――たとえばグルー駐日アメリカ大使やクレーギー駐日イギリス大使などの証言――ならば割引したり、却下したりする裁判長の気持ちも解らなくはない。

しかし反日・憎日のジャーナリストが戦時中に書いたものをなぜ証拠として取り上げないのか。それは逆説的になるが、最も有力な弁護側資料になるからだ。それは「日本を絶対に有罪にしなければならない」という使命感に溢れた裁判長が絶対に採用してはならない資料なのであった。

それはコミンテルンとその指示を受けた中国共産軍の暗躍を証明しており、大陸における当時の日本政府の行為の正当性を裏付けることにつながるからであった、と思われる。

過去の大戦の問題は、あれから七〇年経っても時事問題である。特に中国に関しては未来問題でもあるのだ。ここにこの大著の邦訳の意味がある。

「百人斬り」と「南京」を世界に知らしめた書物

中山氏は本書を訳している間、非常に不愉快であったという。極め付きの反日的文書であり、明らかに当時の単なる風聞にすぎないことを、事実として書いているからである。そうした悪質な〝風聞〟には日本の新聞記者も〝種〟を提供していた。たとえば例の「百人斬り競争」である。つまり『東京日日新聞（今の毎日新聞）』に昭和十二年（一九三七年）十一月末から十二月中旬の南京陥落までの間に、向井《むかい》少尉と野田《のだ》少尉の二人が百人斬り競争をしたとして、数回にわたって掲載された浅海《あさみ》記者による記事のことだが、この記事の内容は上海で新聞社をやっていたパウエルの手許にも届いた。もちろん、これは日本軍の残虐性についてのよい例として、本書にも採用されている。この事件は、パウエルの本が英語の書物であるために世界的に有名になった。

戦後、この二人の少尉は南京の軍事法廷に呼び出され、銃殺刑にされた。この二人の少尉はすでに復員して日本に帰っていたので、呼び出しされた時も、応じないで田舎の親類のところにでもかくれておればよかった。呼出し状を持っていった警官も、「見当たらず」と報告すればよい話で、そういう示唆もしたというが、二人ともその新聞記事は真っ赤なインチキ記事であることを知っていたので、法廷で弁明すれば明らかになるはずだと信じて呼出しに応じて南京に行き、死刑になったわけである（中国の軍事裁判を日本の裁判のようなものと二人は信頼していたらしい)。

しかし軍事裁判を行なった中国側としては、話の出所が日本の大新聞であり、パウエルを通じ「世界に知られている」話であったから、死刑に処するに十分な理由があったと主張できよう。無罪にできる唯一の方法は、このインチキ記事を書いた浅海記者が、「私がインチキ記事を書きました」と証言することであったが、彼は証言することから逃げたのである。

ついでに言っておけば、この事件は戦後ずっと後になって、朝日新聞の本多勝一記者によって取り上げられ、また注目を浴びることになった。それは月刊誌『諸君!』で山本七平氏との論争になったが、大隊副官であった少尉と、歩兵砲士官であった少尉が戦場で百人斬りなどの競争をすることは軍制上不可能であるとの指摘や、日本刀で百人の敵を斬ることなど不可能であるなどの指摘で、本多記者の完敗と思われたが、その後、本多記者は「この二人は一般住民の首を斬ったのだ」という主旨に切り換えている。つまり、当時の日本の新聞の記事に「残敵」とあるのを無視し、パウエルの「犠牲者の大部分は、シナ市民だったのだろう」という憶測記事に頼るという卑怯さを示したのだ。その二人の写真を撮った写真記者自身も百人斬りを否定しているにもかかわらず、である。

このことは、戦前にも戦後にも、日本の国益を大いに損なうウソをつく大新聞の記者がいたことを示している。そのウソも日本の中だけならまだしも、パウエルの場合のように、英語の本や英語の新聞記事になると、とんでもない被害を日本人や日本人の子孫に与えることになるのである。その一例は〝従軍〟慰安婦問題だが、この問題も、朝日新聞記者の発したインチキ報道が英語の新聞などに取り上げられたことによる。この問題の原形がすでにパウエルの本に見られるのだ。

いわゆる南京事件についても、パウエルは日本軍の残虐性を書いて余すところがない。その話の出所は――パウエルは上海にいた――外国人宣教師のものによるとしている。また写真も見たと言っている。今日では、そうした宣教師たちの話はすべて伝聞や風聞のたぐいであることが証明されているし、写真というのも残虐性を示す証拠として使えるものは一つもないと実証されている。しかしこうした写真もフィッチという宣教師がアメリカに持ち帰って、アメリカの反日感情を煽り、そこで働くアメリカ人宣教師の活動の宣伝をしたのである。ちなみにこのフィッチ宣教師は、昭和七年（一九三二年）に上海における天長節祝賀会場に爆弾を投げ、白川大将や重光葵駐華公使らを負傷させた（白川大将は一カ月後に死亡）朝鮮人尹奉吉をかくまい、逃走する時は、自分の車に乗せて助けた人である。当時のシナ大陸にいたプロテスタントのアメリカ人宣教師には、その地で生まれた人も少なくないこともあってか（フィッチも蘇州生まれ）、反日家が多く、テロを助けた例もあるくらいだから、反日宣伝をやるのは当然であった（カトリック教会は「日本軍を助けよ」という指示を出したということが、当時『ニューヨーク・タイムズ』で取り上げられ、話題になっている）。

シナの資金援助を受けての宣伝活動

問題はこうした宣教師たちの中には、蔣介石政府から資金援助を得て宣伝した者もあり、そうした宣伝が主としてアメリカで、つまり英語でなされたことが重要である。パウエルは大学のジャーナリズムの講師をしてから上海に来た男であり、言葉もよくできたわけではないから、シナや日本の歴史などは大して知らなかったと思われる。たとえば、

「シナの首都、南京の住人たちは、日本軍が南京占領で足跡を残したような苦い経験を、これまで味わったことがなかった」

と言っているが、南京はそれまで何度か「屠城《とじょう》」とか「屠陥《とかん》」を体験した都市である。「屠城」というのは、都市を陥落させて城中の人を殺戮《さつりく》すること（しばしば殺した人間の人肉を喰う）、また「屠陥」というのは、陥落させて鏖殺《おうさつ》（みな殺し）にすることである。「ソノ城ヲ毀《こわ》シ、ソノ民ヲ殺スコト屠者ノ如《ごと》クナルヲ謂《い》フ」と『後漢書』にも説明してある。その状況のなまなましい記述もシナの文献にある。そして南京での日本軍の行為の叙述は、その屠城の記録の言葉を使って語ったシナ人の話を南京のアメリカ人宣教師たちが聞き（宣教師たちの虐殺行為の実見談はない）、その話を上海にいたパウエルが聞いたのである。その風聞の根拠は、今日では着実な実証的研究によって完全になくなっていると言ってよいが、パウエルが英語で書いた本はアメリカ人の日本軍に対する見方を大きく支配し、東京裁判の眼目の一つになり、今日もまだブスブス燃えている時事問題、未来問題になっているのだ。

パウエルが書かなかった地域の屠城風景が伝わっていないことも注目すべきであろう。たとえば北京大虐殺、漢口大虐殺などは話題になっていないのである。パウエルの本がなかったならば、南京事件なるものが、こんなに有名にならなかったかもしれない。

またパウエルが日本のことは知らない例として、日本の剣道について次のように書いている。

「その教練では、重い革製のヘッドギア、金網のマスク、肩プロテクターをつけた兵士が、疲労困憊して倒れるまで、重い棒で互いに頭部を殴り合うのである。……兵士がそのような野蛮な行為に耐えうる能力を備えていることに驚愕した……」（傍点渡部）

またパウエルは日本に有利なことは絶対に書かない。上海にはユダヤ人が多数入ってきて、商売繁盛していることを苦々しげに書いている。しかしユダヤ人がどうして急に増えたかについては、少しも考慮を加えていない。それは日本政府が、ヒトラー政府の要請を撥ねつけて、「ユダヤ人を人種差別しない」と決定したため、大勢のユダヤ人がナチスの迫害をのがれて、シベリア鉄道から満洲に入り、日本の関東軍の好意で日本軍の占領下の上海に行けたからである。

支那事変の本当の始まりを捏造《ねつぞう》

そもそも支那事変（日華事変・日中戦争）が本物になったのは、昭和十二年（一九三七年）七月七日の盧溝橋あたりに起こった小さな衝突ではなかった。これも今では国民政府の中に入り込んでいた共産党の兵士の発砲であると見られているが、ここで戦争を起こす気は日本にも蔣介石にもなかった。

盧溝橋より遠くない通州《つうしゅう》で七月二十九日にいわゆる通州事件が起こり、在留の日本人、朝鮮人を含む一〇〇人以上が虐殺されたが、それでも現地で解決されていた。ちなみに日本軍の残虐行為については、シナの屠城の物語そっくりに書き連ねるパウエルが、この事件についてはひと言も触れていない（その点、岩波書店の『近代日本総合年表』第三版に似ている）。

この残虐な実例を、日本は当時の大陸にいた外国人記者に見せ、写真も撮らせて英語で外国に報道する機会を与えるべきだったと思う。もしこの時点でそれがなされていたら、八月十三日から始まる本格的なシナ軍の軍事行動が未発に終わった可能性が高い（ここで「シナ軍」という表現にしたのは、蔣介石の国民政府軍を使って上海で軍事行動を起こしたのは、ソ連のスパイであった張治中という将軍だからである）。

駐日アメリカ大使であった故ライシャワー博士も、日華事変の本当の開始は八月十三日の上海においてであったと言っておられるが、事実、数万の精鋭のシナ陸軍が日本人の居留地や揚子江に停泊している日本の軍艦（この川にはアメリカやイギリスの軍艦も停泊していた）に対して、シナ軍が空爆を含む攻撃を始めたのは、八月十三、十四日からである。当時上海地区にいた日本軍は、日本人居留民を護るための四〇〇〇人ばかりの海軍陸戦隊だけであった。日本の陸戦隊はアメリカの海兵隊と違う。居留民保護だけを目的として銃と機関銃を持ったぐらいの軽武装の軍隊である。その陸戦隊が五万もの蔣介石の精鋭の陸軍に戦闘をしかけるわけはない。『ニューヨーク・タイムズ』のH・アーベント特派員の回想はこの点を正しく回想している。

「一、、、、般には……日本が上海を攻撃したとされている。が、これは日本の意図からも真実からも完全に外れている。日本は長江（揚子江）流域における交戦を望まなかったし、予期もしていなかった。八月一三日の時点でさえ、日本は……この地域に非常に少ない兵力しか配置しておらず……一八日、一九日には長江のほとりまで追いつめられて河に転落しかねない状況だった」

（ユン・チアン他著／土屋京子訳『マオ　誰も知らなかった毛沢東』上巻340～341ページ・傍点渡部）

アーベントが気付いたように、事変を北シナに限定しようとしていた日本の意図を転覆させる巧妙な計画がコミンテルンでなされていたのである。蒋介石軍の中枢の中でスリーパー（忍者の〝草〟のように将来の特命があるまで活動しないでいるスパイ）をやっていた京滬《けいこ》警備司令官（京《けい》は南京、滬《こ》は上海のこと）の張治中が起き上がったのである。そしてシナ軍は八月十三日から砲撃を開始し、十四日にはマーチン爆撃機十数機が揚子江に停泊中の日本の旗艦「出雲」を編隊爆撃し（命中弾なし）、一般民衆や外国人の居住するところにも爆弾を落としたのである。このため大衆の歓楽センターでは一〇〇〇人以上が死亡し、カセイ・ホテルではライシャワー駐日大使のお兄さんまで爆死している。ライシャワー大使が、日華事変の始まりは、八月十三日だと認識されているのは正しい。

しかしパウエルの筆にかかると、これも日本に責任があるみたいな書き方になってしまう。日本側が敵の爆撃に対応したのは高角砲や機銃と、水上偵察機である。日本側から攻撃できる態勢ではなかったのだ。しかしパウエルがその民衆に対する被害を描いているのを読むと、すべて日本軍が悪かったような印象になってしまう。アーベント記者が「一般には日本が上海を攻撃したとされている」と書いているのは、パウエルなどの本を読んだ欧米人の印象がそういうふうになったことを示している。上海における爆撃がシナ軍の飛行機でなされた状況を、小説でいきいきと描いているのはアメリカでベストセラーになった『シブミ』であるが、この著者の名前は実名とは思われず、本当は誰だったのか私は今も知らない。

歴史の皮肉と、本書の存在意義

パウエルは日米開戦後、一時は収容所に入れられ、ひどい凍傷にかかったが、その後は上海の病院に移され、フランスのフランシスコ修道会の修道女の看護と、主治医ガーデナー医師の治療を受けている。そして交換船でアメリカに帰ることになるのだが、その記述から見ると、パウエルの記憶は極めて不正確である。彼を乗せた船はシンガポールからインド洋を横断し、アフリカ海岸を通り、大西洋を経由して帰国するのだが、その途中で「アメリカの戦艦が日本の戦艦に勝利した忘れがたい場所、珊瑚《さんご》海を通過した」と書いてある。しかしサンゴ海は方向違いである。しかも公平に言ってサンゴ海海戦は日本の勝ちであった。しかし当時のアメリカの放送ではアメリカの勝ちと誇大宣伝していたのではないか、と思われる。

このようにしてパウエルは日本に対する限りない憎悪の念と、蔣介石政権への深い愛情と、祖国に対する強められた愛国心を持って帰国した。二五年もシナ大陸にいて、満洲国の独立には関心を示さなかった。満洲人の、満洲人による、満洲のための国のことなど念頭に全くなかった。彼は日本人がそのために役立ったことなど少しも考えなかった。彼の目には松花江《しょうかこう》がミシシッピー川のように映り、満洲の平野はアイオワ州やミズーリ州やイリノイ州のようなアメリカ中西部の沃野の如く見え、そこに日本の勢力が浸透することだけを警戒し、憎み、その地が元来は満洲人の故国だということはすっぽり抜けていたのである。

そして自分の本の最後の部分では、アジアにおいて今後はヨーロッパよりもアメリカの存在感が大きくなるだろうと予測し、こう結んでいる。

「……シナが当時〔一九一七年〕よりいかに発展したか、またシナの二大指導者の孫逸仙博士と蔣介石主席が、せいぜい一世代ほどの間に、いかに多くのことを成し遂げたかを、ますます実感するのである。……過去においてそうだったように、その将来に対しても、私はいささかなりとも関与できればと希望している」

しかし彼の希望は完全に裏切られたのだ。アメリカは大戦が終わると蔣介石政権への援助を打ち切ったのだ。スターリンは毛沢東を援助し続けた。そしてシナ大陸は満洲も含めて完全に共産党の支配するところとなった。アメリカは「シナを失った」のだ。失ったのみか、朝鮮戦争で共産シナ軍と戦い、日本との戦争で失ったほどの人命を失い、さらにベトナムで戦い、アメリカはその威信まで失墜させることになったのだ。

この間に大いに得をしたのは毛沢東と中国共産党であった。それはパウエルが蔣介石の中国を攪乱するとして嫌った勢力である。何と皮肉なことではないか。

しかし今日ではこの「皮肉」が偶然の歴史の流れに起こった単なる「皮肉」な現象ではなかったこともわれわれは知っている。日華事変を起こさせたのはコミンテルンの計画の一部であったことが、最近の資料の発掘から明らかになってきているからだ。先に引用した『マオ』などもその一例である。その点、パウエルの憎日は無知の故であったと同情することもできる。その憎日家であるパウエルの中国共産党についての記述は、まさに憎日家の言葉であるからこそ独特の価値があり、東京裁判の証拠としても提出されたのであった。しかしソ連の検事や判事まで加えた東京裁判では、大陸における当時の共産党の活動については考慮しないという方針だったのである（パル判事はこの不公平さを衝《つ》いている）。そして日本を有利にするための証拠になる記述は、まさにその故に却下されたのであった。

しかしパウエルの書いたことは検事側の予断、アメリカ人一般の予断、世界の人たちの予断を作るのに大いに力があったと思われる。というのは東京裁判自体が憎日の裁判であったから、パウエルの本と平仄《ひょうそく》が合うのである。日本人としては戦時中のアメリカの反日文献がどんなものであるかを知るにも一読の価値があるだろう。そして今更ながら、世界の世論、世界の偏見は英語の文献によって作られていることを知るのである。最近も問題にされた、〝従軍〟慰安婦問題も、南京問題もすべて英語になった時点から、世界の対日偏見になることを示している。日本政府が日本人と日本人の子孫のために何をなすべきかも、ここから浮き上がってくるであろう。真実を伝える文献の英訳機関を作り、英字新聞を作り、できればアメリカにもそのための英語放送局を作ることである。

中山氏は前に触れたように、この本を訳している途中、ずっと嫌な気分であったという。私は読んでいる途中そうであったから、それを我慢して訳された中山氏の使命感に感動している。東京裁判で却下された文書を知ることは、直ちに日本の近代史に対する見方を正常にすること、ひいては日本の歴史に対する自信と愛情につながることだからである。これは中山氏が先に訳された『紫禁城の黄昏』に続く重要なお仕事であった。

中山氏は本当の学者である。英文学に関する学位論文は英語で出版され、国際的評価を得ている。そういう学者の手になる本訳書につけられた注釈は実に詳細であり教えられるところが多い。注釈を読みながら本書を読むと、パウエルの体験した第一次欧州大戦末期から大東亜戦争に至るまでのシナ大陸の状況をパウエルとともに、しかもパウエルの偏見を修正しつつ追体験することができる。改めて中山氏の労作に感謝の意を表したい。

『「在支二十五年」米国人記者が見た戦前のシナと日本』上巻——目次

第6章 ランシング・石井「事件」 110

第7章 上海のロシア人 123

第8章 ロビイストとしての編集者 138

下巻――目次

戦前の上海中心部

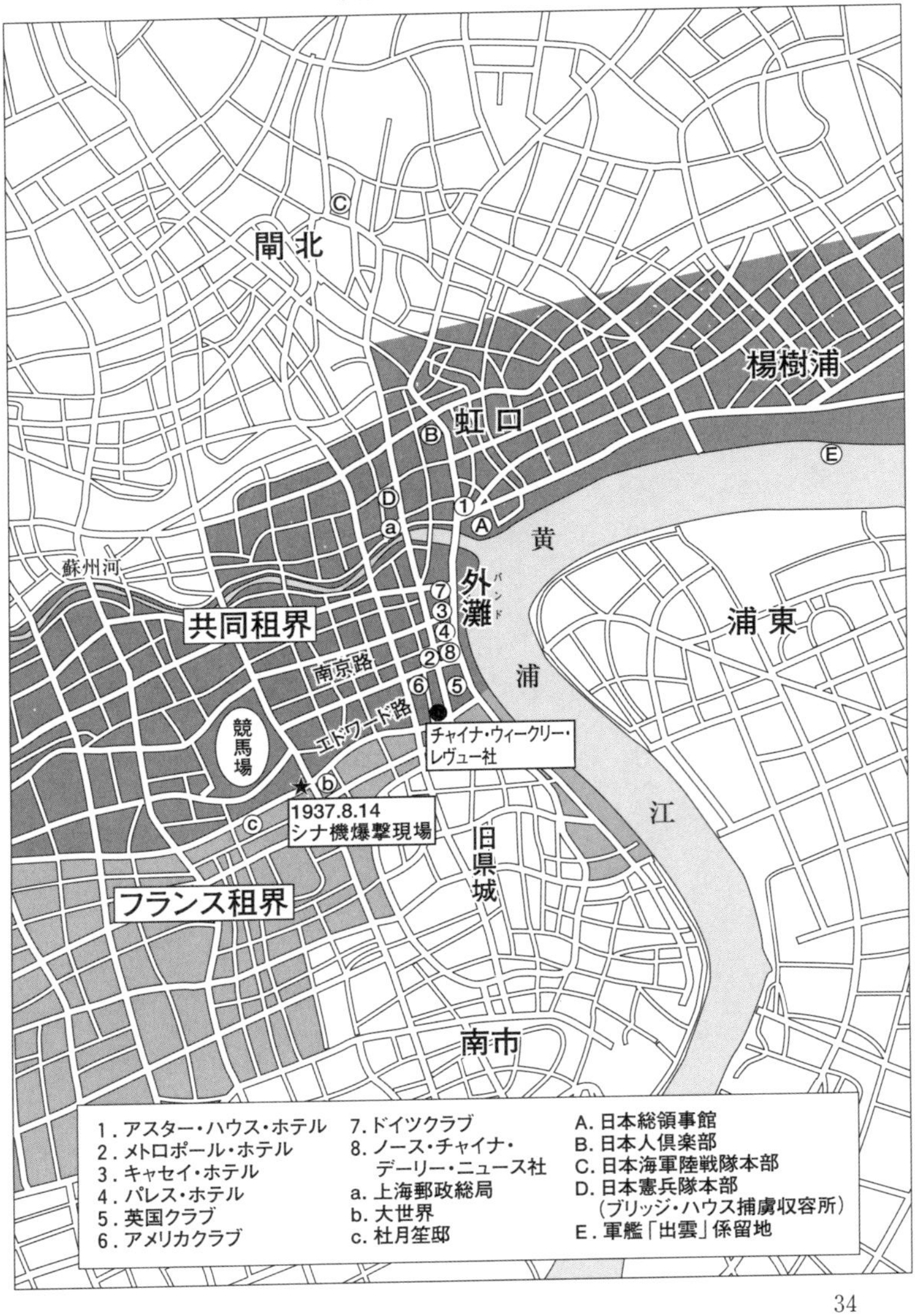

閘北
虹口
楊樹浦
蘇州河
外灘《バンド》
黄
浦
江
浦東
共同租界
南京路
エドワード路
競馬場
チャイナ・ウィークリー・レヴュー社
1937.8.14
シナ機爆撃現場
旧県城
フランス租界
南市
1．アスター・ハウス・ホテル
2．メトロポール・ホテル
3．キャセイ・ホテル
4．パレス・ホテル
5．英国クラブ
6．アメリカクラブ
7．ドイツクラブ
8．ノース・チャイナ・デーリー・ニュース社
a. 上海郵政総局
b. 大世界
c. 杜月笙邸
A. 日本総領事館
B. 日本人倶楽部
C. 日本海軍陸戦隊本部
D. 日本憲兵隊本部（ブリッジ・ハウス捕虜収容所）
E．軍艦「出雲」係留地

戦前のシナとその周辺

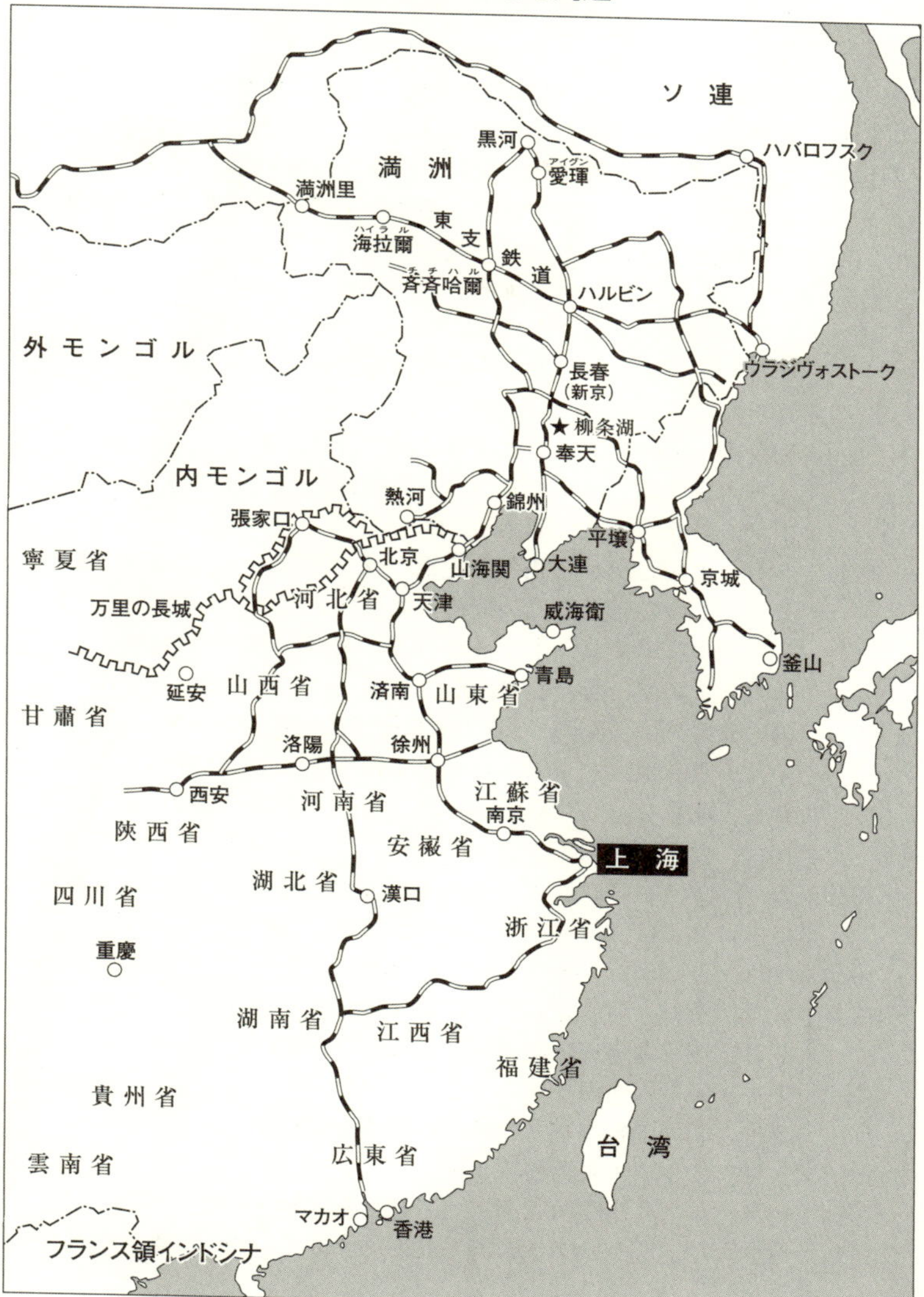

ソ連
黒河
ハバロフスク
満洲
愛琿《アイグン》
満洲里
東支鉄道
海拉爾《ハイラル》
斉斉哈爾《チチハル》
ハルビン
外モンゴル
長春
(新京)
ウラジヴォストーク
★柳条湖
奉天
内モンゴル
熱河
錦州
張家口
平壌
寧夏省
北京
山海関
大連
京城
万里の長城
河北省
天津
威海衛
釜山
延安
山西省
済南
青島
山東省
甘粛省
洛陽
徐州
西安
江蘇省
南京
河南省
陝西省
安徽省
上海
湖北省
漢口
四川省
浙江省
重慶
湖南省
江西省
福建省
貴州省
台湾
雲南省
広東省
マカオ
香港
フランス領インドシナ

〈　〉は、本書で該当する章

	5月、パウエル、アメリカから帰国
	孫文の広東政府とソビエト政府との協定〈12章〉
1923	5月、ブルー・エクスプレス（臨城《りんじょう》）事件起こる〈11章〉
1924	1月、第1次国共合作。同月、第2次奉直戦争、馮玉祥《ふうぎょくしょう》が北京を占領。奉天派が勝利、張作霖・馮玉祥に推された段祺瑞が執政に就任。呉佩孚は失脚
	3月、北京政府とソビエトとの国交樹立〈12章〉
1925	3月、孫文、北京で客死〈12章〉
	5月、上海で反英の五・三〇事件起こる
	7月、広東に国民政府成立
1926	国民党と共産主義勢力との対立深まる〈13章〉
	4月、張作霖、北京占領。馮玉祥失脚
	7月、蔣介石の北伐開始〈13章〉
1927	2月、英国、漢口の租界を返還（陳・オマリー協定）〈13章〉
	3月、上海で労働者武装蜂起（北伐軍上海へ）〈14章〉
	3月、国民革命軍、南京占領（第1次南京事件）〈14章〉
	4月、上海で、蔣介石の国民党が反共クーデター。国共分離（国民党の分裂）。南京国民政府樹立〈14章〉
	4月、張作霖、北京のソビエト公使館手入れ〈16章〉
1928	6月、北京を追われた張作霖が奉天への途次、爆死
	10月、蔣介石が国民政府主席就任
1929	張学良《ちょうがくりょう》の北京政府とソ連との緊張高まり、7月に国交断絶、11月には、ソ満国境で両軍が交戦〈16章〉
1930	4月、英国が威海衛《いかいえい》を、シナに返還
1931	6月、中村大尉遭難事件〈17章〉
	9月、柳条湖事件。満洲事変起こる〈17章〉
1932	1月、第1次上海事変
	3月、満洲国建国宣言（執政に溥儀が就任）
1933	1月、日本軍、熱河《ねつか》侵入
1934	10月、中国共産党の大西遷（長征）開始（～1936）
1935	パウエル、シベリアを横断し、モスクワへ〈19、20章〉

20世紀前半のシナと本書（上巻）関連歴史年表

西暦	出　来　事
1905	孫文、東京で中国革命同盟会結成〈4章〉
1907	溥儀《ふぎ》が宣統帝《せんとうてい》として即位（清朝、最後の皇帝）
1911	10月、辛亥革命起こる
1912	1月、南京で中華民国成立。孫文が臨時大総統に就任
	3月、袁世凱《えんせいがい》、首都を北京に移し臨時大総統へ〈4章〉
1913	7月、反袁の第2革命失敗。8月、孫文、日本に亡命
	10月、袁世凱が大総統に就任〈4章〉
1914	11月、日本が青島《チンタオ》攻略し、山東《さんとう》占領〈9章〉
1915	1月、日本の対華21カ条要求。袁世凱が皇帝へ即位を企図するも、12月、帝政反対の第3革命勃発
1916	3月、袁世凱が帝政取り消し宣言（同年死去）。黎元洪《れいげんこう》が後継の大総統に（国務総理に段祺瑞《だんきずい》）
1917	2月、パウエル、上海到着〈1章〉。7月、張勲《ちょうくん》の復辟《ふくへき》（宣統帝復位）クーデター、段祺瑞に敗れ失敗〈5章〉
	8月、ドイツ・オーストリアに宣戦布告〈5章〉
	8月、孫文、広東に軍政府樹立
	11月、ランシング・石井協定調印〈6章〉
1918	このころから、軍閥の抗争が激しさを増す（～1928）
	2月、張作霖《ちょうさくりん》、満洲から北京進出
1919	5月、21カ条要求に対する大学生の抗議運動（五・四運動）
	7月、ソ連、対華カラハン宣言（不平等条約廃棄）
	10月、中国国民党結成
1920	7月、安直戦争（安徽《あんき》派・段祺瑞と直隷《ちょくれい》派・曹錕《そうこん》、呉佩孚《ごはいふ》の争い）。段祺瑞、敗れて下野
1921	5月、第2次広東政府成立、孫文が大総統に〈12章〉
	7月、中国共産党成立。米議会で中華通商条例成立〈8章〉
	11月、ワシントン会議（～1922）、日英同盟廃棄、日本の山東撤兵が決まる〈9章〉
1922	4月、第1次奉直戦争（奉天派の張作霖と直隷派の呉佩孚との戦い）で、呉佩孚が勝利。張作霖は満洲へ〈10章〉

箇所一覧

『資料』収載箇所	裁判所判断	項目テーマ	本書該当箇所
131～153p	未提出、補訳	ブルー・トレイン事件（臨城事件）	上巻11章189p2行目～213p3行目 213p9行目～225p11行目 225p17行目～234p4行目
153～157p	未提出	南支の情勢	上巻12章（全）235～245p
157p	却　下	1920年代の国共紛争（省略）	
157p	却　下	上海に於ける戦闘（省略）	
157～162p	未提出、補訳	干渉に外交的手品	上巻15章285p2行目～294p18行目
162～163p	未提出、補訳	戦時下のシナとソ聯	上巻16章308p6行目～309p14行目 310p12行目～14行目 312p8行目～12行目
163p	未提出、補訳	ロシア、支那及び日本	上巻18章336p2行目～337p5行目
163～166p	未提出	西安事件	下巻24章73p16行目～80p5行目
167～170p	未提出	熊の尾を獲える（西安事件）	下巻25章81p2行目～88p9行目
170p	却　下	西安事件	下巻26章91p2行目～10行目
170～172p	却下、未提出、補訳	西安事件	下巻26章94p5行目～10行目 96p17行目～97p13行目 112p8行目～113p9行目
第三巻〔Ⅳ〕三　第二次上海事変			
222p	未提出	西安事件前後の中ソの関係	下巻25章88p15行目～90p12行目
277～280p	未提出	支那側の上海爆撃	下巻27章119p14行目～120p2行目 120p7行目～122p4行目 123p8行目～126p3行目 128p8行目～129p5行目
280～281p		上海在留米人の動き	下巻30章176p15行目～177p4行目 178p8行目～179p6行目
300～301p	未提出	パネー号事件一米海軍大尉談	下巻28章155p14行目～156p5行目
第三巻〔Ⅴ〕四　ソ聯に対する日本の軍事計画			
662～665p	未提出、補訳	浦鹽斯徳	上巻19章358p1行目～362p12行目 363p10行目～12行目 上巻20章380p2行目～381p1行目 381p12行目～382p18行目
第四巻〔Ⅵ〕二　対日包囲戦略			
646～647p	却　下	マッカーサーの比島防衛計画開始	下巻23章48p4行目～5行目
647p	却　下	マッカーサーの比島人部隊増強計画（省略）	

『東京裁判却下未提出辯護側資料』に収載された本書からの引用

『資料』収載箇所	裁判所判断	項目テーマ	本書該当箇所
第一巻〔Ⅱ〕三　外交責任及び個人的責任の免除並びに訴追されている犯罪の性質			
165〜166p	却　下	山東と華府	上巻9章160p2行目〜161p11行目
254〜257p	却　下	ワシントン会議	上巻9章162p2行目〜167p11行目 168p6行目〜8行目
257p	未提出	山東とワシントン	上巻9章169p8行目〜12行目 172p12行目〜173p4行目
第一巻〔Ⅱ〕七　教育、情報、宣伝関係			
528〜529p	却　下	支那の排外運動	下巻30章166p15行目〜168p13行目
542〜553p	却　下	上海に於ける戦闘 支那の混乱状態	上巻14章（全）259〜284p
553〜558p	却　下	支那の混乱 自国権益擁護の必要	上巻13章（全）246〜258p
558〜559p	却　下	戦争中の支那とロシア	上巻16章306p12行目〜308p4行目
559〜561p	却　下	米、露、支那約案	上巻18章337p11行目〜341p3行目
561〜564p	却　下	西安事件	下巻24章67p3行目〜73p13行目
564p	却　下	西安事件	下巻24章64p8行目〜66p3行目
564〜565p	却　下	ソ聯、消費財犠牲に重工業化 1935年に於けるモスコー	下巻21章31p1行目〜4行目
565p	却　下	ソ聯、シベリアの工業化を秘す	下巻21章26p17行目〜27p7行目
565〜566p	却　下	ウラジオストック	上巻19章367p4行目〜368p1行目
566〜567p	却　下	馮玉祥	上巻10章178p1行目〜180p7行目
567p	却　下	共産第五列に呉佩孚軍敗れる 北方に於ける戦線	上巻10章176p15行目〜177p10行目
618p	却　下	マッカーサー、比島徴兵制を主張	下巻23章54p2行目〜6行目
第二巻〔Ⅲ〕一　柳条湖事件発生前の諸問題			
52〜53p	未提出	孫文、広東政府樹立前後の情況	上巻5章108p11行目〜109p14行目
第三巻〔Ⅳ〕二　中国共産党の活動と排日運動			
126〜127p	未提出	内戦の影	上巻10章174p2行目〜176p1行目
127p	未提出、補訳	石井・ランシング協定事件	上巻6章116p4行目〜9行目 117p4行目〜10行目
128〜130p	未提出	上海におけるロシア人	上巻7章132p4行目〜136p4行目
130p	未提出	山東のワシントン（省略）	
130〜131p	未提出、補訳	北部の戦争	上巻10章181p1行目〜182p13行目 182p18行目〜184p7行目 184p12行目〜185p8行目 186p3行目〜4行目

凡　例

・本書は、John B. Powell, *My Twenty-five Years in China* (New York : The Macmillan Company, 1945) の完全訳である。

・適宜、訳者による注記を補い、本文該当箇所に〈注1〉と示し（章ごとに通し番号を付した）、原則として、その見開きページの左端に掲載した。そのほか本文中の（　）の注記は原著にある著者によるもの、〔　〕内の注記は訳者によるものである。

・各章のサブタイトル、本文中の小見出し、段落の設定は、編集部による。本文中の掲載写真は、訳者・編集部が適宜選んで挿入した。

・本書では、「シナ」「シナ人」という訳語を使用しているが、これは本書中でも著者が述べているように、戦前は「中国」という統一された政体がなく、誤解を招く可能性があることから、地理的概念を表わす「シナ」を代用したものである。

MY TWENTY-FIVE YEARS IN CHINA

BY JOHN B. POWELL

NEW YORK
THE MACMILLAN COMPANY
1945

第1章　東を目ざして〈注1〉

一九一七年二月、雨の上海に上陸

シナに向かう決意

　私を乗せた小型貨物船は、上海の虹口《ホンキュー》地区〈注2〉の桟橋にゆっくりと近づき、横付けされた。私はスーツケースを片手に上陸した。一九一七年二月上旬のことだ。荷物運びの苦力《クーリー》が、私のブリキ張りの旧式トランクを肩に担《かつ》いで後から降りてきた。雨が降っていた。黄浦江沿いに建ち並ぶ船荷倉庫、つまり上屋と上屋の間の狭い通り道はぬかるみ、泥であふれていた。二人の苦力の引く人力車が全速力で近づいてきた。その乗り物には、客と荷物を乗せるだけの、たっぷりとしたスペースがあったけれども、ホテルのアスター・ハウスまでは、歩いて行くことにした。人力車は日本でも見たことがあるし、横浜では実際に乗ったこともある。しかし、いまだに東洋には馴染めぬことがたくさんありすぎて、人様の引く乗り物に乗っても、到底くつろいだ気分にはなれなかった。

東洋へ旅立つ気になったきっかけ、――それが高じて、その後四半世紀もの間、地上でもっとも政治が不穏な地域で新聞社の仕事を精力的に続ける運命となったわけだが――そのきっかけは、ミズーリ大学の同窓生、トマス・フランクリン・フェアーファックス・ミラードから届いた一通の外電だった。ミラードは極東の海外特派員として広く知られていた。

ミラードの外電の発信元は上海、宛先はミズーリ大学ジャーナリズム学部長のウォルター・ウィリアムズで、こう伝えていた。上海で新聞を創刊するにあたり、同じ大学の卒業生で手伝ってくれる人がいたら雇いたい。ウィリアムズ学部長は、その外電を私に手渡した。生まれて初めて目にする大洋横断の外電だった。

〈注1〉 チャップマン（G. Chapman）、ジョンソン（B. Johnson）、マーストン（J. Marston）合作のエリザベス朝喜劇『東を目ざして』（Eastward Hoe）にちなんでつけた章タイトル。邦訳では小野正和、山田英教訳『東行きだよーお！』（早稲田大学出版部　一九八九年）。

〈注2〉 日清戦争後、治外法権を獲得した日本人居留民たちが上海に渡り、「日本租界」を形成したが、この区域が虹口地区と呼ばれた。第一次世界大戦が勃発すると、紡織業を中心とした日本資本の投入、大小さまざまな商社・銀行支店の開設により、上海が日支貿易の拠点となるにつれ、上海の日本人居留民社会も飛躍的に発展した。その結果、上海の外国人居留民の中で日本人の数が最大となった。虹口地区には、日本総領事館、居留民団、日本人クラブ、学校、商店、住宅、病院、公園、娯楽施設、宗教施設などがあり、日本人居留民は言葉も含め、日本での生活と基本的に変わるところはなかった。一九四一年、太平洋戦争以降では、日本人居留民は一〇万人を超えた。

すでに就職の勧誘が二件あって、しばらくの間、どちらにしようかと決めあぐんでいた。一件はアイオワ州デモインの業界誌の出版社から、そしてもう一件はジョージア州アトランタの新聞社からで、アシスタント募集だった。しかし、東洋への旅行計画はあまりにも魅力的だった。そこで就職口について家内や同僚とじっくり相談した後、大学での仕事を整理しはじめたというわけだ。

シナ、日本についての予備知識

アプトン・シンクレア〈注3〉の小説の主人公、つまり「国際社会や外交の陰謀うずまく世界」に生まれた主人公とは違い、私はミズーリ北東部の農場で生まれ、田舎の学校に通い、後にそこの教師になった。イリノイ州クウィンシーの高校とビジネス専門学校に在学中は、朝夕、二つの地区で新聞配達をし、卒業まで経済的に自立した生活を送った。

その後、ミズーリ大学への学費を支払うために資金を稼ごうと、由緒ある『クウィンシー・ウィッグ』の駆け出し新聞記者となった。大学では新設のジャーナリズム学部に入部した。四年後に卒業してからは、ミズーリ北東部へ帰り、マーク・トウェインの少年時代の居住地として不朽の名声を誇る町、ハンニバルで、クーリエ・ポスト社に就職した。新聞購読勧誘員、広告部部長、社会部部長と四年間勤め上げた後大学に戻り、ジャーナリズムの専任講師となった。

その時代に生き、その地方で育ったアメリカの若者と同じく、シナや日本のような遠い異国

上海上陸

黄浦江からのぞむ租界の建築群

についての知識といえば、学校の地理や歴史の教科書をいくらか読んだり、どこがどこなのかよく分からない地図を見たりして得たものがすべてだった。大学でさえ、覚えているのは、「古代史、中世史、近代史」の教授が、ほんの一コマか二コマ、歴史の講義でシナに触れたことくらいだった。しかも、教授の発言はあの国〔シナ〕に対して好意的ではなかった。

もちろん、シナと日本、両国からの留学生がいたことは覚えている。彼らは大学のジャーナリズムのコースに登録していた。一人は、黄憲昭《こうけんしょう》〈注4〉というシナ人で、ホノルル生まれで広東育ち、私と協力して、大学の全外国人学生が所属するコスモポリタン・クラブを設立した。学部の新聞で、大学の外国人学生について私が記事を書いたのがきっかけで、そのようなクラブを作ろうという考えが膨《ふく》らんだのだった。

私が担当するクラスのひとつに登録したもう一人のシナ人は、ホリントン・K・董《とう》〈注5〉で、浙江《せっこう》省出身だった。黄も董も、後に祖国のジャーナリズム界で有名になるよう運命づけられていたが、政治論争では敵同士となった。

東洋から来たもう一人の学生は、戸田という名の日本人で、背丈は一番低かったけれども、学生予備軍団では、私の仲間内でも一番叩き込まれた士官候補生だった。当時の私は知らなかったのだが、戸田は、合衆国に来る以前に、すでに三年間も兵役に服していたのだ。

新聞創刊の手伝いで本当に上海へ行くことに決まると、大学の同僚たちからは、好奇心旺盛な、いくぶん嫉妬交じりの目で見られるようになった。創刊予定の新聞がどのような類のものになるのか、事前の知識が少しもないために、当然、私の心中は穏やかではなかった。

私は、非常にユーモラスな質問の的《まと》となった。友人の一人は、「ミミズがのたくるような漢字」が読めるかと質問したかと思うと、地元のシナ人のクリーニング店から受け取った領収書を取り出し、それを解読せよと言ってさらに私を困惑させた。大学の理髪店は、「辮髪《べんぱつ》」にしたいかねと聞いてくる始末だ。

出発の予定日が近づくにつれ、シナでの仕事に対する私の不安はますます募っていった。かつて、田舎町の新聞社のために事務組織の概略と解説を書いたことがあった。それは業界紙で発表され、多くの人々に採用された。だが、それが私の新しい仕事で何かの役に立つのだろうか。上海の新しいジャーナルはどのような類の新聞になるのだろうか。論説を書いたり、広告を取ったり、購買者を勧誘したり、いかにも田舎の新聞社らしい新聞社のオフィスさながらに、何でもかんでもやることになるのだろうか。

〈注3〉　アメリカの社会主義作家（一八七八～一九六八年）。代表作に『ジャングル』（The Jungle 一九〇六年）がある。

〈注4〉　一八八八年ホノルル生まれで、英名をHin Wongとも綴る。米国のコロンビア大学とミズーリ大学でジャーナリズムを専攻、帰国後、『広東タイムス』の編集長、『広東デイリーニュース』を発刊し編集長となる。一九一七年、広東軍政府情報局長、一九二八年、広州中山大学新聞学部教授。

〈注5〉　董顕光《とうけんこう》（一八八七～一九七一年）。浙江《せっこう》省寧波《ニンポー》生まれのジャーナリスト。一九三八～四五年、国民党中央宣伝部副部長、第二次世界大戦後に台湾に移り、一九五一年、中央日報社長。駐日大使、駐米大使などを務める。

田舎町のオフィスでは、毎日、活字を組むこと以外は何でもこなしてきたので、この種のジャーナリズム業には慣れていた。また、シナ人には、印刷業者の労働組合があるのだろうかと思った。シナの新聞社には、五〇〇〇字の活字、つまり漢字を組めるライノタイプの植字機があるのだろうかとも思った。私の聞いたところでは、シナの新聞は一部だけでも、それだけの数の漢字をしばしば見かけるそうだ。

訪問予定の地域について、もっと情報を集めねばと思い、大学の図書館へ行ってみたものの、シナの解説本はたった二冊しかなかった。『シナ人の性格』と『シナの村の生活』で、著者は両方とも同じアーサー・H・スミス博士だった。

博士は、シナで半世紀以上も宣教師をしてきた伝道のベテランだ。博士はユーモラスな講義をすることで広く知られていて、その記述を読めば、そのユーモアのほどが、ある程度は明らかになる。この著者はシナ人の生活について一風変わった印象を抱いていたため、アメリカの大学に在学中のシナ人学生は、博士の本を毛嫌いしていた。

私が上海に着いて間もない頃、スミス博士が北京の政治状況について講義をしているのを拝聴したことがある。おりしも北京では、保守勢力が密かに満洲王朝復活を計画し、共和国政府が危機を切り抜けたばかりの頃だった。当時、スミス博士は引退するために合衆国へ帰る途中だった。

スミス博士が「シナは今危機に瀕しています」と講義を締めくくったとき、聴衆の誰もが、そして特に新しく講義に参加した者は、醒《さ》めたような気分になった。しかし、講師の博士が、両目でユーモラスにウインクして、つぎのように付け足すと緊張が和らいだ。「実際のところ、この国は、半世紀前に私が来たときからずっと危機に瀕しています」。

サンフランシスコから長崎、そして上海へ

一九一七年一月、時代物の日本の貨客汽船「日本丸」〈注6〉に乗船し、ついに私はサンフランシスコを後にした。当時の私は、合衆国がその年で三年目となる戦争〈注7〉に引き込まれることになろうとは思っていなかった。しかし私たちの乗った汽船が、シナへ航行する前の最後の停泊地、長崎に着いたとき、不吉な出来事があった。他の乗船客と一緒に上陸し、その古い日本の都市、日本で最初にヨーロッパ人が来航した地で、商店を散策していたら、汽船からの伝令が船長より渡されたメモを持って走ってきた。メモには上海に行く予定の乗船客は、全員、今すぐ船に戻って荷物を受け取るようにと書いてあった。

船長は、汽船会社、すなわち横浜で古くから操業している東洋汽船の本社から、上海行きの

〈注6〉　明治時代から東洋汽船が所有していた「日本丸」のことで、イギリスで建造された汽船である。サンフランシスコ航路の貨客船として一八九八年（明治三十一年）より就航し、一九〇四年（明治三十七年）には海軍に徴用され、七五ミリ砲二門などを搭載し、特設巡洋艦として日露戦争にも参加した。

〈注7〉　第一次世界大戦（一九一四〜一八年）のこと。ウッドロー・ウィルソン大統領が合衆国議会へ対ドイツ開戦を宣言することを要請し、宣戦布告したのは、著者がサンフランシスコを後にしてから約三カ月後の一九一七年四月六日のことである。

乗船客はすべて長崎で降ろし、直接マニラへ向かえという指示を受けていたのだ。二人か三人の乗船客と私は、上海行きの切符を持っていながら、長崎という見慣れない日本の小さな港で置き去りにされることになった。

長崎の汽船事務所に尋ねてみると、上海行きの客汽船は、これから三週間、一隻も航行予定のないことが分かった。資金がだんだん少なくなってきたので、貨物船に乗れないかどうか調べることにした。

港では、貨物船が数隻荷を積んでいた。舢板《サンパン》を漕いでしばらく港をめぐっていたら、ついに、未使用分の太平洋横断切符と、それにアメリカの金で一〇ドルを上乗せし、自分の食料は自分でまかなうという交換条件なら、喜んで船室を提供しようという船長を見つけ出した。

船は二、三時間で出港するというので、自分の荷物を取りに戻り、シナ海横断中に必要な食料品を二、三調達するだけの時間しかなかった。貨物船の船長はほとんど英語を話さず、アメリカ人船客の私には、ほとんど興味を示さなかった。

天候は寒く、曇っていたが、九州の西の岬を通過してからは、太陽が顔を出し、かなり暖かくなった。すると船のところどころに漂う嫌な臭いが気になりはじめた。天候が和《やわ》らぐと、急に吐き気を催すような悪臭になった。その悪臭の原因は何かと船長に訴えた。船長は、筵《むしろ》でくるまれた、商品用の大梱《こり》が、デッキや開いた昇降口で野ざらしになっているのを指さし、「腐った魚さ、シナ人しか食わんけどな」と言った。私の衣服からあの貨物船の悪臭が抜けるのに数週間かかったが、その記憶はシナにいる間も消えることはなかった。

しかしながら、その船に乗れたのは幸運だった。というのも、一週間後に、船客の何人かが、ポルタワという、ロシアのウラジヴォストーク船籍の船で航海に出たのだが、シナ海で暴風に襲われ、上海南の海岸に座礁したからだ。船客は九死に一生を得て救出された。

東洋への旅の途中にサンフランシスコに到着して初めて分かったのは、当時、太平洋横断貿易に従事した客船や貨物船は、どれも日本船籍だったということだ。ロバート・ダラー船長〈注8〉は、後に太平洋航路の汽船会社を手広く経営するようになったのだが、当時は自社の貨物船をカナダ船籍に移籍せざるをえなかった。また、ただひとつのアメリカの旅客船会社、パシフィック・メイルは、南米とパナマ運河ルートに船舶を退《しりぞ》かせていた。

そのような重大な時期、つまりアメリカが参戦する寸前に、アメリカの船舶が太平洋から追い出されるような状況が生まれたのは、独創的なラフォレット法が議会で通過したからである。その法律は、ウィスコンシン州の自由主義派の上院議員が、アメリカ人船員を助けるために立案したものだ。

その第一条項では、アメリカの船舶所有者が東洋人の船員を雇うことを禁じていた。高給取りのアメリカ人乗組員の乗るアメリカの船舶は、日本やイギリスの船舶との競争を強いられた

〈注8〉　スコットランド生まれの実業家（一八四四～一九三二年）。一九〇一年にダラー汽船会社（The Dollar Steamship Company）を設立、後にアメリカン・プレジデント海運会社（The American Presidents Line）となる。一九二〇年には世界周航の貨物輸送サービスを、一九二四年には世界周航の旅客サービスを実施した。

のだが、両国とも、全乗組員に東洋人船員を低賃金で雇っていたため、アメリカの運輸会社は操業を続けられなくなったのである。

したがって彼らは業界から撤退するか、さもなければイギリス船籍に切り替えるかした。イギリス船籍では、シナ人の商船船員の雇用が常に許可されていて、シナ人は、他のどこの国の船員とも同じように、有能で信頼が置けると長い間考えられていた。だが戦争のため、ほとんどのイギリス船籍の船舶は大西洋へ退いたため、日本は太平洋航路を独占することになった。

戦後になると、連邦政府の援助を受けたアメリカの船舶が、政府の建造した、すばらしい郵便船として太平洋に戻ってきた。しかし、アメリカが第一次世界大戦に参戦していた、かなりの期間にわたって、合衆国は、広大な太平洋で、二、三隻の海軍の大型船を別にすれば、いかなる類のものにせよ、有力な船舶を一隻も所有していなかったのである。

第2章　ほら、これが上海！

初めて目にする上海と、その地の新聞事情

アスター・ハウス・ホテル

アスター・ハウス・ホテルは、当時の上海では指折りのホテルであったが、初めは初期のアメリカ帆船の船長が建てた寄宿舎から発展した。船長は上海で船を乗り捨てたのだ。当時、合衆国でもっとも有名なホテル、ニューヨークのアスター・ハウスにあやかり、船長は自分の寄宿舎にも同じ名前をつけた。しかし、そのニューヨークのホテルの名声がまだシナの国には届いていなかったので、仕方なく「ホテル」という呼号を付け足したのだ。ホテルの名称を別にすれば、この二つの施設に共通するところはほとんど何もない。

というのも、上海のアスター・ハウスは、三階と四階の古いレンガ造りの住居が、ひとつの市街区画の四辺を囲むように建て増しされ、長い廊下で連絡されていたからだ。囲いをめぐらせた敷地の中央には、夕方になるとオーケストラの演奏が聴ける中庭があった。ほとんど誰もが夕食のために正装したが、夕食が八時前に振る舞われたことは一度もなかった。

ときには、アスター・ハウス・ホテルのディナー・パーティーの会場やロビーで、上海港在住の一流人たちのほとんどを見かけることもあった。あるとき、上海の年配の住人が、私にこう言ったものだ。

「アスター・ハウスのロビーに腰を下ろし、油断なく見張っていれば、シナ沿岸にたむろする悪党連中の顔を、すべて拝《おが》むことになるだろうさ」

ホテルで、どこに行けば、未来のボスのミラード氏に会えるのかと従業員に尋ねたら、ミラード氏はここでホテル住まいをしているので、そのうちロビーに下りてくるだろうとのことで、ほっと胸をなでおろした。一体、どんな人物なのだろうか。

まもなく、シナ人のボーイが、階段を下りてくる一人の男に、私の注意を向けさせた。その男は背が低く、痩せていて、体重はおそらく六〇キロ弱ほど。あまりにもスキのない正装なので、あの人はどうやって、新品同様のスーツに皺《しわ》をつけないで座るのかと思ったほどだ。

まもなく分かったことは、私のボスが、由緒あるニューヨーク・ヘラルド社に、最初は演劇批評家として、後に国際政治記者として長年勤務していて、雇用主の故ジェームズ・ゴードン・ベネット氏の奇癖をたくさん身につけていたということだ。

私の新しい仕事について、聞きたいことは山ほどあったけれども、ミラード氏は急いで私に何かを教えようという様子ではなかった。実際、まもなく私たちは、ぶらりとアフタヌーンティーを飲みに来た地元住民の興味深い一団に取り囲まれた。連中の飲む「ティー」とは、主に

アスター・ハウス・ホテル

ガーデン・ブリッジ越しにのぞむ戦前のアスター・ハウス・ホテル（左側の建物）。創建から160年以上経過した現在も、ほぼそのままの姿で営業している（浦江飯店）

カクテルとウイスキー・ソーダのことだった。

酒類がふんだんに振る舞われるので好奇心が湧いてきた。というのも、私の育ちは米国中西部で、禁酒を選択する地域だったし、時期的にも、私がサンフランシスコから船出した二、三年後の一九二〇年には、アメリカの「偉大なる実験」〈注1〉が控えていたからだ。

私たちのテーブルを囲む人の輪は広がっていった。シナ人のボーイは、だんだんと増えていく酒ビンやグラスを置こうと、テーブルをもう一卓付け足した。新しくやって来た人は、紹介されると、全員に行き渡るように、新たに飲み物を注文した。となれば、最終的には、各々がテーブルの上に数杯ずつ飲み物を並べるということになる。ボーイは、飲み物を持ってきては、注文した人に「伝票」という小さな紙切れを渡すのだが、伝票を見てからサインをする者など誰もいなかった。

ロビーでミラード氏を待っていた間、私は、掲示板で、合衆国がドイツとの外交関係を打ち切ったという、きわめて重大なニュースを伝える、地元の英字新聞のロイター特電を見ていた。一九一七年二月三日のことだった。しかしテーブルを囲む会話では、アメリカの参戦などどこ吹く風で、話題は合衆国で施行されようとしている禁酒法や、イングランドからの積み出し不足による上海での酒類の値上げに集中していた。上海では絶対に禁酒にはならないだろうし、イギリス人は、少なくともアルコール飲料の問題では、アメリカ人よりも頭がよかろうということで全員の意見が一致した。

白髪交じりの中背の男がロビーに現われ、私たちのテーブルに近づいてくると、突然、会話が途切れ静かになった。私はその男に紹介された。トマス・サモンズというアメリカ総領事で、好感の持てる役人だったが、上海のアメリカ人社会で何か事が起こり、そのために自分が国務省とのごたごたに巻き込まれやしないかと、いつも戦々恐々としていた。

後にアメリカが参戦して、この総領事の責任と心配はものすごく増大したのだが、それは共同租界の行政の特徴によるものだった。シナは依然として中立だったため、ドイツとオーストリアの領事や国民は自由にせっせと業務をこなしていた。ただしイギリス人はすべての者が、そしてアメリカ人はほとんどの者が、彼らに話しかけるのをやめたり、一緒にビジネスするのをやめたりした。

ようやく飲み仲間が解散したとき、ミラード氏は私に、アスター・ハウスに部屋を取ってはどうかと勧め、支配人のハリー・モートン船長を紹介してくれた。アスター・ハウスの歴代の支配人はその大半が船長あがりだったので、ホテルも船の特徴を数多く取り入れていた。廊下

〈注1〉　アメリカで実施された禁酒法のことで、飲料用アルコールの製造・販売などを禁止する「合衆国憲法修正第一八条」の通称。禁欲的なピューリタンの影響が強かったアメリカ合衆国では、アルコールに対する強い批判があり、一八五一年にメーン州で最初の禁酒法が制定されたのをきっかけとして二十世紀初頭までに一八の州で禁酒法が実施された。全米に適用するには憲法の修正が必要とされ、一九一七年十二月十八日に憲法修正第一八条が議会を通過、一九一九年に四分の三の州（当時三六州）による批准が完了して、憲法修正条項が成立した。憲法修正を受け連邦議会は禁酒法を制定し、翌一九二〇年からアメリカ全土で施行された。

は、定期客船の個室にいたる通路に似せて塗装されていた。だから、その支配人が、一カ月一二五ドルで、食事とアフタヌーンティー付きの部屋を「普通船客室」にご用意できますと言っても、私は別段驚きもしなかった。その金額をアメリカの通貨に換算すると約六〇ドルになった。

新たに創刊される英字新聞

翌日になって初めて、ミラード氏の部屋で、私の新しい仕事のことを話し合い、シナにおける同氏の経歴を多少は知ることができた。

ミラード氏が初めてシナに来たのは、『ニューヨーク・ヘラルド』紙の海外特派員として、一九〇〇年の義和団事件を取材するためだった。この年と、後の一九〇四年と一九〇五年、日露戦争を取材した期間中に、ミラード氏は、袁世凱《えんせいがい》、唐紹儀《とうしょうぎ》、伍廷芳《ごていほう》を含むシナの政治的指導者、上海で最初の近代的な銀行を創立したF・C・トン〈注2〉、そして国民党の指導者の孫《そん》逸仙《いっせん》博士と知り合ったのである。当時のシナはまだ帝国だったが、革命が企まれていることを示す証拠は山ほどあった。

一九一一年、ミラード氏はシナで最初のアメリカの新聞社『チャイナ・プレス〔大陸報〕』を上海に設立した。この事業では、後に東京で『ジャパン・アドヴァタイザー』の経営者となったB・W・フレイシャーの援助があった。『チャイナ・プレス』の活字や設備機器を購入する資金の大半は、シカゴの製造業者、チャールズ・R・クレーンが提供し、クレーンは同事業の

現在のアスター・ハウス・ホテル

Central nave with Gothic renaissance archetype
保留哥特复兴式建筑原貌的饭店中厅

内部もパウエルが住んだ当時の
雰囲気が保たれている

株主兼取締役となった。

クレーンには外交に従事したいという野望があった。一九〇九年、駐支公使に任命されたが、公務を引き継ぐ前に辞任した。やがて、第一次大戦の後に公使の地位を受託した。

唐紹儀を含め、上海の多くの著名人や銀行家の中には、新しい新聞社の株を買おうという者もいた。しかし、ミラード氏が機械類を持って上海に到着したときには、協力に同意していた有力なシナ人の中には、逃げ腰になっている者のいることが分かった。調査してみると、競争相手の新聞、由緒あるイギリスの機関紙『ノース・チャイナ・デイリー・ニュース〔字林西報〕』がその原因だと判明した。

その新聞は、NCDNという名でも知られ、香港を除けば、指折りのイギリスの機関紙だった。その経営陣なら、アメリカの競争相手、とりわけ、シナ人の株主がいつも多くいて、社説ではシナのナショナリズムや、シナとアメリカの協力関係を支持する『チャイナ・プレス』のようなタイプの新聞と競争したがらないのは当然だった。その一方で、上海のアメリカ人の人口は、少ないながらも増加していたので、上海にだってアメリカの新聞があっていいという一般的な雰囲気はあった。

『ノース・チャイナ・デイリー・ニュース』には、アメリカの新聞社設立に反対する理由がまだあった。というのも『チャイナ・プレス』は、企業の流儀、漫画、そしてその他、客を引きつける工夫によって、販売数だけ見ればイギリスの同新聞社〔NCDN〕をやすやすと追い抜いたからだ。

しかし『チャイナ・プレス』は販売収益だけでは存続できず、じきに経済的な困難に陥った。ミラード氏は編集者としての辞任を余儀なくされ、新聞社の主な利権は、地元のアメリカ系不動産・保険会社に買収された。この会社は、即座に、会社を支配するのに充分な持ち株を地元のイギリス人に売却し、多額の利益を手にした。

これが、一九一七年、ミラード氏を手伝い、新しく新聞を創刊するために私が上海に到着したときの新聞社の状況だった。今度は週に一度の新聞で、ミラード氏はその名称を『ミラーズ・レヴュー・オブ・ザ・ファー・イースト〔密勒氏評論報〕』にすると決めていた。活字の購入と紙の供給を別にすれば、出版を始める準備はまったく手つかずの状態だった。そこで、新しいアメリカのジャーナルの産婆役が私に回ってきたのである。

印刷所に隣接するオフィス・スペースを借り、仕事に着手した。するとより多くの疑問が湧いてきた。「自分たち自身で印刷をするのか、それとも営業している出版社と契約を結ぶのだろうか」「ミラード氏はどれくらいの発行部数を考えているのか」「どこで私たちの広告を獲得

〈注2〉　原文には“F.C.Tong”とあるが、この人物の特定はできなかった。この英名で表記される上海人としては、西洋で教育を受けたビジネスマンの湯節之〔Tang Jiezhi〔Chieh-Chih〕湯富福 Tang Fu Fuとも〕がいるが、湯は上海総商会董事（取締役）、上海の商業雑誌『商報』の聡経理、全国商会聯合会副議であり、銀行関係者ではない。「上海で最初の近代的な銀行」と聞くと、一八九七年に中国通商銀行を設立した盛宣懐（一八四四〜一九一六年）が思い浮かぶけれども、“Sheng Xuanhuai”と綴られるので、文脈からして両者とも該当しないように思われる。

するのか」「シナ人は私たちの新聞を読むだろうか」。

最後に私がひとつ質問をしたら、予期せぬ即答が返ってきた。その質問とは「新聞に何を印刷するのか」であった。ミラード氏は、背筋をしゃきっと伸ばして座りなおし、すぐさま「ほんとうに書きたいことなら何だって結構」と答えた。

外国人やシナ人の商人たちに挨拶まわりをしているときに、脈がありそうな購読者や広告者にこの編集方針を繰り返し説明すると、私はいつも笑われた。というのも、後で分かったのだが、ミラード氏が『チャイナ・プレス』の編集者の地位を退くことになった原因は、まさに彼が「自分がほんとうに書きたいことを何だって」活字にすると言い張ったからだ。ミラード氏は、非常に多くの同業者が、手っ取り早く儲けるためにするように、極東情勢の基本に関する、己の根本方針を変えたことは一度もなかった。

英語が読めないシナ人の植字工

多忙な日々が続いた。オフィスを借り、フランスのイエズス会神父たちが所有する時代物の印刷所と契約を結んだ。神父たちは、自分たちの印刷所に、私たちの新しいアメリカ製の活字が入るのを喜んでいた。しかし、シナ人の職場主任も、多数のシナ人の植字工たちも、誰一人として英語をひと言も理解できないと知ったときはがっかりした。

印刷所の所長のカウワン氏にこの窮地を説明したら、ちなみに同氏は、当初、プロテスタント宣教師が所有する工場の現場監督としてシナへ来たアメリカ人の印刷担当者だが、大笑いしてこう言ったのだ。現地人の植字工たちは、活字で何を組んでいるのか分からないほうがましで、もし英語が分かれば、きっと記者や編集者の原稿にしきりに手を入れようとするから、悲惨な結果となるだろう、と。

しかし、残念なことに、シナ人の活版業者が活字で何を組んでいるのか分からないこともまた危険なことを、後になって私は知ったのである。一人の記者が、事務所の雑用係に、「注文したビールは一体どうなってるんだ」というメモを持たせて近くのバーまで使い走りをさせた。不思議なことに、このメモが新聞の個人消息欄に紛れ込み、定期購読契約をしている宣教師の間で、かなりの異議申し立てが出る原因となった。

また別の場合では、「江西道（赤線）」地区の盛り場の女将が、その町の独身男性を選んでリストにし、それぞれに印刷した招待状を送りつけ、最近サンフランシスコから到着した幾人かの新入り娼婦の歓迎会を開催すると通知したことがあった。この通知が、あるシナ人の記者の手に渡り、同記者がそれを社交欄〈注3〉に掲載したため、町の主婦たちの間でひと騒動起こる原因となった。しかし、これも新人編集者の教育の一部にすぎなかった。

誰が読むのか

見出し用、本文用、広告用としてそれぞれどのフォント活字がよいか、新聞紙面用の段組み

〈注3〉　新聞で社会的に著名な人々のニュースを掲載する欄。

サンプルを取り出しては検討すると同時に、私たちの新聞市場を調査して、代表的な読者を掘り出そうとした。当時、英米人社会の人口は、たぶん、八〇〇〇人か一万人足らずで、ビジネスマンと宣教師がほぼ半々くらいの上海では、どう見ても骨の折れる仕事だった。

でも、まもなく、見込みのある読者は英米人社会の人たちだけとは限らないことが分かった。上海には英米人以外に数千人の外国人居住者がいた。スカンジナビア人、フランス人、ドイツ人、ロシア人、ポルトガル人、オランダ人、そして多くの人口を抱える、ほとんどがイラク出身の、東洋系ユダヤ人がいた。彼らは何年も前にインド経由で上海にやって来た人たちであった。幾人かは大金持ちで、多くの外国人は英語が読めたし、アメリカのニュースや編集者の論説が掲載されている新聞を読みたがっていた。

しかし、すべての読者の中で最大の英語読者層は、国外の世界情勢にちょうど興味を持ちはじめたシナの若い世代、知識人、ミッションスクールや市立学校の卒業生と在校生たちだった。彼らは世界大戦のことをとても案じていたし、皆と同じように、アメリカが戦争や他のことについて何をしようとしているのかをしきりに知りたがっていた。私はそれによって初めて、世界情勢の中でアメリカの占める位置の重要性が分かりはじめたのである。

これらの人々は誰もが英語を勉強していた。後に何百人もの学生が『レヴュー』を教科書にしていることが分かった。特に私たちが言葉の意味にアメリカ的なひねりを入れたときなどは、その意味について、問い合わせの手紙を何通も受け取ったからだ。

これらの専門学校や中等学校を巣立った聡明な若いシナ人たちは、多くの若い女性も含めて、外国やシナの大手貿易会社の事務所、工場、銀行、新聞社のオフィスで雇われ、専門学校や大学の教職員、専門職、官庁などの各職に就いた。老練な役人や管理職も、これらの近代的教育を受けた若手のアシスタントがいないと自分たちでは何もできなかった。

半年分の新聞を積み上げるイギリス船の船長

英語を読む若いシナ人の定期購読契約者をシナで最初に発見した外国人編集者は自分だ、と私はいつも信じていた。私は専門学校や大学に時事問題を研究する学習同好会やクラスを設けるよう働きかけた。その参加者は、ダース単位、多いときは一〇〇人単位でまとめて私たちの新聞の購読契約をした。私自身も専門学校でジャーナリズムのコースを教えた。

私はまた、極東のどのような新聞社にとっても、一番重要な読者層をもうひとつ発見した。その読者とは、とある辺鄙《へんぴ》な場所で生活する「孤立した漁村」の定期購読契約者で、宣教師かもしれないし、沿岸の輸出入会社のために現地の産物を仕入れるバイヤーかもしれないし、あるいは奥地の町で働く外国のタバコ会社か石油会社のセールスマンかもしれない。さらにまた辺境地に駐在するイギリス人か、アメリカ人か、スカンジナビア人か、あるいはその他の国の税関職員、それとも沿岸沖の孤島で「原地人と同じ生活をする」灯台守ということもありうる。これらの人々は広告のページとは無縁の生活をしていて、「活字」に飢えていた。

もう一人忘れてはならぬ定期購読契約者が、六カ月に一度だけ上海に寄港する不定期貨物船のイギリス人船長だった。船長は事務所を訪れ、半年分の新聞を束にして船に持って行くことだろう。そして新聞を注意深く自分の個室に積み上げ、毎朝朝食を摂《と》るときに、新聞を一部、一番古いのからキャビンボーイに持ってこさせるだろう。どんなことがあっても、このお決まりの手順だけは変えることができない。たとえ西部戦線〈注4〉で大きな戦闘があったというニュースが舞い込んでもである。

それにしても、代表的な定期購読契約者とは何だ！　まさか一編集者が代表的な定期購読契約者を心に描こうとしてこれほどひどく頭をなやませようとは。アメリカ人、イギリス人、大陸のヨーロッパ人、シナ人の知識人、ビジネスマン、宣教師、そしてその他諸々の読者だ。

私はあきらめて心に決めた。極東世界で、地元の出来事、国内の出来事、そして国際的な出来事について、誰もがまずまずきちんとした記事が書いてあると納得して手に取れるような新聞を発行する、と。国際舞台での出来事を他と比べ、その重要度を決定する際に、私はいつも次のことを心に留めていた。それは、上海は世界最大の港のひとつなので、政治や宗教に興味がある人と同じ数だけ、ビジネス、金融、経済のニュースにも興味を持つ人がいるということだ。

これは一九一七年のこと、すなわち手本となる『ニューズウィーク』〈注5〉、『リーダーズ・ダイジェスト』〈注6〉、『タイム』〈注7〉が刊行される以前のことだ。しかし、『リタラリー・ダイジェスト』〈注8〉、ウォルター・リップマンとハーバート・クローリーの『ニュー・リパブリック』〈注9〉、そして後にオズワルド・ギャリソン・ヴィラードが跡目を継ぐ『ザ・ネイション』〈注10〉はすでにあった。

私たちは、当時のアメリカで一番人目を引く活版印刷の新聞と思われていた『ニュー・リパブリック』の一般的形式に倣《なら》う許可を得た。しかし、内容は『ニュー・リパブリック』とは異なり、イギリスの経済評論誌の路線寄りで、政治、商業、金融の話題を扱うニュース報道や寄稿記事からなる、文字の大きな八ポイントの記事のほうをたくさん活字にした。

〈注4〉 第一次世界大戦でのドイツ西方の戦線で、一九一四年にドイツ軍が侵攻して以来、四年間にわたって膠着状態が続いていた。

〈注5〉 一九三三年に創刊され、「ニュースの裏側にある事実を掘り下げ、その意味を探り、徹底した報道をする」編集方針を取る雑誌。

〈注6〉 一九二二年、デウィット・ウォレス（DeWitt Wallace）とライラ・ウォレス（Lila Wallace）の夫妻が創刊した雑誌。

〈注7〉 一九二三年創刊、発行部数五四〇万部。世界一七六カ国、延べ二九〇〇万人が読む世界最大の英文週刊ニュース誌。政治、経済、環境、文化、エンターテイメント、最新医療事情など、さまざまな分野をグローバルな観点から鋭く切り込む世界のオピニオンリーダー。

〈注8〉 ファンク・アンド・ワグノールズ社が出版した一般向けの雑誌。

〈注9〉 一九一四年に創刊号が出版。政治観は自由主義的、進歩的で、合衆国が国際政治舞台で強大国として活躍することに関心があり、一九一七年には連合国側について第一次世界大戦に参戦するよう促した。

〈注10〉 一八六五年創刊のリベラル系の評論週刊誌。ドイツ生まれのジャーナリストで新聞経営者のO・G・ヴィラード（一八七二〜一九四九年）は、父親のヘンリー・ヴィラードの死後、跡目を継いで『ザ・ネイション』の経営者・編集者になった。

定期購読契約の予定者に予告文を郵送しておいたので、一〇〇〇件を超える購読契約の注文が舞い込み、そのほとんどに小切手が同封されていた。私たちには活躍の舞台があるように思えたのだ！

一攫千金をたくらんだ山師の断罪

創刊号に向けて本格的に仕事が始まり、一九一七年六月二日刊行と決めた。第一巻第一号の発行予定日の数日前、私は在支合衆国裁判所の職員の一人とたまたま会った。当時の裁判長はネブラスカ州出身のチャールズ・S・ロビンジャーだった。その裁判所の職員が内々に打ち明けてくれたのだが、裁判長は重要な判決を手がけているので、もし出版を一週間遅らせるつもりなら、創刊号用のスクープが入手できるかもしれないということだった。私は調べてみたが、創刊を遅らせても充分に名分が立つと思える事件だった。というわけで『ミラーズ・レヴュー・オブ・ザ・ファー・イースト』の創刊号の発行日が、当初予定されたように六月二日の第一土曜日ではなく、六月九日の第二土曜日となったのである。

ロビンジャー判事の判決はきわめて重大なもので、予期せぬ反響を招いた。そのひとつが、フランク・J・レイヴェンというアメリカ人を筆頭とした、地元で顔のきく会社屋のグループに、やむことのない憎しみを抱かせたことだった。この憎しみの矛先《ほこさき》は、裁判所の判事だけでなく、判決の特ダネ記事を発表した私たちの新聞にまで向けられた。

この判決には、裁判所の規定によって、レイヴェンとその仲間が民間銀行のアメリカン＝オリエンタル・バンキング・コーポレーションを有限会社として設立する許可を、拒否する内容が含まれていた。判事の判決は、関連した法的原則に加えて、アメリカ人がシナで商業活動をする際に「ずさんで無謀な法人設立」を防止する必要性にも言及したものだった。

アメリカのフィリピン占領の時代まで遡《さかのぼ》ると、上海は、一攫千金を夢見るアメリカ人業者や投機師の本拠地としての役割を果たしていた。この連中の大部分は占領に続いてフィリピンへ渡ったのだが、初代民政長官のウィリアム・ハワード・タフト〈注11〉によって強制的に退去させられていた。彼らの大部分は、イギリス植民地の香港では働けないので、規制のまったくない上海にやって来たのだ。

その結果、上海は、贋《にせ》の宝石、くず同然の株、医師の処方箋なしで販売される医薬品、危険な麻薬などの仕事をする売人の巣窟《そうくつ》となったのである。あるグループは、マレーシアの金持ちがシナ人相手に株を売り抜ける目的で保険会社を設立したのだが、シナ人ビジネスが円滑に進み、思いがけなく会社が繁盛、その結果、社会的地位も向上し、びっくり仰天した。

レイヴェンはカリフォルニアからシナに来て、共同租界の市政の公共事業課で職にありついた。彼はその課で新しい道路拡張工事に関する情報が入手できるまで働いてから退職し、不動産会社を設立した。この不動産会社は、新しい道路や街路の測量設計に関する彼の内部情報を

〈注11〉　William Howard Taft（一八五七～一九三〇年）。アメリカの法律家で、第二七代大統領（一九〇九～一三年）、第一〇代最高裁判所長官。

利用して、「コロンビア・サークル」と名づけた新しい分譲地を売り込むことに成功した。

これを手始めに、会社はいろいろな販売促進事業に枝分かれし、その中には、アメリカン＝オリエンタル・バンキング・コーポレーション、レイヴェン・トラスト・カンパニー、アメリカン・ファイナンス・カンパニー、そしてその他諸々の事業が含まれ、すべてが投機的性格を有するものだった。種々の企業株が、シナ人と外国人に広く販売された。銀行は、共同社会を形成する宣教師たちと租界の外国人居住者に向けて銀行預金勧誘の集中的な大宣伝を打ち上げた。

レイヴェンは、しっかりしたビジネスマンや銀行業者からは信用されなかったけれども、巧みな広報を駆使して「ウォリングフォード」〈注12〉事業を推進した。そして、地元の仕事ではかなりの影響力を及ぼすようになり、ときどきアメリカの領事や公使の政策を牛耳ることさえあった。

だが結局、彼の事業は、諺《ことわざ》にもあるごとく、トランプで作った家さながらに崩壊し、外国人社会とシナ人社会に甚大な損害をもたらすことになった。宣教団委員会の中には、レイヴェンの有価証券に投資して大金を失った者もいたし、アメリカン＝オリエンタル・バンク、信託会社、金融会社を利用した何千人もの預金者が積立金を失った。

もっとも深刻だったのは、ロシア人をはじめとする非アメリカ人社会が蒙《こうむ》った損害だった。彼らは、レイヴェンのエネルギッシュな宣伝に乗せられ、そのチラシの飾りにふんだんにあしらわれたアメリカ国旗が、元金の安全性と、預金に支払われる高利率の利息を保証してくれるものと信じ込まされていた。レイヴェンは、治外法権制度の契約条項を悪用してトランプの家を築き上げたのだから、彼の事業では、同制度の信用を落としかねないことが山ほどあった。

レイヴェンの事業の最終章は一九三五年に書き上げられ、上海の在支合衆国裁判所において会社屋のレイヴェンとその仲間に重い判決が下ることになった。レイヴェンに有罪の判決を下した判事は、ニューメキシコ州のミルトン・J・ヘルミックだった。そして絡《から》まった蜘蛛の糸のようなレイヴェンの会社屋事業を解き明かした特別検察官は、アメリカ人宣教師たちの設立した上海法律学校の教授としてシナにやって来た、イリノイ州のジョージ・セレットだった。

〈注12〉　ウォリングフォードとは、映画やドラマの脚本も手がけたアメリカ人作家、ジョージ・ランドルフ・チェスター（George Randolph Chester　一八六九〜一九二四年）の作品に描かれた登場人物の名前。別名「一攫千金のウォリングフォード」（Get-Rich-Quick Wallingford）とも呼ばれ、一見すると恰幅のよい、大金持ちの紳士だが、その本性は、法すれすれの行為で大儲けしようとする詐欺師。したがって「ウォリングフォード」事業とは、まさにそのような一攫千金の金儲け事業のこと。

第3章　国際都市

「共同租界」とそこでの外国人たちの暮らし

ラッセル・アンド・カンパニー

一九一七年二月のあの日に上海に上陸したとき、私は実感していなかったのだ。黄浦江の両岸沿いに何マイルにもわたって建ち並ぶ桟橋や倉庫では、かつて帆船から船荷を積み下ろするときの、アメリカ人水夫たちの大声が響き渡っていたことを。その帆船は長い航海をしてホーン岬〈注1〉を回り、南北アメリカの西海岸をのぼってヴァンクーバー島〈注2〉とアリューシャン列島にまで毛皮の船荷を積みに行き、そして太平洋を、おそらくハワイ経由で横断してアジアの沿岸に到着したのだ。

十九世紀前半、シナ沿岸や揚子江での海運業はもちろん、広東、マニラ、上海の貿易は、有名なアメリカの会社、ラッセル・アンド・カンパニーが取り仕切っていた時期が長く続いた。この会社の古びた倉庫は、その頑丈な構造ゆえにトーチカに似ているが、今でも上海外灘《バンド》という川岸通り沿いに広がり、フランス租界と現地人の南市地区に、数ブロックにわたって面していた。

この会社は、一八一八年頃、コネチカット州ミドルタウンのサミュエル・ラッセルによって創立され、本社はボストンにあるが、アメリカの他のどの会社よりもシナで手広くビジネスを行ない、貿易と企業利益で、まだ産声を上げたばかりのアメリカ合衆国に大いに貢献した。当時の合衆国は、大英帝国との政治的、経済的な絆《きずな》が断たれて以来、厳しい状況にあったのだ。

ラッセル・アンド・カンパニーは十九世紀中頃に衰退しはじめた。そしてアメリカの南北戦争とシナの太平天国の乱（一八四八～一八六五年）の結果、深刻な財政的不運に見舞われたために、一八七七年、仕方なく種々の資産を売却し、事業から撤退せざるをえなくなった。大船団やシナの全港の広大な地所は、シナ政府に接収され、そして招商局〈注3〉に合併された。この会社は一九三七年に日中戦争が勃発するまで操業を続けたが、同年、そのほとんどの船舶

〈注1〉　チリ南部のティエラ・デル・フエゴ諸島の一島にある、南半球最南端の岬。
〈注2〉　カナダ南西部、ブリティッシュ・コロンビア南西海岸に近い島。
〈注3〉　一八七二年に直隷総督の李鴻章が上海に設立した、シナ資本によるシナ最初で最大の汽船会社。一八七七年、アメリカの汽船会社・旗昌洋行を買収して経営を拡張し、一八八〇年には民営となった。一九二七年、国民政府成立とともに交通部の監督下に置かれ、国営となった。一九四九年、中華人民共和国が誕生すると、台湾（中華民国台湾省）に移り現在に至っている。一方、大陸に残存した招商局は人民政府に接収され、国営輸船公司に再組織された。

と多くの資産が、日本人に押収されないようにと、ウィリアム・P・ハント・アンド・カンパニーというアメリカ系商社に売却された。しかし、結局は真珠湾攻撃の後、その会社の貴重な資産はすべて日本人の手に渡った。

「共同租界」の誕生

上海は、他のどの東洋の港よりも、初期アメリカの影響が色濃く表われていた。上海に珍しい国際市政の形態があったのは、カニンガムという、商人あがりの、初期アメリカ領事のおかげだった。一八五二年、この領事は、イギリス租界にアメリカの星条旗を立て、憤慨したイギリス領事に抗議されたにもかかわらず、平等の権利を主張した。

シナ人は、外国人同士の騒動に当惑し、イギリス租界の北部境界線を流れる蘇州河《そしゅうが》の北に、イギリス人と同じ広さの居住区をアメリカ人に提供して事を収拾しようとした。地元のアメリカ人は、このシナ人からの贈り物を受け入れ、私たちの宣教団委員会は、この地域に事務所と住居を建てた。その地区は虹口《ホンキュー》という名で知られていた。

しかしワシントンのアメリカ政府は、その取引を承認せず、シナ領土の管轄権の横取りは国策に反すると表明した。上海のアメリカ人たちは、政府が拒絶したことを知ると、シナ人を説得して、虹口《ホンキュー》と蘇州河南部のイギリス人地区の合併をシナ人に認めさせ、こうして「共同租界」が誕生したわけである。後に楊樹浦《ヤンジユツポ》の名で知られる別の地域が加えられ、もとはスラム街と見なされていた「(蘇州)河北」地区は、やがてシナでもっとも豊かな工業地域となった。

共同租界

共同租界の中央を通る南京路の周辺

その地区は運河や河川の交通機関に隣接していたので、イギリス人が、そして後に日本人がそこに綿工場を設立した。しかし、もっと重要なことは、そこは、低賃金で働き、熟練し、勤勉で、概して従順なシナ人の巨大な労働者予備軍がいる場所に、より近かったことだ。

近代的な発電所も含めて、アメリカ人が上海にもたらした近代産業の発展は、その大部分が虹口地区へと移っていった。

それまでの一〇年間、シナの工業施設は、数の上でも重要度からしても、外国人の工業施設を上回っていて、それらは虹口に隣接する閘北《ざほく》地区に集中していた。ここには、もっとも完備された世界最大の出版社であると同時に、数千人の労働者の待遇では東洋でもっとも進んだ事業と評価された有名な商務印書館〈注4〉もあった。

巨大な人力扇風機

近代的な発展という立場からすると、一九一七年の上海は、世界屈指の港のひとつという事実があるにもかかわらず、アメリカの田舎町を思い起こさせた。上海は、港と港を行き来する海運商品の取引では、世界のトップ六港に名を連ねたけれども、主要な積載物を運搬するのは遠洋航海の船舶ではなかった。それを運ぶのは、ウラジヴォストークからシンガポールまで東の海を往復する、現地シナ人のジャンク帆船だった。

一九一七年初期、上海には一五〇〇万人以上の人がいたのに、舗装道路は一本もなかった。小さな電灯工場はあっても市当局に属し、加入者が所有する旧式の電話回線が一本しかなかった。電話回線はスウェーデン製の扱いにくい機器で操作され、交換手を呼び出すには、しょっちゅう電話機のクランクを回し続けなければならなかった。

かつて、国際的ないざこざが起こったことがあった。何度も通話が中断されるのに腹を立てたアメリカ人ビジネスマンが、壁から電話機を引きちぎり、窓から外の道路へ放り投げたのだ。電話会社の責任者はイギリス人で、そのアメリカ人の事務所に新しい電話機を設置するのを拒否した。そこでアメリカ人はアメリカ領事に訴え、門戸開放主義のもとでは差別待遇であり、交渉権の侵害だと告発した。最後には友人が間に入り、その件がアメリカ国務省とイギリス外務省に付託されずに、アメリカ人の電話機が元通りになった。

電話会社と発電所は、後に両方ともアメリカ人が購入し近代化した。しかし、オフィスに電灯を設置してもらおうと、私が初めて市庁舎の電力課の事務所に出向いたとき、最初に目に留まったのは「パンカ」という団扇《うちわ》だった。

パンカはインドで発明されたものだといわれていた。その作りは、大きな楕円形の竹製フレームに、裾を縁取りしたチーズクロスという布を張り、天井から紐でつるしたものだ。フレームにはもう一本紐がついていて、壁の穴を通って外の庭へと延びていた。庭では現地の召使がその紐を前後に引いてパンカを動かし続けるというわけだ。召使の苦力《クーリー》は、骨の折れる仕事に

〈注4〉　上海に一八九七年に設立された出版社で、多くの叢書や辞典などを刊行するかたわら、収書も積極的で東洋一の蔵書量を誇った。上海事変で灰燼に帰し、現在は、中国・台湾・香港に分かれて出版活動を行なう。

疲れ、ついうとうとと眠ってしまうこともたびたびあった。

市のオフィスをパンカで冷やしても、地元の住人はおろか、電力課の職員もおかしいと思っていなかった。聞いた話では、扇風機は不健康のもとで、肺炎を起こしたり、胃の調子を悪くしたりするということだった。ほとんど誰もが、胴のあたりに「胸衣」、つまり幅広のウールの帯を肌身につけて巻いており、その目的は、風で内臓を冷やすのが原因と思われる胃の病気を防ぐというものであった。

夜会服姿で消火する消防士たち

一九一七年の活気にあふれる上海をあますところなく記述しようと思えば、地元の消防署のことを取り上げないわけにはいかないだろう。その消防署は「ボランティア」の組織だった。消防士は、二、三人の現地人アシスタントを別にすれば、すべての隊員が上海在住のヨーロッパ人で、給料なしの奉仕活動だった。装備は初期の時代にイングランドから輸入したもので、博物館に展示されてもおかしくない代物だ。しかし、消防署は、現代性に欠けるところがあるからこそ、絵になるというものだった。

私が上海に住んでからそれほど経《た》っていない頃、ある晩、ホテル近くでけたたましく鳴り響く火災警報の音に叩き起こされた。急いで服を着て火災現場へ駆けつけた。現地の人も外国人も一緒だった。そこでびっくり仰天したのは、ほとんどの消防士が夜会服で正装したまま、その後ろ裾を風ではためかせ、真っ白なシャツ・フロントとネクタイを煤《すす》まみれにしながら、ホースを担《かつ》いで駆け回っていたことだった。現地人アシスタントは正規の消防士の制服を着用し、ラテンアメリカの警察官が羨むような真鍮のヘルメットもかぶっていたので、消防団員の大部分を構成する若いイギリス人が正装しているのには面食らってしまった。

火事はイギリスの国の祝祭日前夜に発生したことを知った。その日は、イギリス人社会のほとんどの住人が、上海クラブで正式な晩餐会と舞踏会に出席していたのだ。着替える時間がなかったので、消防団員は全員が夜会服を着たまま火事の現場へと急行したのだった。市当局が、クリーニング代、アイロン代、洗濯代、そして消火活動が原因で生じた正装の修理費用の責任を負うと聞いて安心した。中央ビルの正面扉上に掲げられた頑丈な石板には、消防署のスローガンが刻まれていた。

「われらは炎と戦う」

外国人社会には、消防署をだしにしたジョークがたくさんあった。燃えている建物がたまたまその社会で人気のない人の持ち物だったりすると、消防士はしばしば不公平な振る舞いを見せると非難された。伝えられるところによると、そのような火事の消火には、わざわざ時間をかけるそうで、片付く頃には、たいてい建物は跡形もなくなっていた。

後になってアメリカの保険会社が上海に目をつけてからは、熱心な消火活動を行なう近代的な消防署の設置を求める運動が起こり、激しい論争を巻き起こした。旧消防署は、隊員資格がイギリスの大工場の「大班（支配人）」か、下級職員に限定された団体だったからである。しかし、進歩のほうが勝利を収めた。消火設備が原始的な状態にあるという理由で、保険料が莫大だったことも、その決定に寄与した。

内外の敵からの防衛については、上海は地元民兵の義勇兵団が頼りだった。その兵団は、シナ人も含めて、共同租界に居住する、いろいろな国籍のグループを代表する中隊から編成されていた。したがってアメリカ、イギリス、スコットランド、日本、シナ、ポルトガルの国別のグループの中隊、スカンジナビア人を含む分派隊、そしてそれ以外のもっと小規模なヨーロッパのグループがあった。

「上海万国商団」という義勇兵団は、おそらく最初の「共同」警察隊だったろう。イギリス人社会がもっとも大きかったので、その中隊の数も、お国のキルトを着たスコットランド人の分遣隊も入れて、一番多かった。アメリカ人には歩兵隊、騎馬隊、機関銃隊の三つの中隊があり、加えてアメリカ人将校の指揮下で働くフィリピン人中隊もあった。これらの部隊の人数は、合計でおそらく一二〇〇人から一五〇〇人くらいで、主に上海の大手外国系会社の従業員で編成されていた。

後になって、不穏な状況になると、上海は「守備隊駐屯都市」となり、外国軍の大隊が防衛目的で同市に配置された。しかし、それまで上海がたった一五〇〇人の国際義勇兵の連隊で防衛できるという事実は、概して当時の揚子江下流域はどこも平和な状況だったことを物語っていた。事実、「万国商団」は、消防署のように、ひとつの社会組織という様相を呈していた。

いろいろな部隊が行なう例年の晩餐会は、お祭り行事だった。

合衆国、イギリス、日本、フランス、そしてときどきスペイン、イタリア、ポルトガルは、上海の港として使用されていた揚子江の三角江、黄浦江に駆逐艦を停泊させていた。しかしあの特別なトラブルが鎮《しず》まってからは、水夫たちはほとんど上陸することはなく、いつも砲艦に立てこもっていた。

蚊とハエ

私は、到着してから数週間で、ヨーロッパ人社会の中に、数多くの面白おかしい信心や習慣があることを知った。というのもヨーロッパ社会は、何十年間にもわたって、どちらかというと孤立した生活を送ってきたのである。そのひとつは、網戸が、扇風機と同様に「不健康」と見なされていたことだ。

当時の上海は数多くの運河が交差していて、干潮時になると、ホウレン草のスープのようなドロドロ状態になり、雲霞《うんか》のような蚊の大群の繁殖地となった。ベッドは天井からつるした蚊帳《かや》で覆わなくてはならなかった。

蚊の大群がいくらか減少したのは、木材を細かくすりつぶし、香りをつけ、棒状か渦巻き状に押し固めた火口《ほくち》状のものを惜しげもなく焚いて使ったからだった。また、召使が歩き回って、家族やお客の足首に灯油《ケロシン》溶液を噴霧するという別の方法もあった。発明気のある宣教師は、長方形の綿モスリンの袋を家族や客に配った。袋を足にはいて、ひざの上でしっかりと結びつけたのだ。この「蚊の袋」は一般でも使われるようになり、地元のイギリス人商店でも販売された。

私の家で一泊したアメリカ人の友人は、翌朝目覚めると、両足の裏がとてもひりひりして、ろくに歩けなくなった。召使がその謎解きをした。「旦那様、とっても背が高い人、足、蚊帳から突き出した」。

後に、運河や池を埋め立てたことで、蚊の脅威はかなり減少した。さらにもっと後になると、市当局が覆いのない下水溝に油の溶液を散布したので、事実上、蚊は絶滅した。しかし、まだ、路地や裏庭に溜まったゴミの山にたかるハエが残っていた。

「外国人」地区でさえどこもこのような状況だったので、その周辺のシナ人地区、特に最貧困階級の占める密集地域は、輪をかけてひどいものだった。そこではチフス、コレラ、赤痢、その他の細菌性の病気があまりにも蔓延していたので、全住民が伝染病で全滅しないのはどうしてだろうと不思議に思ったほどだ。責任ある立場の医師たちは、シナ人なら誰でも熱いお茶や白湯を飲む習慣があるので、それによって伝染病の拡散は防げると信じていたのである。

しかし、外国人の間でも、シナ人の間でも、内臓疾患による死者の数は驚くべきものだった。宣教師の団体は衛生教育のキャンペーンに乗り出し、イエバエには病気を広める危険性があると強く訴えた。キャンペーンの主唱者は、ハエ科の生態を示す一連の図表やイラストを準備した。色刷りのリトグラフの特大ポスターが、衛生の講話を行なう講堂の周りに貼り付けられた。また上海市のあちこちの公告掲示板では、巨大なハエが空き缶の周りを這《は》い回り、人間が食べる食品の上を汚い足でうろつきまわる姿を描いた絵が掲示された。

キャンペーンが進行してしばらくしたある日、宣教師の医師は、田舎の女性たちの一団が、そのイラスト付きポスターの一枚を指差して、興奮気味に話しているのを目にした。女はこう言っていた。

「なるほどね、あんなにハエがでっかいんじゃ、アメリカ人がハエを怖がるのも無理ないわ。ありがたいことに、うちらのハエはちっちゃいし、危なくもないわよね」

「犬とシナ人は入るべからず」

今日の上海は、合衆国の外にありながら、アメリカ風の摩天楼ホテル、オフィス、アパートが建ち並ぶ、数少ない大都市のひとつだ。しかし三〇年前は、租界で一番高いビルでも、五階か六階を超えることはなく、エレベーター、つまり「リフト」がついたビルも一つか二つしかなかった。すべての建物が外灘《バンド》にあった。これらのビルと河の間には公園通りがあり、ほとんどの外国人居住者は、夏の夕方、気晴らしに散歩を楽しんだ。公園では、日曜日の夕方、上海市オーケストラがコンサートを催した。それには、事実上、外国人社会の住人がこぞって出席した。

当時、外国人地区の市立公園は、どこもシナ人の入園が許されていなかった。しかし、公園で行なわれる外国人だけの娯楽にまったく問題がないわけでもなかった。というのも、蚊に加えて、しわがれ声のカラスの群れが公園の樹木を埋め尽くし、人の注意を引こうと、その鳴き声でオーケストラと張り合ったからだ。カラスたちは威厳のあるなしで人を選ばない。私はカラスが「外国排斥主義」ではないかと訝《いぶか》ることがしばしばあった。というのも、もっとも着飾った女性や白いリンネルのスーツを着た男性を選んでは、糞を落とし冒瀆しているように見えるからだ。工部局《ミユーニシパル・カウンシル》はついにカラスの首に報奨金をかけた。これによって徒党を組んだシナ人の少年たちは、カラスを罠で一網打尽にし、大金を手にすることができた。しかし工部局は、賞金稼ぎを自称する連中によって、カラスがひそかに育てられているのを発見し、仕方なく報奨金を廃止した。

バンド・ガーデンという名で知られる、ある公園〔黄浦公園〕では、使用規則を書き込んだ看板を出入り口に立てたために、シナ人と外国人との間で深刻な政治問題となった。花を折るべからず、器物を破損すべからずと注意する規則の中には、二つの特別条項があった。そのひとつには、犬を公園に連れてくるべからず、もうひとつ、さらに規則一覧の下のほうに、「労働する苦力《クーリー》を除き、シナ人の入園を禁ず」と書かれていた。後になって、外国人とシナ人とのトラブルが大きくなったとき、学生運動家たちは、「犬とシナ人お断り」というスローガンをうまく利用した。

「室内便器」という名の衛生器具

上海は、三つのはっきりとした行政ユニットから構成されていた。共同租界〔英米共同租界〕、フランス租界、シナ人街《チャイニーズ・シティー》〔上海県城、現在の豫園《ゆいえん》地区〕である。さらに共同租界は三つの重要な区分があった。虹口、楊樹浦、そして外国人の大半が住む西部地区である。フランス

外国人専用の公園

租界の西郊に位置するジェスフィールド公園。当初は外国人のみに開放され、1928年以降、シナ人の入園も認められた

租界は、共同租界と古式ゆかしきシナ人街の間に割り込んだ、細長い地域からなっていた。共同租界の行政機関がつくられたとき、フランス人は参加することを拒否し、自分たち自身の自治体を設立した。俗にいう「西部居住地区」は、一九三七年、日本による占領の後、世界でもっとも悪名高いギャンブルとナイトクラブの「歓楽街」となったが、一九一七年では、二、三の孤立したシナ人の村が散在する閑散とした田舎にすぎなかった。

租界でシナ人はもちろんのこと外国人居住者も支払わねばならぬ税金はただひとつ、地代をもとにした「地税」だけだった。もし所有地が賃貸なら、地代の一〇パーセントから一五パーセントを税金として支払った。賃貸料が一カ月に一〇〇ドルだとすると、税金は一カ月で一〇ドル、一年で一二〇ドルになった。未利用の所有地は、事実上、無税だった。

家を借りる人が税金の大半を仕方なく支払うという制度は、租界が設立されたときにイングランドから導入したものだった。後にイングランドでは制度が変わったけれども、上海では一度も変わらなかった。土地の所有者よりもむしろ借地人に税を負担させる税制もまた、シナ人と外国人との間の深刻な政治問題となった。

上海の道路は、砕いた石と泥を混ぜたもので舗装された。道路工事のシナ人労働者は、まず砕いた石を踏み固めてから、次にその隙間を、濃厚なクリーム状態の泥水を散布して塞《ふさ》いで、道路を整備した状態に保っていた。泥が充分に乾き、苦役《クーリー》の押すローラーで表面が滑らかになるまで、その区域は柵で仕切られた。つぎに雨が降るまでは、かなり状態のよい舗装道路となるのだが、いったん雨が降ると、すべての泥が洗い流され、もう一度、同じ仕事を行なわなくてはならなかった。しかし労働力は低賃金だし、新しい泥はふんだんにあった。その上、工事で金儲けをする請負人もいた。

外灘《バンド》に建つ一つか二つのビルを除き、共同租界には下水処理施設や近代的な給排水の設備がなかった。近代的な水洗トイレは、網戸や扇風機と同じく、「不健康」と見なされた。浴室には、人がまっすぐに座って入浴する、丸い土器製の浴槽と、「室内便器」という名の衛生器具が備わっていた。

その室内便器は、天辺に穴のある四角い木箱と、土器製のおまるからなる。朝になると、家の下男がおまるを回収し、その中身を肥料として農夫に売って、かなりの収入を得ていた。共同租界の行政当局もまた排泄物を集めそれを請負人に売り、今度は請負人が汚物を周りの田舎の農場主や庭師に売っていた。そのような肥料の販売は公衆衛生上有害だと苦情が出たけれども、工部局はその販売で約一〇万ドル（五万ＵＳドル）の歳入があったために、苦情には耳を貸さなかった。

農夫は、柄の長い柄杓で人糞を穀物に撒くわけだが、この作業を植物への「養分供給」と呼んだ。この習慣はシナだけでなく、日本やヨーロッパのいくつかの国々でも広まっていた。シナ人の農夫は肥溜《こえだ》めの容器に、もうひとまわり大きい土器製の瓶を使うので、「アジアの便器」という言い回しが生まれたのだが、実はその瓶は、六〇〇年以上も前にシナを旅したマルコ・ポーロの記述にも登場するものだった。

第4章　孫逸仙《そんいつせん》と袁世凱《えんせいがい》

辛亥革命から一九一七年当時までのシナの政治状況

革命の萌芽「興中会《こうちゆうかい》」の設立

私が上海に到着したとき、国民党の創立者で指導者の孫逸仙博士は、フランス租界のモリエール通りにある、粗末で小さな家に住んでいた。その家は、本人と孫夫人（宋慶齢《そうけいれい》）の住居であると同時に、孫の広範囲な政治活動を指揮する事務所でもあり、一軒で二つの目的を果たしていた。

今日〔本書の原著は一九四五年出版〕、重慶では、国民党の一党独裁体制に対する厳しい非難を耳にする。だが、国民党の初期の闘争を調べれば、このシナ屈指の政党が、自覚を世界の偉大な政党のひとつと考えてほしいと主張するのも、もっともだと分かる。

国民党は、孫逸仙博士が、香港近くのマカオの、小さなポルトガル租界に設立した秘密結社〔興中会《こうちゆうかい》〕がその始まりだった。一八九二年に香港の新設医学学校を卒業した後、孫博士がマカオへ行ったのは、病院を開業するためだった。だが、まもなくポルトガル政府によって、マカオを去るよう強要された。孫博士は、広東に帰郷すると、そこで結社の支部を設立しようとしたけれども、シナ政府が警戒心を抱いたため、ふたたび故国を去らざるをえなくなった。同志の中には、捕まって処刑された者もいたが、孫自身は香港に逃れ、そこから海外へ逃亡できた。

孫は勇敢で粘り強い若者だったので、シナ国外の、シナ生まれの人々とともに活動を継続した。シナ人の海外居住者は、その革命運動にかなりの資金を提供した。孫逸仙は、北京の朝廷に近い勢力範囲内でさえも、不満分子の中に入って資金をうまく活用した。

一八九六年、孫はロンドンでシナ公使館の役人たちに誘拐され、秘密の部屋に監禁された。彼らは孫をシナへ送り帰す計画だった。シナでは、孫の逮捕に、二五万ドルの報奨金がかけられたことがあった。だが孫は、友人のジェームズ・キャントリにそっとメモを渡すことができた。キャントリ博士は香港大学学長で、そのときたまたまロンドンに来ていたのだった。

この真摯な若い革命主義者に同情したキャントリ博士は、イギリス政府とロンドンの新聞社に公使館の役人が高圧的な行為に出たことを知らせた。その結果、圧力がかかり、孫は解放されたのである。だが、こうなっては孫博士は、シナに戻ることはおろか、香港のイギリス植民地へも行けないので、他国で、満洲政府〔清〕への革命運動を継続したのである。

一九〇五年、日本に滞在中、彼は反王朝運動のさまざまな分派を、すばらしい革命結社に糾合することに成功し〈注１〉、それを「同盟会〔中国革命同盟会〕」と名づけた。この頃になると、彼の革命活動の計画は、腐敗した満洲政府を打倒するにとどまらず、新しいシナのための明確なプラン作りの一点に集中していた。これらの計画とその元になる根本方針は、現代の国民党と「五権憲法」〈注2〉に理論的基盤を提供し、それが二〇年後に南京で設立された国民政府の礎《いしずえ》を形成したのだった。一九〇五年、彼はすでに民族主義的、民主主義的な原理にもとづくシナの国家観の形成を目ざして励んでいたのだ。そして新たに組織された結社〔中国革命同盟会〕が、大胆にもシナの共和国〔建国民国〕と土地の公平な分配〔平等地権〕を求めて出現したのである。

孫博士とその信奉者が広めた革命の宣伝工作は大きな影響を及ぼしたことは確かだが、〔満洲族の〕清帝国の崩壊が早まったのには、それ以外の力も働いていた。これらの要素は、官憲の堕落と無能さ、国民の悲惨な状況、国内の不安、外国の圧力であった。遅ればせながら情勢の変化を感じた満洲朝廷は、慌てて改革を始めようとはしたけれども、改革は不人気であり、すでに一九〇〇年の義和団事件〈注3〉への伏線ともなっていた。義和団事件の矛先はもともと皇帝に向いていたのだが、西太后《せいたいごう》の慈禧《じき》はそれを巧みに外国人に向かうよう仕向けたのだ。

勢いを増す革命運動と混乱

革命運動は、孫逸仙博士が世界中を奔走して集めた資金の援助を受け、シナ全土で勢いを増していた。だが、シナの諸地域で起こった数多くの反乱は、皇帝の軍隊によって即座に鎮圧された。一九一〇年三月二十九日、孫逸仙はさらに広東で反乱を起こそうと試みたものの、ふた

革命の父・孫文

写真／毎日新聞社

若き日の肖像写真　　　　　　　　（撮影日不詳）

たび失敗した。

今度は大きな悲劇に見舞われ、七二人の同志が黄花崗で捕らえられ処刑された〈注4〉。今日、これらの革命に殉じた人々の名前は、革命史で高い地位が与えられている。パン種のように大変化を起こさんとする隠れた勢力が活動しはじめていた。国中で不安が増大していた。

孫逸仙博士は、後のことを同志の黄興《こうこう》総司令に任せ、運動資金をもっと調達するために合衆国へ急いだ。博士がサンフランシスコにいたとき、小さな店を経営する広東人商人の代表団が彼のもとを訪れ、商売をたたみ、シナへ戻って革命で戦うことを申し出た。孫博士は商人の一人にどれくらい収入があるのかと尋ねた。その男は、小さな洗濯店を営み、週一八ドルの収入があると言った。孫博士は、週一二ドルで生活はできるかと尋ねた。男はイエスと答えた。すると孫博士はこう言った。

「われわれにはたくさんの人的資源はあるけれども、必要なのは資金だ。あなたはここに残って仕事を続け、革命のために週六ドル寄付してくれ」

一九一一年十月、孫逸仙博士はコロラド州デンヴァーにいた。そのとき、黄興総司令から、揚子江の重要都市、武昌《ぶしょう》(今は武漢の一部、すなわち武昌・漢口・漢陽の三鎮を形成する自治都市)の政府軍は、いつでも反乱が準備できているという外電を受け取った。孫博士が地球の反対側にいたため、かなりの混乱があり、革命の指導者が幾人か処刑された。しかし、これは抵抗者たちの意欲に拍車をかけ、より一層の努力を促しただけだった。その結果、すでに味方となっていた政府の軍隊は総督に反旗を翻し〈注5〉、総督は外国租界に逃げ込まざるをえなかった。

総督は、外国領事当局に対し、揚子江の駆逐艦を使って反乱を鎮圧するよう説得を試みたが、孫博士の海外での宣伝工作がすでに実を結んでいた。フランスとロシアの領事は、その満洲人総督の呼びかけで開かれた全領事の会合で、共和主義者を支持したのである。

孫逸仙博士は、外電で実情を知らされると、ワシントンに急行して役人と協議し、ロンドンへ出帆した。ロンドンでは、シナに対し、つぎの三点政策を取るようイギリス政府に働きかけ

〈注1〉　華興会、光復会、興中会を大同団結したことをいう。

〈注2〉　五権とは外国の立法、司法、行政の三権と、シナ固有の考試、監察の二権を合わせたもので、孫逸仙の提唱する政府組織の原理をいう。

〈注3〉　清代に北支地方で発生した大衆運動と、その後の欧米列国軍との一連の戦闘のこと。排外主義をともなう義和団は「扶清滅洋」（清朝を助け、西洋を滅ぼせ）をスローガンとして、鉄道や電信の破壊、西洋商店の打ち壊しなどを行なった。欧米諸国は、義和団を鎮圧するよう何度も要請したが、清朝内部は活動を活発化する義和団に対して有効な手立てが取れないばかりか、西太后はそれを援助した。

〈注4〉　黄花崗には一九一一年の辛亥革命で命を落とした七二人の「烈士」の偉業を記念する公園がある。入り口には、「浩気長存（「永遠なる崇高な精神」の意）」という孫文の言葉が記されている。

〈注5〉　一九一一年十月十日の事件は、湖北省武昌で起きた兵士たちの反乱で、一般には武昌蜂起（武昌起義）と呼ばれ、辛亥革命の幕開けと位置づけられている。原著者は文中で「総督」の実名を挙げていないが、おそらく清末民国初期の政治家、満洲正黄旗人、湖広総督の瑞澂《ずいちょう》（一八六四～一九一五年）であろう。瑞は、新軍内の革命派の蜂起で形勢を不利と見て、いちはやく漢口の租界へ逃避した。

た。

（一）満洲人の政府に対してイギリスの銀行は一切の融資を前払いしない。

（二）孫博士が香港、シンガポール、ペナン、あるいはその他の極東のイギリス植民地に居住することを禁ずる命令を取り消す。

（三）イギリスは合衆国と協同して、日本が革命に介入しないようにする。

孫文と袁世凱の交渉

一九一二年一月五日、孫逸仙博士はシナへ戻った。彼は忠実な信奉者たちを上海に呼び集めて南京へ進み、そこで南京の国民会議の要請を受け、新しい共和国の臨時大総統就任の宣誓を行なった。

帝国の崩壊に先立ち、満洲朝廷は、将来有望な軍閥に援助を要請した。その人物の名は袁世《えんせい》凱《がい》といい、軍隊の再編成を手伝った。袁は、一九〇八年に光緒帝《こうしょてい》と西大后が崩御し、幼い宣統《せんとう》が即位した直後に罷免されていた。しかし、革命が勃発すると、傑出した軍事指導者として、背に腹はかえられぬというわけで呼び戻されたのである。

しかし、袁の心は皇帝の理想にあらず、だった。というのも袁は、漢口でその力のほどを見せつけることに成功すると（そして漢口は奪回され、焼かれたのだけれども）、革命勢力と交渉を始めたからだ。一九一二年二月十二日、その満洲人皇帝は、袁世凱に彼らの運動（皇帝の復権）が絶望的だと説得され、退位した。そして孫逸仙博士と袁世凱の交渉は続いた。数日後、孫逸仙博士は、袁世凱が統率する強力な軍事力に屈服し、袁世凱を支持して大総統の地位から退いた。

一九一二年三月、南京で共和政府によって臨時約法が採択され、大総統を議会の支配下に置いた。議会が召集され、ふたを開けてみると、国民党の党員ら〔つまり孫の独走を押さえ込もうとする勢力〕に牛耳られていることが判明した。孫逸仙博士とその信奉者は上海に退き、袁世凱は首都を北京の満洲族の古都に戻した。北京の雰囲気は民主的な政治体制に少しも有利ではなかった。

一九一三年、孫逸仙博士とその信奉者は、袁世凱大総統への抵抗を指導した。袁世凱は、イギリス、フランス、ドイツの銀行と融資の交渉をしていたが、共和主義グループは、融資が袁の個人的な軍事力増強のために使われる一方で、袁が諸外国への恩義をさらに背負うことになると感じていた。南部では、袁世凱が個人的な権力強化のために始めた軍部統率に変化が生じたことにより、活発な反乱が勃発したが、無情にも、政府軍によって鎮圧された。

その運動を援助していた孫逸仙博士は、日本への逃亡を余儀なくされた。孫博士は、他の者たちに交じって、キリスト教宣教師の小冊子やシナ革命の印刷物の出版者、チャールズ・ジョーンズ・宋〈注6〉と、宋の娘で、孫がシナに戻ってから私設秘書として行動していた慶齢〈注7〉を連れて行った。孫逸仙博士は、日本滞在中の一九一五年に妻と離婚し、慶齢と結婚した。かくして有名な孫一族と宋一族の合体、そして後の孔一族が生まれたのである。

一九一三年十一月、袁世凱は議会の国民党党員を失脚させ、二カ月後に議会を完全に解散させた。終始、膨《ふく》らむ個人的な野望の赴《おもむ》くままに動いてきた袁は、一九一五年、自らを皇帝にして君主制を復活させようとした。シナはまだ、孫逸仙博士の共和政体の準備ができていなかったのである。しかし、そうかといって皇帝政治体制の回帰も支持するつもりもなかったであろう。

袁世凱は、まだ正式な皇位に就いていなかったが、自らの就位を問う国民投票の企てを断念した。そして一九一六年六月六日、病気と失意のうちに死去した。大総統の地位は黎元洪《れいげんこう》〈注8〉に奪い取られた。黎は、共和体制が始まって以来、副総統の地位に就き、君主制を復活させようとする袁の試みに積極的に反対していた。議会が召集されると、段祺瑞《だんきずい》が国務総理として続投したが、それは袁世凱が政府を支持して築き上げた軍隊から、段が好かれていたからだ。

「日本を朝鮮から追い出すべき」という孫の見解

袁世凱の死後、孫逸仙と夫人は上海に戻っていた。私は、到着してからまもなく、孫のインタビューを手配した。玄関でモウリス・コウヘンという名の派手な人物に出迎えられたが、その男はニューヨーク、シカゴ、カナダ経由で極東に来て、孫博士の私的ボディーガードとして働いていた。コウヘンはいつも正面玄関のベンチに腰をかけ、大きなリヴォルヴァーを、お尻のポケットに入れて持ち歩いていたので、ズボンの尻はグロテスクに垂れ下がっていた。

彼の「将軍」という肩書きは、後に広東政府が感謝のしるしとして授与したものだが、地元の英字新聞ではよく駄洒落のネタになっていた。しかしコウヘンは忠実な番犬で、何度も孫を暗殺から救ったと信じられていた。コウヘンは、庭の見渡せる隣部屋に私を案内し、そこで私はシナ革命の指導者に紹介されたのである。

孫博士は当時五一歳、前髪は薄くなり、口ひげは白髪交じりで、伝統的なシナ服、すなわち、ゆったりと長い、軽い素材の衣服を身にまとっていた。それで、瞑想にでもふけるような雰囲気に浸り、窓から庭のほうを見つめながら佇《たたず》んでいると、とても印象的な風采になった。

挨拶を交わした後、孫博士は私のシナへの旅について尋ねた。彼は、私のホノルルの話に興味があった。彼はホノルルの学校へ通い、その後、政治難民としてホノルルに住んだことがあったのだ。私が長崎での経験を語ると、会話が日本のことに移って行った。そしてこれが呼び水となって、現在の日本の活動について活発に議論することとなった。

おりしも日本は、ヨーロッパで戦争が勃発した後、ドイツの小守備隊を青島《チンタオ》から追い出し、このシナの港を占領していた。しかし日本は旧ドイツ租借港の占領だけでは収まらなかった。日本人は、大英帝国とアメリカが戦争に気を取られているのに乗じ、満洲と北支全土にその勢

〈注6〉　宋燿如《そうようじょ》（?～一九二七年）シナの商人。

〈注7〉　シナの政治家（一八九三～一九八一年）。後に中華人民共和国副主席（一九五九～七五年）、八一年には名誉国家主席となる。姉の宋靄齢《そうあいれい》は孔祥熙夫人、妹の宋美齢は蔣介石夫人。

〈注8〉　シナの軍人・政治家（一八六六～一九二八年）。湖北省出身。一九一一年、辛亥革命の討伐に向かったが革命軍に投じ、一九一六年中華民国第二代大総統。一九二三年下野。

力をせっせと拡張していたのである。

孫博士は、私のほうを向くと、とがめるような口調で、「合衆国は日本を朝鮮から追い出しておくべきだった」と叫んだ。

孫博士は、私が困惑顔をしているのに気づき、むしろ悲しそうにこう説明した。合衆国には朝鮮と結んだ条約があり、その条約では、万が一朝鮮が外国から攻撃された場合には、私たち〔アメリカ人〕が「隠者の王国〔朝鮮〕」を保護すると約束していたのだ。ところが、朝鮮が攻撃され、後に日本に併合されても、私たち〔アメリカ人〕は公約通りに行動しなかった。「もしアメリカが迅速に精力的に行動していたら、日本が大陸への最初の足場を手に入れることを防げただろう」と彼は言った。

最初、日本は、朝鮮のことを、大陸から自分の心臓に突き付けられた槍だと言っていたが、日本が朝鮮半島を占領した今となっては、朝鮮を、大陸への便利な架け橋として考えている、と孫博士は述べた。孫博士は、アメリカが朝鮮のために行動できなかった責任の大半はセオドア・ルーズベルトにあると考えていて、ルーズベルト大統領は、ロシアと日本の間に和平を生み出そうと心配しすぎるあまり、目的達成のために朝鮮を犠牲にしたのだと言った。

私は、実際のところ、朝鮮動乱を取り巻く状況について何も知らなかったので、この問題をこれ以上話し合わなかった。けれども、後になって、合衆国は「日本を朝鮮から追い出すべき」だったという孫博士の見解について、あれこれ思いをめぐらす機会があった。その頃の日本は弱かったので、断固とした抗議をすれば、歴史の流れを変えていたかもしれない。

その後ふたたび、ヨーロッパでのシナの参戦（第一次大戦）の話題で、孫博士にインタヴューした。孫博士は、参戦には強く反対していた。孫博士の友人、黎元洪大総統もまたシナの参戦には反対した。直接的な利害関係のない闘争で、シナが一方の味方をするためだけにドイツに宣戦布告しても、まったく意味がないと、孫博士は主張した。また、国民党が反対している戦争にシナが参戦すれば、深刻な国内紛争の導火線になるだろうとも言明した。そしてつぎのような意義深い意見を述べたのである。

「シナ人は国籍の異なる外国人を区別できないかもしれないので、もし単純で正直なシナ人がゲルマン人を殺すよう教えられれば、この国の白人の外国人を一人残らず虐殺する気になるかもしれない」

第5章　内戦の影

北支における軍闘党と国民党の政争、ドイツへの宣戦布告

シナにおける政治的混乱

こうして一九一七年六月九日、私たちの『ミラーズ・レヴュー・オブ・ザ・ファー・イースト〔密勒氏評論報〕』の創刊号が発行されたのだが、そのときの北京事情は危機的状況へと急速に近づいていた。北京政府には、きわめて輪郭のはっきりとした、二つの政治集団があった。ひとつは軍閥党、つまり「督軍」〈注1〉党、もうひとつは自由党、すなわち国民党である。

軍閥党は、主に北支の諸省や諸地方のいわゆる督軍、すなわち軍隊の指揮官から構成されていた。督軍は、ほとんど例外なく、帝国の末期と共和国の初期、かつての故袁世凱《えんせいがい》の軍隊に将校として服していた。概して彼らは底知れぬほど無知で利己的な男たちであり、その権力の土台となるのはもっぱら、彼らが指揮する、あるいは指揮すると主張する連隊の数であった。

自由党は議会で大多数を占めていたが、軍事力が脆弱《ぜいじゃく》なために、まったく政府を支配でき

なかった。黎元洪《れいげんこう》大総統は、袁世凱大総統の後を継いだ自由党員だが、同じ理由で実力がなかった。このことが、共和国の初期から、つまり孫逸仙《そんいっせん》がその地位を袁世凱に明け渡したときから、国民党の指導者たちが背負っている主なハンディキャップであった。

北京の政治闘争は三極構造にあり、その三者とは大総統の黎元洪、軍閥、すなわち督軍を権力基盤とする国務総理、段祺瑞《だんきずい》将軍、そして議会の三つである。私たちの『レヴュー』は、論説でその政治状況を取り上げ、北京の議会と行政との間の抗争は、どこの民主的政府にも古くから見られるもので、原則的には、他の国々の抗争と変わらないと解説した。その闘争には、諸々の権利、前例、権力、特権、そして今日、もっとも進歩した民主国でさえ未解決の問題をめぐる、お決まりの論争が含まれていた。シナでは政府に完全な統治権がないため、これらの闘争はもっと複雑だった。さらに政府は、暫定的な基本法のもとで機能していたが、その法的な正当性についてすら議論の対象となる始末だった。もっとも進歩的なシナの役人たちは、やけになって北京の外国人の友人のもとへ出かけたけれども、受けるアドバイスは、たいてい、相談役とその仲間たちの利害関係によって左右されるのが常だった。

問題となっているもっとも重要な争点は、世界大戦へのシナの参戦問題だった。国務総理の段祺瑞は、シナの参戦を支持したが、議会では自由党である国民党に妨害されて行き詰まって

〈注1〉　一九一六年から二四、五年にかけて、中華民国の各省に置かれた省軍政長官。本来民政に干渉するものではなかったが、民政長官（省長）を兼任し、軍閥化するものが多かった。

いた。この状況を打開しようと、大総統の黎元洪は、五月二十三日に国務総理の段祺瑞を解任した。すると段はすぐに天津《てんしん》へ向かい、反動的な軍の指導者たちと連絡を取り、北京政府に対する反乱を扇動したのである。北京は北京で段が北京から離れても、その政治的闘争はなお収まらず、一九一七年六月十三日、私たちの創刊号が発行されてから四日後、黎元洪は、段祺瑞の解任後に援助を頼った張勲《ちょうくん》将軍の助言に従って、議会を解散した。

一九一七年春の初めに、軍閥党は北京で会談を召集した。誰も隣人を信用していなかったので、督軍はそれぞれ、かなり大きな親衛隊を同伴した。以前、揚子江をはさんで南京の対岸にある小さな町に駐留したことのある張勲将軍も、その会談に出席した軍指導者の一人だった。

彼にまつわる物語には、かつて張が一二人の軍司令官を本部に召集したときの話がある。会談は順調に行なわれ、続いて主宰者が準備した、お決まりの手の込んだ夕食が振る舞われた。すると不意に、何の警告もなしに、屋敷内全体の電灯が消え、食堂は死んだような沈黙に包まれた。突然、電灯のスウィッチが点《つ》くと、出席者がひどく当惑したことに、各々が手にリヴォルヴァーを持っていたのだった。

張勲は、北京での会議に赴くのに、かなりの大部隊を連れて行った。首都に到着するとすぐに、彼は軍隊を首都のあちこちの戦略拠点に配備した。どうやら仲間たちにも相談していないらしく、またどこででも見られるような軍服だったので、彼の行動はほとんど注意を引かなかった。

日本人は依然としてシナの目の前に居座り、一九一五年に提出した対華二一カ条要求〈注2〉

の第五号条項を、力にものをいわせてシナに受け入れさせようとしていた。ドイツ人もまた、既得権益と特権を積極的に守ろうとした。そしてシナがドイツに宣戦布告をしないよう、精力的に、しかし静かに、努力していた。

シナの対独参戦をめぐる駆引き

以上が、シナで内戦が起こるかもしれないと合衆国が憂慮するようになった、一九一七年春の北京の情景だった。国務省は、そのような不測の事態を未然に防ぐために、内紛の危険を遺憾とし、シナの政治党派間で平和を保つことが、世界にとっては、きわめて重要だと指摘する通達をシナに送る決意をした。シナで平和を維持することのほうが、ただちにドイツに宣戦布

〈注2〉　第一次世界大戦中、日本がシナ政府に提案した二一カ条の要求。二一カ条要求などとも呼ばれる。第一次世界大戦勃発後の一九一五年一月十八日、大隈重信内閣（加藤高明外務大臣）が中華民国の袁世凱政権に五号二一カ条の要求を行なった。主に次のような内容であった。第一号は、ドイツが山東省に持っていた権益を日本が継承することを求める四カ条、第二号は、旅順・大連および南満洲鉄道などの租借期限を九九年間延長することなどを求めた七カ条、第三号は、漢冶萍《かんやひょう》公司の日中合弁化を求めた二カ条、第四号は、沿岸部を外国に割譲しないことを求める一カ条、第五号条項として、シナ政府が政治経済軍事顧問として日本人を雇用することなど。第五号条項は秘密条項とされていたが、シナ側が暴露し、国際的な批判を浴びた日本は第五号条項を撤回した。シナ国内でも反対運動が起こったが、日本側は最終通告を行ない、第五号条項を削除するなど修正した一六カ条を日華条約として調印。ただし第五号条項は「要求」ではなく、「希望」である。

告をするよりも、もっと重要だと提案したのである。

シナは、ドイツへの宣戦布告に向けて、大英帝国とフランスから圧力を受けていた。アメリカがシナに友好的な助言をし、国内の和平を維持するよう促したことで、大騒動が、特に日本人の間で巻き起こった。日本人は、それがシナ人の内政問題に干渉するに等しく、事前に日本に相談しないで着手すべきではないと異議を唱えた。

シナ人自身はアメリカの通達を受け取っても少しも憤りを露《あら》わにしなかった。当時、合衆国は、極東の市場に商業圏を拡大しはじめていたばかりだった。数人の銀行家や技術者がすでに北京に到着し、鉄道や運河建設事業について話し合っていた。日本人は、日本人と共同で着手しない限り、それらの計画さえ認めなかったのである。

ドイツ人は、シナに参戦させないでおこうと懸命に努力する一方で、うまく秘密裡に動いていた。一九一七年六月中頃、ドイツ人の隠密行動を示す最初の証拠が、意外にも公になった。アメリカ政府が、有名なアメリカ人宣教師のギルバート・レイド博士を北京で逮捕し、マニラに国外退去させたのである。ドイツの宣戦工作に関与していたという理由だった。アメリカ政府は、レイドが北京の華字新聞のスポンサーであり、後にその新聞社が、シナにおけるドイツ政策の機関紙として利用されていたことを明らかにした。しかし合衆国はレイド博士をマニラに追放する以上の行動は何も取らず、博士はマニラで自由になった。彼はすぐにウィルソン大統領と合衆国政府を公然と批判する本を書きはじめ、対ドイツ参戦をシナに強要しようとすることの倫理性の如何はもちろん、その適否と分別を問うたのである。

皇帝復位クーデターのあっけない結末

張勲は、北京市のあちこちの戦略地点に配備しておいた軍隊を密かに増強しつづけていた。シナの新聞の中には、張勲が、廃止された満洲王朝の人々と非常に長い時間を一緒に過ごしていたという報道を掲載しているものもあった。しかし、議会の問題を別にすれば、極東の新聞社の主な論説テーマは、相変わらずアメリカが、シナに対し、複雑な国際政治状況ゆえに国内問題を平和的に調停するよう助言したことだった。

今や張勲は力比べをする準備ができていた。七月一日の朝早く、共和政府の囚人であった「少年皇帝」は、紫禁城の住居から連れ去られ、古式ゆかしき儀式に則って竜座に据えられた。クーデターをすべてやってのけたのは張勲で、北京市のあちこちに密かに配備しておいた軍隊を使ったのである。それから何カ月もして初めて、ドイツ人が「復辟《ふくへき》」に関係していたことを匂わす暴露があった。もちろん、ドイツ人の目的は、最終的には連合国の圧力に屈し、自分たちに宣戦するだろうと感じていた共和政府を困惑させることだった。張勲には一定した収入源がなかったので、おそらくドイツ人はこの狡猾な「督軍」にかなりの大金を支払ったことだろう。

しかし、張勲は、シナで君主制を復活させることと、復活した君主制を維持することとは違うということを早々に発見した。ライバルの政治グループは張勲の行動を嘲笑した。しかし、政府機構の統治をめぐり、身内でつまらない口論をしてきた自由主義的な諸派にとっては、張勲の行動は、彼らの酔いを醒《さ》ます効果があった。日本人が君主制の復活を援助したという、入手可能な証拠はまったくなかった。

ヘンリー溥儀《ふぎ》、清朝、すなわち満洲族王朝最後の皇帝は、宣統《せんとう》という年号で一九〇八年から一九一二年まで北京で国を統治した。孫逸仙博士は、一九一一年に南京で共和国を創立したとき、満洲王朝の残党が、ヘンリー溥儀を含めて、共和国の人質として帝都の住居内に留まることを許すという深刻な間違いを犯してしまった。その取り計らいが重大な過失だったことは、張勲の事件で証明された。

復辟は、外国人社会で広く注目を集めたものの、誰もが大変驚いたことに、シナの政治的指導者の間ではそれほど大騒ぎにはならなかった。たとえドイツ人の経済的援助があったとしても、張勲には、復辟計画の遂行に必要な資金もなければ知性もないことを、彼らの大半が知っていたからだ。その結果、国務総理の段は、軍閥の提供した軍隊の援助を得て、張勲への敵対行動に出、二週間ほど実際に玉座に就いた少年皇帝を、皇帝の座から引きずり下ろした。では、「皇帝擁立者」の張勲はどうかといえば、最初はオランダ公使の、後にドイツ公使館の保護を求めて外交団区域に逃げ込んだ。

たとえ復辟計画は失敗だったとしても、その結果を見ると、シナの政治は、クーデター前よりも、もっとごたごたした状況に陥ってしまった。『レヴュー』には、つぎのような短評が掲載された。

「君主制はなくなったけれども（それは手際よく始末された）、なくなった後に何があるのか、答えを出すには、名前だけの共和国がその答えでないとするならば、政治の占い師に占ってもらわなければならないだろう。基本法と立法に沿って論考を試みれば、私たちはつぎのような結果を得る。シナでただひとつの統治の基盤は、一九一二年に孫逸仙が採択した臨時約法である。この約法のもとでは、黎元洪が大総統であり、馮国璋《ふうこくしょう》が副総統である。議会もある。ところが、最近、北京で議会は解散され、議員の大多数は今、上海か、正式に認知された政庁所在地以外の場所にいる。また閣僚、すなわち内閣もあるし、あるいはあった。内閣は大総統によって指名され、議会によって承認されることになっている。枠組みはある。では、何が、あるいは誰がシナの政府なのか」

シナの宣戦布告と孫文の動き

一九一七年八月十四日、北京内閣は、連合国の機嫌を取るために、同盟国〈注3〉に宣戦布告した。シナの参戦は軍隊の派遣という形は取らなかったが、数千人の労働者を西部戦線に急派し、総体ではきわめて重要な役割を演じた。彼らは、西部戦線で、道路建設や港の防御工事を行ない、鉄道の修理をし、連合国の兵士のために塹壕さえも掘った。それに加えてシナは、合衆国と大英帝国の両国に対し、戦争遂行のために不可欠な原材料をたくさん供給した。

〈注3〉　第一次世界大戦当時、連合国と対抗したドイツ、オーストリア、ハンガリー、トルコ、ブルガリアの国々。

シナはまた、孫博士の信念に反して、同国がドイツとオーストリアとの間に抱えている問題を見つけ出し、それによってこの二国の領土外権利を無効にし、天津の彼らの租界を占領しはじめたのである。このドイツとオーストリアへの敵対行為は、ソビエト・ロシアが後にその特別盟約の地位を自主的に放棄したこともあって、非常に重要であることが判明した。というのも、それによって、アメリカと大英帝国も含めた他の列強に対して、シナは、「不平等」条約と戦う上で有利な立場に立てたからである。

これから先に起きる重大事件の兆候が、一九一七年七月中頃の『ペキン・デイリー・ニュース』の短い新聞記事に掲載された。それには、孫逸仙博士が「北京の議会の行き詰まりを調べていたが、雲南、広西、広東の政治グループと協力し、暫定政府を組織する運動との関連で、南部へ向かった」とあった。

この短いけれども重要な新聞記事には、七月二十八日、さらに追認があった。その日、『レヴュー』は、孫博士が自ら大総統となって新しいシナの共和国を創設する目的で、広東へ赴く決意を固めたという論説を発表した。その論説には、旧北京議会の議員も含めて、自由主義的な指導者が、すでにその目的のために広東に集まりはじめていると書かれていた。孫博士は、同政党の頼りになる働き手として知られるようになった二人の同志を同伴していた。二人とは伍廷芳《ごていほう》と唐紹儀《とうしょうぎ》であり、この国〔アメリカ〕に派遣された一流のシナ人学生のメンバーだった。後に伍は駐米公使として有名になった。唐紹儀は旧北京政府から朝鮮へ派遣された外交官として働いた。

シナの海軍は、福建省南部沿岸出身の武官によっておおかた支配されていたが、孫博士を支持し、広東に撤退した。広東で艦隊の武官たちも参加した拡大会議の要点は「立憲政体」の成立であり、孫博士はその「全軍最高指揮官」に選ばれた。北京から追い出され、孫博士の運動に賛同していた議会政治家の会合の召集が公布された。

国民党に所属していた議会議員は、政府が彼らを抑えようとしていたので、北京から抜け出すのが困難だった。北京議会上院議長の王正廷《おうせいてい》博士（後の駐米大使）は、学生の格好をしてその首都からそっと抜け出さねばならず、上海に着いてからも、暗殺を逃れるために、やむをえずアメリカ人の宣教師の友人と同居した。

孫逸仙博士が広東に共和政府を確立したことは、北京の「共和」政府を牛耳っていた北方軍閥にとっての最後通牒となった。だが北京の政治体制には、列強によって外交的に認知されているという利点があったので、シナの政治状況は、とても言葉では表現できないほど複雑化していた。それは内戦の始まりを示す徴候であり、これから一〇年以上に及んで、軍閥が次から次へと権力獲得を企てるようになったのだ。シナの国民が、この時代ほど、抑圧と搾取を受けたことはなかった。そしてこの時代は、「督軍の時代」として知られるようになった。

第6章 ランシング・石井「事件」〈注1〉

日本による対華二一カ条要求のその後と、山東をめぐる日本と列強との密約

日本による対華二一カ条要求の波紋

私は北京にいた。シナ北部の首都〔北京〕への初めての旅行中だった。このとき日本人は、シナに対し、ふたたび二一カ条要求の「第五号」を無理やりのませようとしていた。北京のアメリカ公使は、以前、ウィスコンシン大学で政治学の教授をしていたポール・S・ラインシュ〈注2〉だった。ラインシュ博士はドイツ系だが、祖国を愛するアメリカ人であり、北京のアメリカ人街《コロニー》で博士のことを悪く言う大勢の人々よりも、忠誠心の篤いアメリカ市民だった。連中は、博士の素性がドイツ系であることをいつも匂わせては、シナが日本とドイツの圧力に屈しないようにしようとする博士の試みをけなしていた。

ある日の深夜、宿泊先の古いヴァゴン・リ・ホテルで、私の部屋のドアをノックする音がし

た。ドアを開けると、一人の若いシナ人がいた。ミズーリ大学で講師をしていた頃、私のクラスを履修していた学生だった。董顕光《とうけんこう》だ。シナに戻ってから、この首都の小さな英字新聞『ペキン・デイリー・ニュース』の編集者に任命されたのだ。ひどく興奮していたので、まず中に入って、一体どうしたのか話してくれるよう誘ってみた。

彼は、一九一四年の戦争〔第一次世界大戦〕勃発以来、日本がシナで取った行動を振り返ることから話を切り出した。その年、日本はドイツ人から青島港を奪い、その後、山東省全域に支配を拡張していた。董の説明によると、日本は、そのつぎの年に袁世凱《えんせいがい》大総統に悪名高い二一カ条要求を提出した。この要求の提出には最後通牒がついていて、もし要求が受け入れられなければ、日本はシナ全土を征服するために遠征軍を派遣するというのだ。日本公使の加藤伯爵〈注3〉は、袁世凱にこう説明した。この要求は日本とシナだけに関係があるので、この件

〈注1〉　一九一四年十一月、大隈内閣の外相（特派大使）の石井菊次郎と合衆国国務長官ランシングとの間で日米共同宣言が調印されたことを指す。この宣言で、アメリカは日本のシナにおける特殊権益を承認し、両国はシナの独立、機会均等、門戸開放を尊重すると約束をしたが、一九二三年に廃棄された。

〈注2〉　アメリカの政治家・外交官（Paul Samuel Reinsch 一八六九～一九二三年）。一九〇一年、ウィスコンシン大学教授。一九一三年、ウィルソン大統領の要請により、シナ公使に赴任。パリ講話会議の結果を不服として公使を辞任。以後、没するまでシナ政府法律顧問。代表作に『極東における知的・政治的趨勢』(Intellectual and Political Currents in the Far East 一九一一年)、『シナのアメリカ外交官』(An American Diplomat in China 一九二二年）などがある。

は内密にし、どのような事情があろうと外国には、特に合衆国とイギリスには絶対に知らせるべきではない、と。加藤伯爵はステッキでテーブルをバンバン叩き、万一この件が漏れるのを黙って見過ごせば、日本が「干渉せざるをえなく」なり、そうなれば日本軍によって投獄されることになるだろうと、そのシナ人の大総統〔袁世凱〕を脅迫したのである〈注4〉。

にもかかわらず、実際は漏れ、その結果、アメリカ政府とイギリス政府は、日本政府に対し強い抗議を申し立てた。日本人は、何度も異を唱えたものの、結局、二一カ条要求の中でもっとも過激な要求「第五号」を引っ込めざるをえなくなった。二一カ条要求は、シナ北部と満洲に日本の覇権を打ちたてようとするものだった。そしてそれは「シナに世界大戦参戦の覚悟をさせる」ことを口実に行なわれる予定だったのである。

董、いや、誰もが知っている「ホリー」が言うには、一九一五年、そして一九一六年にふたたび二一カ条要求が提出されたときからすれば、日本の態度は一見後退したようだが、日本は好機をじっと待っているだけで、状況がよくなれば、また第五号に同意せよと強要してくることをシナ人は分かっていたという。シナに味方して干渉してくるほどの勢力を合衆国がつくる前に、シナをしっかりと「釘付けにして」おきたかったので、日本は今こそ行動を起こす機が熟したと考えたというのだ。

日本の侵攻のことで話がはずむにつれ、董はますます興奮した。まさにその日の午後遅く、加藤伯爵はシナの外交総長（外務大臣）、陸宗輿《りくそうよ》〈注5〉博士を訪れ、第五号が即座に受け入れられなければ、日本は軍事行動に出るだろうと語ったというのだ。日本公使〔加藤伯爵〕はさらにテーブルを叩き、この件は内密にしなさい、さもないと、と言ってシナの外交総長に警告した。

加藤伯爵が外交省を後にするやいなや、秘書が董氏に電話をかけた。まだ編集室に董が残っていたので、秘書は彼に何が起こったのかを打ち明けたのだ。そのニュースが外電で海外に伝わるよう、アメリカとイギリスの新聞社の特派員に知らせてほしいと、秘書はしきりに董にせ

〈注3〉　加藤高明（一八六〇～一九二六年）。明治・大正の外交官・政治家。一九〇〇年、第四次伊藤内閣の外相となり、日英同盟の推進などに尽力。一九一四年、第二次大隈内閣の外相として、第一次世界大戦への参戦・対華二一カ条要求などの指導にあたった。

〈注4〉　本書の対華二一カ条の情報は、パウエルのミズーリ大学時代の教え子であり、『ペキン・デイリー・ニュース』の編集者でもあった董顕光が持ち込んだものであることに注意する必要がある。董は一九三八年から国民党中央宣伝部副部長を務め、反日プロパガンダを行なった中心的人物でもある。当時、奉天総領事館に勤務し、後に外相となった東郷茂徳は『時代の一面』という回想録の中で、対華二一カ条の最後通牒を出すように要求してきたのは、袁世凱本人であったと述べている。また時代は遡《さかのぼ》るが、一九一五年の対華二一カ条要求の背景についても、上海副領事を務めた米国人のラルフ・タウンゼントは「『日本に脅迫されやむなく調印した』という体裁にしたのは、中国の国内の中国人に納得してもらうためであった」と述べている（田中秀雄他訳『暗黒大陸　中国の真実』芙蓉書房、二〇〇四年、258ページ）。

〈注5〉　浙江省出身の政治家（一八七六～一九四一年）。留日（早大卒）、一九一三年、駐日公使、二一カ条交渉のシナ側メンバー、一九一九年、五四運動で批判される。

がんだという。

　私は起こったことをタイプで短信に仕上げ、翌日の早朝、アメリカ公使館で落ち合うことを董に約束した。アメリカ公使のポール・S・ラインシュ博士に事情を説明し、シナの最善の防禦策は広報だということで意見が一致した。さもないと、日本は以前の行動を繰り返し、最後通牒を出した覚えなどまったくないと言ってきただろう。

　ラインシュ博士は、一九一五年の自分自身の経験を思い出していた。その年、二一カ条要求が提出されたと独自の報告を送ったら、国務長官からお叱りを受けた。ワシントンの日本大使が、東京の外務省という確実な情報筋を使って、その報告を否定したからだ。北京のAP通信社〈注6〉の特派員もまた「根も葉もない報告」を電報で伝えたとして、本社事務所から叱責されたと、ラインシュ博士は私たちに語った。その結果、AP通信社の特派員が辞表を電信で送ったところ、ようやくニューヨークのAP事務所が、そのニュースをアメリカの新聞社に流したのである。

　アメリカ公使〔ラインシュ博士〕にインタヴューをした直後、私はその新聞種を上海の自社に電信で送り、コピーを一枚、上海の「公報委員会《コムパブ》」の代表、カール・クロウ〈注7〉か、さもなければ設立されたばかりのアメリカ公報委員会に回すよう指示した。そのニュースをワシントンに外電で伝えたのはクロウだった。しばらくすると、上海と北京の全特派員が、日本の最後通牒のニュースを調査せよとの指示を受けた。

　今回は、一九一五年の状況とは異なり、国務省に送った日本の最後通牒に関する公式報告には、北京と上海の特派員六人からの特電の後ろ盾がついていた。私はまた、シカゴの新聞社から、その事件に関するニュースが欲しいとの外電を受け取った。董から入手していた情報のおかげで、たいていの特派員よりもずっと信憑性の高い報告を電信で送ることができた。

つぎの日、日本人が天津、奉天、済南で実際に軍事的な威嚇行動に出たので、そのニュースには新しい切り口が現われた。最後に挙げた都市は山東省の省都であり、第一次世界大戦が始まった一九一四年、日本人が、青島《チンタオ》の港に駐留していたドイツの守備小隊を打ち負かして、地歩を固めたところだ。

あの日の午後、特派員が皆でそろって加藤伯爵を訪ねたら、この日本の公使は報道をことごとく否定し、それはシナ人のでっち上げだとしてシナ人を非難した。

その事件が原因で初老のシナ人外交総長、陸宗輿博士の経歴は悲劇的な幕引きになった。脆弱で優柔不断だと非難され、辞任させられたのだ。不当な批判を受けた結果、立派な外交総長は辞任し、数カ月後にベルギーへ向かった。そしてカトリックの修道院に入り、何年もそこに

〈注6〉　一八四八年に創立されたアメリカ最大の通信社。

〈注7〉　アメリカのジャーナリスト（Carl Crow　一八八三～一九四五年）。ミズーリ州ハイランド生まれ。ミズーリ大学でジャーナリズムを専攻し、在学中より数紙の記者を務める。一九一一年『チャイナ・プレス』創刊に際し上海に渡る。第一次大戦後は上海で新聞や雑誌を発行、後に広告業を営む。著書にChina Takes Her Place（一九四四年）、（邦訳『モルモットをやめた中国人――米国人ジャーナリストが見た中華民国の建設』山腰敏寛訳、東方書店、一九九三年）がある。

留まった。

五四運動の影の火付け役、ラインシュ博士の悲劇

アメリカ公使のラインシュ博士は、国民党革命に付随的ながらも重要な役割を演じたシナ人学生運動の発生に間接的な責任があった。学生運動の発端は、北京国立大学の学生が、パリのシナ公使と代表たちへ電報を送り、日本の侵攻に対して「四巨頭」〈注8〉に抗議せよと公使らに迫るため、首都の街頭で電報代募金を始めたことにあった。まもなく北京の学校の学生は、男子も女子も、横断幕を持って行進した。その運動は全国に広がり、至るところで反日デモが繰り広げられることになった。

ラインシュ博士が、アメリカの戦争目的をシナの人々にうまく説明できたのは、少なからず、博士が著名な政治学者として評判が高かったことによるものであった。そうだからこそ、博士は、血湧き肉躍るナショナリズムの刺激を感じはじめていたシナの若い世代の知識層、帰国学生、ミッション学校の卒業生に対し、その影響力にものをいわせて訴えかけることができたのだ。

博士は、彼らを通し、戦争問題に関する政府の政策はもちろん、世論にも影響を及ぼすことができた。ドイツの強力な圧力と宣伝工作があったにもかかわらず、シナが同盟国側に味方して参戦したのは、博士の努力によるところが大きかった。

またシナが、ドイツの圧力よりもさらに厳しい日本の圧力に抵抗せよと励まされたのも、ラ

インシュ博士の努力によるところが大きかったのである。もしシナが日本の圧力に屈して、日本の軍事的、政治的支配を受け入れていたら、日本は、自国が充分に強力だと考え、ドイツ側について合衆国に公然と反抗し、同盟国を見捨てていたかもしれない、と思われた。

しかし、ラインシュ博士が、国務省と大統領の理解と承認を得てシナと交わした外交的援助の約束は一度も実行されず、やがてアメリカ特使〔ラインシュ〕の人生に悲劇をもたらしただけでなく、二国間〔アメリカとシナ〕の関係に破滅をも招く結果に至った。戦争中に公表された政策、特にウィルソン大統領の一四カ条〈注9〉をアメリカ政府が支持しなかったことで、ラインシュ博士の仕事は、不可能でないまでも、倍もやりにくくなったのだ。シナ人は、その一四カ条が、特に国際的支配からのシナの独立回復を援助するために企画されたものだと思ったのである。

〈注8〉　一九一九年四月十一日、ヴェルサイユ講和会議に出席したアメリカ大統領ウィルソン、イギリス首相ロイド・ジョージ、フランス首相クレマンソー、イタリア首相オーランドーのことを指す。

〈注9〉　一九一八年一月八日、アメリカ大統領ウッドロー・ウィルソンが、第一次世界大戦終結のために、アメリカ連邦議会での演説で発表した一四カ条の平和原則。この提案がドイツの降伏を引き出し、一九一九年のパリ講和会議では、アメリカの中心的な主張となった。主な内容は、秘密外交の廃止、海洋の自由、関税障壁の撤廃、軍備縮小、国際平和機構の設立、民族自決、植民地問題の公正解決。国際平和機構は後に国際聯盟として結実したものの、パリ講和会議ではイギリスやフランスに無視され、ドイツに対して過酷な賠償を科すことになった。

日本と列強諸国との秘密協約の存在

ラインシュ博士が最初に深刻な挫折を経験したのは一九一七年十一月だった。そのとき通信社は、国務長官ロバート・ランシングが日本特派大使の石井男爵と協定に調印し、満洲と山東における日本の「特殊な立場」にアメリカが合意したという、ワシントンからのニュースを掲載した。そのニュースによって、合衆国は伝統的な門戸開放政策を放棄し、シナを日本軍閥のなすがままに任せる決定をしたのだ、という世論が巻き起こった。

ラインシュ博士は、そのような日本との協定が審議中だったことさえ知らされていなかったので、シナ人から「ランシング・石井協定」の意味と目的を教えてくれとせがまれても、何の情報も提供できなかったのである。日本大使には自由裁量権があったので、シナの全新聞の紙面を、日本側の協定書見解で埋め尽くしにかかった。シナの新聞社に提供された日本の報道の翻訳文を読めば、シナの領土保全と行政保全の維持という伝統的な政策をアメリカが放棄し、日本の略奪政策に同意したような印象を受けた。

ランシング・石井協定調印の裏話は、後にロバート・ランシングが国務長官を辞任してから自著の中で明らかにしているのだが、戦時中、といっても特にアメリカが参戦する前の、同盟諸国による外交手法と動機をめぐる新事実をすっぱ抜いた点で、驚くべきものだった。

第一に、イギリス、フランス、ベルギー、ロシア、イタリアは、日本との秘密協定に調印し、それによってこれらの諸国は、シナの山東省と、第一次世界大戦の初めに日本が占領した旧ドイツ領の太平洋諸島を日本が恒久的に所有することに同意した。

ランシング・石井協定

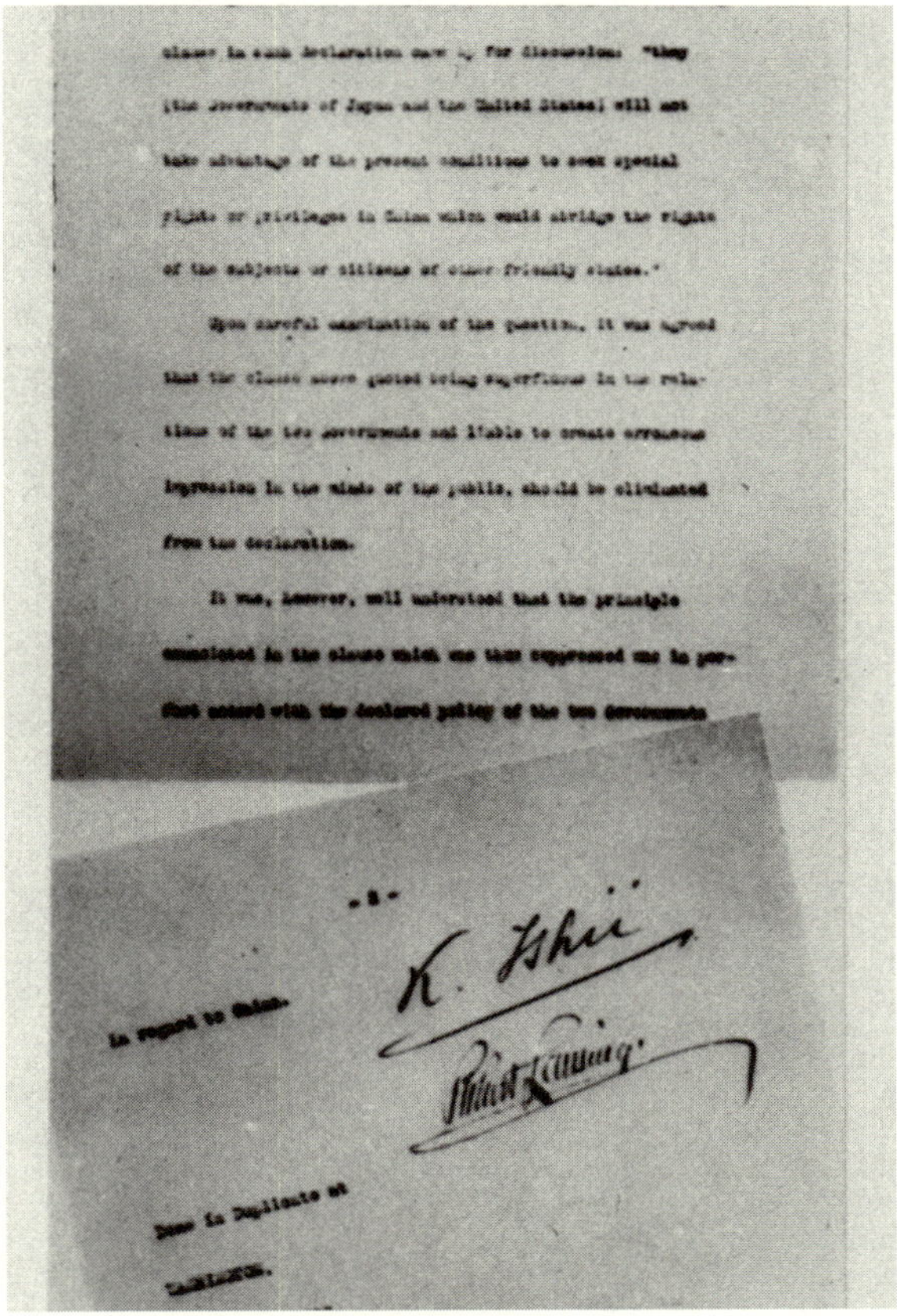

clause in such declaration came up for discussion: "they [the Governments of Japan and the United States] will not take advantage of the present conditions to seek special rights or privileges in China which would abridge the rights of the subjects or citizens of other friendly states."

Upon careful examination of the question, it was agreed that the clause above quoted being superfluous in the relations of the two governments and liable to create erroneous impression in the minds of the public, should be eliminated from the declaration.

It was, however, well understood that the principle enunciated in the clause which was thus suppressed was in perfect accord with the declared policy of the two Governments

- 2 -

In regard to China.

K. Ishii

Done in Duplicate at Washington.

写真／毎日新聞社

日本の山東省支配に同意した協定文と両者のサイン
（1917年９月）

これらの協定は、明らかに日本を同盟国側につかせるために調印されたものだが、ウィルソン大統領には秘密にされていた。秘密条約のことが漏れれば、アメリカの世論に逆効果をもたらすだろうし、合衆国の参戦が阻まれることになるかもしれない、と同盟国の外交官たちは実感したからだ。

イギリスの主席外交特使のグレイ卿は後に、ウィルソン大統領には協定が存在したことを知らせてあったと述べている。だが、たとえ知らせたとしても、ウィルソン大統領は、その合意の実際的な重要性を理解していなかったのだ。

しかし、山東省と太平洋諸島を恒久的に所有する問題で、たとえ日本人がヨーロッパ同盟諸国を「ゆすった」としても、その協定が戦後の講和会議で公表されれば、そしてそれは公表されるに違いないのだけれども、そのときに起こりうるアメリカの反応に対しては、日本の指導者たちも不安を感じていたのである。

ランシング長官の暴露話によると、一九一七年十一月、石井男爵という日本の「親善大使」が、アメリカはシナと西太平洋における日本の「特殊な立場」を認識すべきだという提案を持って、ワシントンに到着したので、ランシングはびっくりしたという。その提案は、伝統的なアメリカの政策に反するので拒否する、とランシングはにべもなく断った。

しかし石井男爵には、ひとつならず頼れる外交的手段があったのだ。彼はまっすぐニューヨークへ向かい、戦争対応の資金提供ではアメリカ政府に強い影響力を持つ、ある有力な金融界の指導者と連絡を取った。合衆国は日本の立場を認識することが必要で、さもないと東洋で恐ろしいことが起きるかもしれないと、石井はこのアメリカ金融界を代表する人物をうまく納得させることができたのだ。この利口な日本の外交官は重々しく頭を振り、それ以上何も言わなかった。もし石井男爵が北京にいたら、きっと机をバンバン叩いたであろうに。

その夜、ウィルソン大統領は、ホワイトハウスの私用回線で、ニューヨークからの極秘電話を受けた。翌日、ランシング長官は、大統領から、石井との協定に調印せよと指示を受けた。ランシングは自分の信念を曲げてそうしたのだと力説した。そして協定はシナと日本の領土が「近接する」（すでに曖昧な外交言語の新用語）場合にのみ適用されるという旨の、条件付きの文言を本文に挿入することで、何とか協定の効力を弱めようとした。

ランシング長官は、その文言を挿入することで、協定が実際に適用されるのは、日本領土の朝鮮に接する南満洲に限定されると主張した。しかし、この国務長官もまた、日本がヨーロッパ同盟諸国とすでに調印していた秘密協定には気づいていなかった。石井男爵は、ランシングとの協定に調印したとき、きっと秘密協定の写しをポケットにしのばせていたことだろう。話を総合すれば、アメリカは、自国の伝統的な極東政策と真っ向から対立する協定に、だまされて調印したことになろう。

秘密協定は、一九一七年、帝政体制を打倒した後にソビエト政府が公にした。それによって、これまでの合衆国とシナの友好な関係が損《そこ》なわれ、さらにまた合衆国上院でヴェルサイユ講和条約と国際聯盟規約〈注10〉の批准が拒否される原因となったという点で、甚大な影響を及ぼしたわけである。

自分の政策が拒絶され、アメリカとシナの関係にも障害が徐々に表われはじめたため、一九一九年、ラインシュ博士は辞任し、シナ政府顧問の地位を受け入れた。そしてその立場から、アメリカのビジネスマンや銀行家たちにシナへの投資を奨励することで、ダメージの回復を試みたのである。しかし、落胆が引き起こした心労はあまりにも大きすぎたし、北支河南省の指導者、呉佩孚《ごはいふ》将軍を訪問していたときには、熱射病にもかかった。ラインシュ博士は上海に連れてこられたけれども、心の平静を取り戻すことなく一九二四年一月、上海の病院で亡くなった〈注11〉。

しかし、ランシング・石井事件の最終章を書き上げたのは、ワシントン軍縮会議後の合衆国上院だった。そのとき、あの堂々たる会議で、協定の破棄が満場一致で可決されたのである。上院議員たちは、この石井の事件にとりわけご立腹だった。彼らは、この日本の「親善大使」が、ワシントンに滞在してランシング国務長官と協定の交渉をしていたとき、日本における民主主義というテーマで演説してほしいと、大使を招待したことがあったからだ。

〈注10〉 独立の文書ではなく、ヴェルサイユ講和条約や、その他第一次大戦後の諸講和条約の第一編を構成する国際聯盟の設立基本文書。
〈注11〉 原文には一九二四年とあるが、実際の没年は一九二三年である。

第７章　上海のロシア人

第一次大戦へのシナの参戦、ドイツとの断交、ロシア人の流入

電話機もろとも崩れ落ちた壁

一九一七年の秋、そろそろ家内や幼い娘と合流する時期が来たと思った。そこで妻「マーサ」にこちらへ来るよう、そして妹のマーガレットも同伴するよう電報を送った。妹は、ミズーリ大学ジャーナリズム学部の学生だった。さしあたり私は、上海のアスター・ハウスの「普通船客室」区画に引き続き滞在することにした。その区画はホテルの裏手にあり、シングルルームと小さな特別室からできている。シングルルームと特別室は、さながらアメリカのクラブのようだった。全室に若いアメリカ人が入居したからで、彼らは、領事館、商務官オフィス、そして急速に活動を拡げつつある商社で働こうと、はるばるやって来たのだ。

衛生設備は不充分な点が多かった。近代的な配管がひとつもなかった。浴槽は、高さ約一メートル二〇センチ、直径約一メートル二〇センチの土器の大甕《おおがめ》だ。上海から八〇キロほど離れ

たところにある蘇州という陶器の産地のもので、産地にちなみ、「蘇州浴槽」と呼ばれていた。私にあてがわれたシナ人の召使は、朝になると、一見してきりがないと思われるくらい何杯もお湯をバケツで運び、大甕をお湯でいっぱいにしたものだった。

ホテルの同区画に住んでいる領事館員の一人が、部屋に鍵をかけなさいよ、と注意してくれた。「必ず部屋には鍵をかけ、その鍵をボーイに渡しなさいね。さもないと訪問者がありそうですから」と。

数日後、彼の言っている意味が判明した。夜遅く部屋に戻ってみると、うら若い女性が日本の着物を着て私のベッドで眠っていた。即座にボーイを呼び、彼女を私の部屋に入れるとはどういうことか、と問いただした。この頃までには、女性は目覚め、ピジン英語〈注1〉で、彼女を呼びにやった「スミスさん」は私かと尋ねた。私はスミス氏ではないと彼女に断言すると、ボーイは彼女を廊下へ連れ出した。

翌朝、支配人のモートン船長に注意したら、二度と同じことは起こさないと請《う》け合った。友人たちは、この事件でかなり盛り上がっていて、それから数日の間、私のことを「スミスさん」と呼ぶのだった。

家族は一九一七年から一九一八年にかけて真冬の時季に到着した。私が気づくのが遅すぎたのだが、アメリカ人が大挙して押し寄せたため、近代的な設備のないイギリス式の古屋以外は、事実上、住宅やアパートを見つけることができなかった。押し寄せるアメリカ人向けに、あるプロモーターが建設した「モデル・ヴィレッジ」という新興住宅地区があるよ、と友人の一人が教えてくれた。ヴィレッジには、プロモーターが考えた「アメリカ風」建築様式の、安っぽい泥レンガ造りの住宅が数列並んでいた。

住宅はぴかぴかの新築だけれども、かなり用心しなければならなかった。なぜかというと、建物は非常に壊れやすい構造なので、しばしば、あきれるような経験をしたからだ。あるとき、妻が電話機を使っていた。それは重く扱いにくい代物で、お隣りの家とわが家の仕切り壁に取り付けられていた。突然、ドサッという凄まじい音。電話機が、仕切り壁の大きな断片もろとも床に崩れ落ちたのだ。お隣りの奥さんもまた同じときに、壁の反対側に取り付けた電話機を使っていた。二人の女性は、ぽっかりと開いた壁の穴越しに、挨拶を交わすことになったのである。私たちが食堂のテーブルに着いているときに、やわな床板が壊れることも、さして珍しいことではなかった。

このような生活は、ほとほと疲れるけれども、まんざら不愉快というわけでもなかった。というのも、その住宅地区には、パイオニア的でもある若いアメリカ人夫婦が大勢いたからだ。どの家庭でも、主婦たちはもっぱら自力で家事や育児をこなしていたが、気がついてみると突然、召使に囲まれていた。わが家には、二人の女性の阿媽《あま》、すなわちお手伝いさん、コック一人、下男一人、そして苦力《クーリー》一人がいた。彼らは皆、家の裏手のほうに住んでいたが、私たちがそこを訪れることは一度もなかった。

〈注1〉　かつてシナの沿岸で用いられた、シナ語、ポルトガル語、マレー語などが混合した通商英語。

あるとき、政情が重大局面にあったとき、下男が田舎から親戚を六五人も連れてきて、嵐が収まるまで、ガレージに住まわせたことがあった。そのもてなしに対し、各々が少しずつ下男にお金を支払ったと聞いた。シナ人は、この種の危機に対応するのに慣れており、いつも実利的だった。

あるとき、租界で時局が混乱したときも、多くのシナ人が、親戚と同居させるために、妻や家族を田舎に送り出した。だが、事務所の雑用係（彼は四〇歳だった）にも、奥さんを田舎へ送ったのか、と尋ねてみると、彼は独特の英語でこう答えた。「かみさん、田舎、送らねえ。田舎へかみさん送ると、金払わにゃならん。けど、金は使えねえ」。

食べ物はたくさんあった。ほとんどの主婦は、市当局が運営する虹口《ホンキュー》市場へ買い物に出かけるのが習慣となっていた。多くの主婦は、試しに地元の野菜を買ってみたが、食べ慣れているアメリカの食材よりも上等だった。市場はとても衛生的であり、内外の食べ物で、売れるものなら何でも売っていた。聞いたところでは、商品が違うことを除けば、市場はニューヨークのフルトン魚市場〈注2〉にそっくりということだった。

市場に行くのは社交行事のようなもので、女性たちはそこでよく友人と会い、いろいろな売店に行っては意見を交換し合うのだった。食べ物は信じられないくらい安く、概して質がよかった。しかし緑の野菜と果物はどれも、殺菌するために化学溶液にくぐらせねばならなかった。

アメリカ人の教会を訪れた日本人信者の正体

アメリカ人の人口は、私が到着したとき、数百人くらいのものだったが、事業所がたくさん開設された結果、急速に増加した。これによって、私の参加する地域活動も発展した。上海で過ごした最初の冬の間に、アメリカのクラブが二つも設立された。ひとつは下町のビジネスマンのクラブ、もうひとつは都市のはずれにあるカントリー・クラブだ。アメリカン・スクールも設立された。それは何よりも一番野心的なプロジェクトで、場所はフランス租界だった。学校は、あっという間に国際人社会で人気になり、自分の子供にアメリカの教育を受けさせたいと思う他国籍の親たちから、入学申し込みが殺到して、ほとんど対応できないくらいだった。そのような子供は、一定の割合で入学が許可された。アメリカの子供たちには、他国籍の子供たちと一緒に活動する機会ができた。その中にはかなりの数のシナ人と、数人のハーフがいた。アメリカン・スクールに自分の子供を通わせる中で、そのような機会に恵まれたことを、他国籍の人々は誇りに思った。学校では、彼らはアメリカの教育を受け、アメリカ人の子供たちと交際できたのだ。

アメリカ人たちは地域教会《コミュニティーチャーチ》〈注3〉も設立した。教会は無宗派の方針で運営され、すぐに地域社会で学校と同じくらい評判になった。牧師は合衆国で注意深く選ばれ、たいてい三年間

〈注2〉　ニューヨーク市の中心部のフルトン・ストリートにある、東京の築地のような魚市場。
〈注3〉　地域共同体の中にあり、地域奉仕と宣教活動に取り組む教会のこと。

は上海で過ごした。教会の会員資格もまたアメリカ人に限定されていなかった。

教会が運営されてまもない頃、一人の日本人と夫人が姿を現わし、自分たちはキリスト教徒なので、教会員になりたいと申し出た。日本人が言うには、合衆国に住んでいたし、英語も話せるとのことだった。二人はいたって誠実そうに見えた。その夫妻は、日本人ではあったけれどもアメリカ生まれで、まもなく教会の仕事に積極的に参加するようになった。教会員たちは、そのような意気込みで教会活動に参加するワタナベ氏を熱狂的に歓迎した。

シナ・日本の危機があるまでは、万事がうまく運んでいた。しかし、あるときアメリカ人の一団が日本の領事館を訪問したら、軍服を着たワタナベ氏と出会いびっくり仰天した。調査により、彼は軍隊の情報将校であり、どうやらアメリカ人社会の宗教的・社会的活動を調査する仕事を任命されていたらしいことが明らかになった。

つぎの日曜日、教会からは日本のスパイ将校と夫人の見慣れた顔が消えていた。彼らは二度と教会に姿を見せなかった。日本軍情報部が、アメリカの宣教活動を調査する際に、他のどの場所でもこの方法を使っていたことが分かるようになると、この事件は広く注目を集めた。

シナの参戦にともなう上海国際人社会の変化

最初に上海に到着したとき、ドイツ人たちが、交戦中という事実があるにもかかわらず、上海で支配的な位置を占めるイギリス人とフランス人の双方を相手に、それまでどおり自由自在に闊歩しているのに驚いた。

この都市のクラブ御三家のうちの二つ、イギリス上海クラブとドイツ・クラブは、外灘《バンド》にあり、三ブロックほどしか離れていなかった。国際人社会ではもっとも人気のあるフランス・クラブは、数ブロック離れたフランス租界にあった。昼時ともなると、イギリスとドイツのビジネスマンたちが、会釈ひとつ交わさないで、外灘《バンド》を互いに行き交い、それぞれ昼食を摂《と》りにクラブへ向かう姿を見るのは興味深いことだった。クラブでの主な話題は戦争だった。どちらのクラブにも、西部戦線の大地図が据え付けてあったが、画鋲《がびょう》が刺してあるのは、戦線をはさんで反対側だった。

しかし、一九一七年三月、シナがドイツとの関係を断ってからは、状況が一変した。シナがドイツに宣戦したことにより、ドイツ人が享受していた治外法権の特権が自動的に剥奪され、シナの法律に従うことになったのだ。フランス人は、ただちに共同租界からドイツ人の強制退去を要求する運動を始めた。そして最後には、シナ人に充分な圧力をかけ、ドイツ人とオーストリア人すべてに適用できる強制退去命令を、北京政府に採用させることができた。

しかし、シナでは、物事はたいていゆっくりと動くもの。ドイツ人を強制退去させる問題も、その一般原則の例外ではなかった。多くのドイツ人は、物事の遅れをいいことに財産をシナ人の領土に移動させた。そこではドイツ人は寄宿舎に住み、北京政府の命令に注意を払わない地元のシナ人の役人から保護を受けていた。

実をいうと、上海の国民感情は、特にシナ人の間では、ドイツ人の強制退去に反対する空気が主流だったので、休戦してから、かなり時間が経《た》つまで、ドイツ人の強制退去は行なわれなかった。追い出されたのは戦争が終わってからだったため、ドイツ人は非常に苦々しい思いをしたのである。

彼らの気持ちは、ドイツ国内の新聞紙上はもちろんのこと、上海のドイツ系刊行物でも活字になって表明された。小説も含めて、数点の本がドイツで広く出回ったが、それらは上海の強制退去にともなう、非人道的とされる行為をテーマにしたものだった。この事件に対するドイツ人の苦々しい思いは、まぎれもなくナチスが、後に日本の同盟国として上海で取った行動に反映された。

シナ政府は、ドイツに宣戦布告することを嫌がっていた。けれども、その後まもなく、ドイツの治外法権が廃止されれば、ドイツ人の資産を没収できるということに、シナ人は気づいたのだ。その中には、何行かの銀行、会社、そしてドイツ人の総合社交施設としてずっと使用されてきたコミュニティーの共有財産も含まれていた。外灘《バンド》のドイツ・クラブはシナ政府に接収され、バンク・オブ・チャイナに委譲された。

その一方でドイツの銀行は、これも外灘《バンド》にあったが、チャイニーズ・バンク・オブ・コミュニケーションズに委譲された。ドイツ人がカントリー・クラブ建設のために購入した、もうひとつの大型資産は、フランス租界にあったが、フランス人に差し押さえられ、ついにはフランス・クラブに接収された。南京路にあった有力なドイツのドラッグストアーは、デラウエア有限会社の仲介を通して、アメリカ系の会社に転用された。ドイツ人の職員は変わらなかったし、ドイツの薬品の商売はすべてそのまま維持されたけれども、そのとき以来ずっとアメリカ

外灘《バンド》

租界の中心だった黄浦江河岸の外灘《バンド》は、外国の近代建築が建ち並び、繁栄の象徴だった。手前はガーデンブリッジ

の旗がはためいていた。この転用劇の張本人は、利口なアメリカの法律家だった。

ロシアからの亡命者の群れ

しかし、上海の国際状況で一番波乱に富んだ局面は、ドイツ人ではなく、私たちの旧同盟国に関係するものだった。一九一八年から一九一九年の冬のある日、上海の南数マイル、揚子江の河口に怪しげな船舶が数多く到着しているという噂が立った。その噂を耳にするや否や、私はシナの汽艇《ランチ》を賃借し、揚子江河口まで船旅に出た。それはいかにも怪しげな艦隊だった。ありとあらゆる種類の船が三〇隻から四〇隻くらい停泊していたに違いない。ほとんどが、くすんだ黒色に塗装されていた。「艦隊」は小さな軍艦から港のタッグボートまで実にさまざまだった。さらに二隻の強力な大型砕氷船まであった。

大型軍艦の一隻に近づくよう、汽艇《ランチ》の船長に指示した。ようやく私は一人の将校の注意を引いた。彼は手すりのところまで来て、ロシア語で話しかけてきたが、私には理解できなかった。しかし身振り手振りで乗船したいと伝えた。やっとのことで舷側に横付けし、船の水夫たちに助けられて、私はどうにか道板の上に乗り、デッキを目ざしてはしごをよじ登った。ちなみに、そのときの揚子江はかなり広々として、大変荒れていた。

船のデッキに着くと、「艦隊」そのものよりも、もっと奇妙な光景に直面した。船のデッキは文字通り家庭用品がぎゅうぎゅう詰めで、ポットや平鍋から赤ん坊のサークルベッドまで、実にさまざまだった。あるロシア人の母親が、五インチの大砲に赤ん坊の洗濯物を干していたのには、かなり笑えた。また新品同様のアメリカの自動車も一台あった。アメリカ人の不運なシベリア遠征の遺物だ。

しばらくしてから、戦艦のロシア人司令官が、片言の英語を話せる人を見つけてきた。「艦隊」はスターク提督の指揮下にあると知らされた。戦争中、ロシア極東海軍の指揮を執っていた提督だ。戦艦の司令官は私の質問をさえぎると、ウラジヴォストークから持参した食糧は底をついているので、どうしても補充が必要だと言った。ボルシェビキ〈注4〉がウラジヴォストークを占領する前に同港を立ち退《の》いたのだと彼は言った。

私は、女性や子供がたくさん乗船していることについて尋ねた。その多くはロシア海軍兵士たちの家族だという。それだけでなく、他にもボルシェビキの怒りから逃れるために海外に脱出したロシア人が大勢いて、その中には女性市民や子供が含まれていた。提督は市民をたくさん上陸させたかったが、上海当局に反対された。後に彼らの大部分は、夜陰に乗じて船を離れ、何とか上海にたどり着いた。

揚子江に数日間留まった後、スターク提督は、上海の慈善団体が寄付した、のどから手が出るくらい欲しかった補給物資を手に入れ、「艦隊」とともに南方へ航海し、最終的にマニラに上陸した。ロシア人亡命者のほとんどがマニラの住人になり、「艦隊」はばらばらにされ、船

〈注4〉　ボルシェビキとは「多数派」の意。ロシア社会民主労働党の左派でレーニンを指導者とし、マルトフらのメンシェビキと対立した。三月革命後の臨時政府を支持せず、十一月革命を起こしプロレタリア独裁政権を樹立。一九一八年にロシア共産党と改称した。

船は売り払われた。

後にソビエト政府がこれらの船舶の所有権を取り戻そうとしたときには、すでにスターク提督が売り払ってしまっていた。合衆国はソビエト・ロシアを承認していなかったので、モスクワ政府はそれらを二度と手に入れることはできなかった。ボルシェビキは、特に晩秋と冬の数カ月のウラジヴォストーク港には不可欠な二隻の砕氷船を取り戻したいと思っていた。というのも同港は冬の期間、一面凍結するので、貨物船や漁船の船団が航行するにも、砕氷船を使って港を氷結させないようにする必要があったからだ。

スターク提督の「艦隊」に同乗して上海にたどり着いたロシア人亡命者は、シベリアや、はるか西方、モスクワやレニングラードに至るロシアの地域から殺到するロシア人の先遣隊であり、その流入は数年間も続いた。上海はパスポートビザが要求されない非武装都市だったので、北部から列車や船で毎回押し寄せてくる多数のロシア人を制限する手だてなど何もなかった。彼らのほとんどが衣食に事欠く状態だった。

亡命者には、ロシアのありとあらゆる階級の集団が含まれていて、下は貧乏なジプシーの物乞いから、上は貴族の面々まで、いろいろだった。裕福なロシア人の中には、かなりの財産を宝石にして何とか持ち出した者もいた。この人々は最高級ホテルに泊まり、宝石が続く限り贅沢三昧の暮らしをした。

上海の質屋はこれらの安物の装飾品で満ちあふれ、コレクターたちは、原価を大きく割る、ほんのわずかな価格でたくさんの珍品を手に入れることができた。これらの宝石の中には、原産地で加工されたものもあり、ウラルの有名な鉱山産の珍しい宝石や準宝石も含まれていた。

上海にすんなり溶け込んだロシア人たち

上海に到着したロシア人亡命者の数は、正確には分からないけれども、二万五〇〇〇人から五万人だと推定されていた。大多数は貧乏だったので、上海では市の数カ所で無料給食施設《スープ・キッチン》を開設する必要があり、地元の慈善団体がその資金を提供した。

難民の中には兵士も多数いた。主に帝政ロシアの軍隊で働き、今でも皇帝に忠誠を尽くすコサック騎兵たちだった。彼らのほとんどがモンゴルを通り抜けて満洲へ逃がれ、家族を一緒に連れていた。難民の大多数は、ロシアのあちこちの小さな町や村の出身だった。しかし、今でこそ赤貧状態の難民に落ちぶれてはいるものの、以前は欧州ロシアの大地主や、羽振りのいいビジネスマンだったという人たちにも、ときたま出会った。

金持ちにしろ、貧乏人にしろ、非識字者にしろ、教養人にしろ、彼らにはひとつだけ共通点があった。それは、生まれた土地から彼らを追い出し、避難民となることを強い、外国人にすがらざるをえなくしたボルシェビキへの憎しみだった。

ロシア人亡命者が流入する以前、上海にはロシア人が六世帯しかおらず、主に裕福な紅茶会社の経営者か、大企業のロッソ・アジアティク銀行の関係者たちだった。極東の同銀行の本店は上海にあり、上海外灘《バンド》には宮殿のような建物が建っていた。

だが、誰もがとても驚いたことに、援助の立場から、ロシア人亡命者が長く問題になることはなかった。彼らは、上海で早々と将来の発展に向けての足がかりを得たのである。旧コサック兵士は、いつも恐喝や暗殺に怯《おび》える裕福なシナ人商人のボディーガードになるか、上海のあちこちにある銀行や会社で夜警のような仕事に就いた。ついには、いわゆるロシア義勇兵団が共同租界で組織され、上海を警護する国際義勇兵団の一翼を担《にな》った。

何百人ものロシア人女性が、流行りの婦人服店、婦人用服飾品店、美容院の開店を手伝った。さらに他のロシア人も、多くがユダヤ人だが、多数の雑貨店を開き、針から乳母車まで、ありとあらゆるものを販売した。

もちろん、どこにでもあるロシア料理レストランが、ほとんど毎ブロックに一軒か二軒、特にロシア人の大多数が住むフランス租界に店を構えた。こうして上海では、初めてロシアの食べ物が味わえることになったわけだが、あっという間に、外国人社会とシナ人社会で評判になった。ロシア人は上海市場の隙間を埋め、一般並みのホワイト・カラーの東洋人住民と、どんな仕事でも行なうシナ人との間の地位を占めたのである。

上海は、昔から常に男性の都市であり、標準的な外国人住民の大多数が独身者だったため、必然的に多くの交友関係が育《はぐく》まれ、ついに多数の国際結婚が成立することになった。その中には、上海に駐留する合衆国海兵隊の隊員も数多く含まれていた。あるとき、私は、海兵隊の従軍牧師に、これらの国際結婚がうまくいっているかどうか尋ねたことがある。牧師は（どちらかといえば皮肉な調子だったと思うが）「他のどんな結婚と比べても、同じようにうまくいっている」と答えた。

ロシア語を話すことが流行《はや》り出した。はっきり申し上げると、貧しい銀行員だけが金銭的余裕がなくて魅力的なロシア人の先生を雇えなかったのである。上海の仕事では、ロシア人がかなりの政治的影響力を発揮するようにさえなった。

私が上海に着いたときは、この都市には、ロシア教会がただのひとつもなかった。一〇年後、白系ロシア人が殺到してから、一二以上のロシア正教会ができ、その中には豪華な装飾を施した大きな教会もあった。そのようにたくさんの教会に援助があったということは、白系ロシア人が信心深い性格の人々であることの証しだった。

これまで多くのロシア人の家庭を訪問したが、神々しい聖像《イコン》をまったく見かけない家庭は一軒もなかったように思う。しばしばどの部屋にも聖像が飾られ、たいてい、小さな香炉とオイルランプが取り付けてあり、火は絶やされたことがなかった。クリスマスとイースターには、外国人社会全体で、ロシアの豪華な礼拝を挙行するようになった。

第8章　ロビイストとしての編集者

一九二〇年一時帰国、「中華通商条例」成立に奔走

次期アメリカ大統領との出会い

『レヴュー』は今や経済的に自立した会社になったので、一九二〇年の秋、私は新聞の広告関係でコネを作ろうと、合衆国へ旅立つ決心をした。

航海に先立つ数日前、ダラー汽船事業の極東代表で、アメリカ商工会議所所長のＪ・ハロルド・ダラーが、アメリカン・クラブでの送別昼食会に私を招待してくれた。驚いたことに昼食会には著名な在留人が出席していて、何があったのだろうと思ったほどだ。

昼食会がお開きとなるとき、有名な材木商人のカール・サイツが立ち上がり、紋切り型の挨拶をしてから、私に向かってつぎのように言った。

「ジェイ・ビー〔パウエルのこと〕、君にはワシントンへ行ってもらいたい。極東でビジネスをするアメリカの会社のために、連邦会社設立の準備をして、中華通商条例を通過させてほしい

と思っているんだ」

それから彼はこう説明した。もし私がワシントンへ行き、連邦議会を説得して会社設立法を通過させる上で、何ができるのかを調べてきてくれるのなら、私のホテル代は商工会議所が負担するつもりだと。この期待を一身に集めた法案の必要性を議会に納得させるには「ほんの二、三週間」もあれば充分だ、と彼は確信していた。

私はその使命を引き受けることを承諾した。今までワシントンに行ったことがないので、われらが国の首都では、どうやって物事が回るのかを見たくなったのである。

西海岸からニューヨークへの旅の道すがら、私はシカゴに滞在し、有名なロバート・R・マコーミック大佐を訪問した。私は『シカゴ・トリビューン』紙〈注１〉用の特別の割り当て仕事を二つ三つ引き受けていたこともあって、途中下車して会いに来てほしいと大佐から頼まれ

〈注１〉『シカゴ・トリビューン』（「シカゴの護民官」の意）は、アメリカ合衆国の中西部における主要な新聞。ロバート・R・マコーミック大佐（一八八〇〜一九五五年）はその新聞社の編集長。マコーミック大佐が編集長を務めた時代の同新聞は、「アメリカ人のためのアメリカの新聞」を自称するように孤立主義の色彩が強かった。アメリカ民主党とニューディール政策を強く非難し、イギリスとフランスをはっきりと軽蔑する一方で、ジョセフ・マッカーシー上院議員や蔣介石を非常に好意的に扱うなど、政治面や社会面では偏った報道を行なっていた。このような偏重報道があるために、信頼できない新聞と思われるようになったのも事実である。日本との関連で、『シカゴ・トリビューン』で有名なスクープといえば、日本の真珠湾攻撃の前日に報道されたアメリカの第二次世界大戦参戦計画の暴露であろう。

ていたのだ。

大佐と話し合っているうちに、極東の商業界の財閥たちが議会で通過させたがっている会社設立法の件に触れ、ワシントンへ旅をし、この問題について何ができるかを調査するよう商工会議所から依頼されたことを打ち明けた。これを聞いた大佐にひとつのアイデアが湧いた。そして、私に「夜行列車に乗りなさい、そうすれば明朝六時にはオハイオ州マリオンに着くでしょう。うちの政治部通信記者のフィル・キンズリーに電報を打って、あなたにお会いし、あなたを大統領当確者のハーディング〈注2〉に紹介するよう言っておきますから」と言った。

このはからいは、私が思い描いていた勝手な予想をはるかに超えるものだった。合衆国の次期大統領当確者と会い、会社設立法案支持を嘆願する機会が舞い込んだのだ。

翌朝の六時半までには、私はマリオンで有名な、正面に張り出し玄関のある、小さな木造の家屋に着いていた。二、三分してフィリップ・キンズリーを見つけ、私の仕事を説明した。「立ち寄って、奇人組が動きはじめる前に、ハーディングを捕まえましょう」とキンズリーは言った。

奇人組とはどういう意味かと尋ねると、戦後のヨーロッパと世界の平和について実現不可能な計画を抱いている空想家連中だという。彼は私を居間に案内したけれども、あまりにも早朝なので誰もいなかった。そこで腰を下ろし、有名な張り出し玄関へと至る、あまりきれいではない窓から、景色をじっくり眺めていた。そこに座っていたら、小太りの男が到着した。その顔には見覚えがあったように思えたけれども、誰かは思い出せなかった。まもなく係員が出てきて、私の名前を呼び、ハーディング氏がお待ちですと言った。ところが、私がドアまで行くより先に、肥えた紳士が後から割り込んできて、私を脇に押しやり、ニューヨークへ戻る列車に乗らなければならないので、先に入れてくれと言う。世界平和について非常に重要な問題があり、次期大統領当確者と話し合いたいのだと言うと、それ以上何も言わないで、私を押しのけて中へ入っていった。おかげで私は一時間まるまる待たされて、やっと男が出て行ったとき、ハーディング氏は、微笑みながら私にタバコを手渡し、「あれがニコラス・マレー・バトラーです」と言った。

ハーディング氏は、私の名刺を見るなり「なるほど、シナからいらしたのですね」と言った。ちょうど着いたところだと伝えてから、マリオン訪問の目的をできるだけ簡潔に説明した。彼は意外なほど興味深げに耳を傾け、あの国には宣教師の叔母がいたので、いつもシナのことは知りたいと思っていたと語った。後になって、彼の叔母はインドの宣教師だと分かったけれども、宣教師のことになると、そしていつもアメリカ人にかかると、シナをインドと、ときにはシナをアフリカとさえ、混同されてしまう始末だ。

私たちの提案する連邦会社設立法について私がしたためた小パンフレットをハーディング氏に贈呈した。そして極東でアメリカの商業が日増しに重要になっていること、新しい法律によ

〈注2〉　米国の政治家（Warren G. Harding 一八六五〜一九二三年）。第二九代大統領（在職一九二一〜二三年）。共和党員。

っていかにアメリカの貿易の発展が促されるかということ、そうすれば相場師や無責任なプロモーターの搾取で傷つけられたアメリカのビジネスの威信が、ゆくゆくは回復されるようになるであろうことを話した。

「ワシントンへ行くまでは、あなたに何もしてあげられませんが、私に会いにホワイトハウスにいらっしゃるとなれば、いつでも、あなた方の法案の議会通過をお手伝いするために、できることは何でもしますよ」と彼は語った。

ハーディング氏は大統領になってその約束を果たした。それからの数カ月で、私たちは懇意になった。しかし、まもなく分かったのだが、議会に法案を通す問題は、よほど大きな国家的利益に関係していないかぎり、二、三週間では、とても達成できないのだ。通常は数カ月、数年かかることもしばしばで、茨《いばら》の道である。しかし、いつ何時私が窮地に陥ろうとも、ハーディング大統領に手紙一通書けば、助けてもらうことができるのだ。

議会で法案を通すことの労苦

ロビイストの経験がこれっぽっちもないので、法案を議会に通すには何をすべきか、新聞社の友人の何人かに相談してみた。そうすると、たいてい、特にプレスクラブでは、笑われたものだ。ベテランの何人かはこう説明した。二、三週間あれば大丈夫だろうと予測して、「法案を議会に通そう」と連邦議会議事堂に押し寄せる人々で、ワシントンはごった返していると。ところが、彼らはそのままずるずると居残り、ロビー活動だけが唯一の援助源となる場合も多かった。私は、プロたちの定例の仕事に引きずり込まれることがなかったので、新人であることこそ自分の強みだということが、まもなく分かってきた。援助する力のある議員やその他の人々に取材訪問して、私は死にもの狂いで働いた。

やっとのことで、セント・ルイスのレオニダス・C・ダイアー議員を見つけ出した。議員は、私の法案を引き受けてくれた。ダイアーは共和党員で、自分の名前を新聞に出すのに役立つような議案を探していたのだ。私が興味を持っている会社設立法案は、外国貿易に関係し、戦争の結果、アメリカの商品への需要が高まったことで、注目を浴びる話題だったので、その目的にかなっていたというわけだ。

ダイアー議員は、下院司法制度委員会の委員だった。どこか別の委員会、もしかしたら下院外務委員会のほうがもっとふさわしいのではと匂わせたけれども、彼はそれに反対した。委員会が違うと委員たちが互いに激しい嫉妬を抱き合うことを私は早々に知ることとなった。

ミズーリ大学の学生だった頃、一般科目の政治に関連するコースをいくつか取ったことがあったけれども、このような議会に法案を通す問題となると、それまで大学で学んだことなど、何の役にも立たなかった。

私たちが最初にすべきことは「聴聞会」を開くことだ、とダイアー議員は言った。聴聞会では、参考人を招致し、私たちが通したいと思っている法案にいくつもの利点があることを証言させることができるからだ。私たちは日取りを決め、これから約一週間後とした。私は参考人探しで忙しくなった。外国貿易の代表者をワシントンに送ってもらうよう、ニューヨークの輸出入会社いくつかを説得した。聴聞会当日には、商務省長官のハーバート・フーヴァーを招致し、皆をあっと驚かせた。フーヴァーはかつてシナの鉱山技師だった。

すべてが順調に運んだが、フーヴァーが入場したとき、二人の上院議員が立ち上がり、憤慨して出て行った。これらの紳士が商務省長官と言葉も交わさない険悪な間柄にあることを知って私は驚いた。また、フーヴァーが私たちの法案を支持するのは、利益よりも害のほうが多いようだねと、上院議員の一人が私に漏らした。とはいうものの、聴聞会の意見は『連邦議会《コングレッショナル》・議事録《レコード》』の特別版で出版された。私はそれを数部、私が嘆願している問題に興味を示した商工会議所に郵送するよう段取りをつけた。

「中華通商条例」はなぜ必要だったのか

ダイアー議員と協議をした後、国中で高まりつつある極東貿易への関心をテコにして、私たちの提出する法律を「中華通商条例」と称することに決めた。まもなくはっきりしたのだが、議会で法案を通すことは、足が棒になるくらいの労力を要する大変な仕事だということだ。とにかく非常にたくさんの人々と会うことが必要なのだ。

あるとき、私のせいで国務省と商務省が内戦を引き起こしそうになったことがある。最初のうちは、どちらの省にも（フーヴァー長官を除いて）私のプロジェクトには、てんで興味を持ってもらえなかった。しかしいったん事を始めると、商工会議所が興味を示すようになり、つぎに両省の議員も耳をそばだてはじめた。もし議会が私たちの法案を通すつもりなら、最終的な法律の施行にはうちが嚙《か》みたいと、省それぞれに思惑があった。私たちの法案は貿易に関係していたので、当然のこと、商務省の管轄下にあるべきだと私には思えた。ところが商務省の法務官は私に同意せず、聴聞会ではその問題をめぐって論戦が繰り広げられたのだ。

議会で法案を通すのが困難な主原因のひとつは、同じ会期中に、両院でそれを通せないことだった。下院、あるいは上院のどちらか一方で法案を通したことは二回か三回あった。けれども、それらをひとまとめにして両院協議会で最終議案を通せるようになる前に、会期が終了してしまうのだった。あるとき、私たちは法案を上院で通し、下院で行動を起こそうと準備万端だったのだが、そのとき、スピーカー・ジレット議員（マサチューセッツ州）が、もっと重要な問題をたくさん抱えているので、私たちのかけがえのない法案を提出する時間はないと漏らしたのである。

私はちょっとした策を弄してみようと決意した。私はボストンに向かい、銀行員と連絡を取った。彼は極東にいたことがあり、対支貿易の促進にも興味があった。彼は私のためにバンカーズ・クラブで昼食会を催し、ボストンで一流の外国貿易の代表者を招待してくれたのだ。私が議案の目的を説明していたら、入り口のところで邪魔が入って中断した。進行係のウィード氏は顔を上げて言った。

「おや、市長さんだ！　さあどうぞ、市長、シナからいらした方に会っていただきたいのです」

市長の〝アンディー〟ピーターズが入ってきて、私の隣りに座った。私のほうを向くなり、こう切り出した。

「しかし、あなたはシナ人ではありませんね。シナで何をなさっているのですか？」

旅行の目的を説明しはじめたが、彼の心はここにあらず、何か別のことを考えていることが分かった。彼と話をしながら、私は、縁起銭〈注3〉として持ってきたシナの一ドル銀貨〈注4〉をいじくっていた。市長は偶然コインに気づいた。初めて見るシナのコインだけに、興味津々だった。私のほうを向いて彼は言った。

「それ二枚と交換なら、たいてい何だって差し上げますよ」

「ほう、市長、それには及びませんよ。二枚ありますから。さあ、どうぞ」と私。

「このコインを家に持ち帰って、子供たちにあげたいのです。二人ともコインを集めていますから。このシナの一ドル銀貨がもらえれば最高に喜ぶでしょう」

と、私のほうを向いて言った。

「さて、あなたは何がお望みですか」

そこで私は、もう一度、中華通商条例の主要点を説明し、それによってシナでアメリカの商業活動の名声と能率がどれほど改善されると思っているかを話した。ピーターズ市長は、さらの電信用紙をひと束取りに行かせた。そして州選出の国会議員団の全議員に電報を送り、私たちの議案を提出して投票にかけ、それを全面的に支持するように勧めてくれたのだ。
二、三日してワシントンに戻ったとき、ダイアー議員と一緒にスピーカー・ジレット議員を訪ねた。ジレットは私たちにとても親切だった。そして「この議案に、ボストンは興味津々だと思いますね」と言いながら、法案を予定に入れることに同意した。

私はすんでのところで「ええ、私はそのためにシナの一ドル銀貨を二枚も支払ったんですよ」と言いそうになったが、思いとどまった。

条例の成立によりアメリカが上げた利益

数日後、下院で私たちの法案が通過した。そして両院協議会に回され、ついに政府直接管轄下の会社設立のため、初めて連邦条例として通過した法案が登場したのである。最後の両院協議会では、商務省が条例を施行するものとする、と指定した第一条項が挿入された。しかし、それがために、つぎに国務省の法務官と会ったときは、完全に無視されてしまった。

小企業には大きな援助となった中華通商条例だが、戦後、シナでアメリカのビジネスの拡張

〈注3〉　ポケットにお守りとして入れる小銭。
〈注4〉　実際にどのシナの銀貨を指すのか同定できないが、おそらく一八九九年から一九〇八年にかけて造られた光緒元寳《げんぽう》（銀品位九〇パーセント、重量二六・七グラム）のようなコインだと思われる。シナの銀貨は、重さも、大きさもさまざまだが、たとえば、奉天省造の光緒元寳癸卯庫平一両（重量二六・七グラム、直径三九ミリ）、広東光緒七二番版（二七グラム、三八・八ミリ）、民國十五年孫中山正像壱円（二七グラム、直径三八・五ミリ）などは、アメリカの一ドル銀貨、たとえば、モルガン（二六・七三グラム、三八・一ミリ、銀品位九〇パーセント、一八七八～一九二一年発行）や、ピース（二六・七三グラム、三八・一ミリ、一九二一～三五年発行）と重量、形状、直径、銀品位も酷似しているので、シナの一ドル銀貨と呼んだのであろう。

を目ざすフーヴァーの計画にも意外なほど適合した。それまで商務省は、シナにたった一人の代表しか駐留させていなかった。北京に長く駐留したジュリアン・アーノルド氏〈注5〉だ。中華通商条例が通過してからは、商務省はおびただしい数の専門家を送り出した。専門家たちは、それぞれに自分の専門分野で経験を積んでいて、シナの経済状況を綿密に調査したのである。アメリカの貿易がシナで拡大し、ついにはその市場で主導権を握ることになったのは、おおむね、あのときに基礎固めをした結果だった。

中華通商条例のもとで会社設立特許状を受けた株式会社が、アメリカ資本で何百億ドルになるのか、私には分からない。あの有名な企業の「デラウエア社」には、議会も口出しできなかったけれども、シナ通商条例下の会社は、ほどなく東洋で信望をより一層高めはじめたのである。最近では、極東でビジネスをする有力なアメリカの会社は、すべて実質的に中華通商条例の法規下で設立された。

中華通商条例の強みのひとつは税条項であり、そのおかげで、アメリカの会社は、イギリス直轄植民地、香港の規則下で設立されたイギリスの会社と対等になったという事実を追記しておかねばならない。

ラフォレット上院議員への説得

これと関連して、私はラフォレット上院議員（シニア）〈注6〉と興味深くて有意義な討論をした。

議会議員たちに中華通商条例を熱心に勧めていたある日、新聞のインタヴュー記事で、提出された中華通商条例にラフォレット上院議員が強い反対を表明したことを見て、私はびっくりした。同条例は、スタンダード・オイルやユナイテッド・ステイツ・スティールのような、シナを搾取する大企業を援助する計画だと、議員は断言したのだ。

私にはピーンときたのだが、どこかの利害関係のある政党がラフォレット氏に虚報を流したのだろう。実際は、シナのどのスタンダード・オイル系の会社に対しても、私たちは利益を与えることができなかったのだ。それらの会社は、すでに州法下で法人組織となっていたし、もちろん、これまでと違ったものになることにはまるで興味がなかった。

同じことが他の大企業にもあてはまる。中華通商条例で援助を計画していた会社は、もっと小さい会社であり、特に極東で初めてビジネスをし、そのような条例で威信を高めることが必

〈注5〉　米国領事館員（Julean Arnold 一八七五～一九四六年）。在支商務官（一九一四～四〇年）、在支アメリカ領事館業務、シナの経済的・政治的状況に精通し、東アジアにおけるアメリカの商業・外交政策に携わった。

〈注6〉　米国の政治家で、一九二四年に進歩党（The Progressive Party）を組織したロバート・マリオン・ラフォレット（Robert Marion La Follette 一八五五～一九二五年）のこと。一九〇六年から一九二五年まで上院議員。「シニア」とあるのは同じく政治家の息子が二人いるからである。兄のロバート・マリオン・ラフォレット・ジュニア（一八九五～一九五三年）は連邦上院議員（一九二五～四七年）、弟のフィリップ・フォックス・ラフォレット（一八九七～五三年）はウィスコンシン州知事（一九三一～三三年、一九三五～三九年）を務めた。

要な新会社だった。すでに認められた大会社は威信など必要としないので、私たちの議案には興味がなかったのだ。

しかし、そうと知らぬラフォレット上院議員はこの法案にご不満だった。議員は、お気に入りの仕事、つまり大企業をばしばし叩くための新しい鞭を見つけたのだ。

このことで私は友人たちと相談し、ラフォレットに会いに行くと匂わせたら、即座に反対の大合唱が起こった。

「やつに会いに行くなよ。君の揚げ足を取るだろうし、やつは信頼できないよ」

私は少年の頃、シャトーカ地域〈注7〉に住んでいて、ラフォレットのスピーチ、特に大企業を批判するスピーチはたくさん聞いていた。彼がありきたりの政治家にすぎないと主張する人々もいたが、私はそうは思わなかった。そこで彼に会いに行こうと決意した。幸運にも、上海を去る前に、直轄植民地の香港で施行されている会社設立法のコピーを手に入れていた。これらの法律により、イギリスの会社は、香港直轄植民地の規則下で法人資格が与えられたのである。そうすることで、イングランドで設立された会社に課せられる重い戦争税から逃れることができたのだ。

私たちが克服したかったのは、極東でアメリカの会社と競争する上で有利な、このイギリスの会社の強みだったのである。ラフォレット上院議員を訪ねるときに、香港条例の複写を持っていった。

この著名なウィスコンシン州の上院議員は、これらの香港についての記録を見たとき、興味津々だった。私はそれを返してもらえないかと思った。香港がイギリスの植民地だという情報は、彼にとって初めて入手したものだった。おそらく、香港は孤島の保護領にすぎないという印象をずっと抱いていたのだろう。イギリスが、香港で、立法機関も含め行政管轄区域を開発してきたこと、そして財産を所有するすべての市民が、性別、肌の色、人種に関係なく投票できることに、彼は気づいていなかったのだ。ラフォレットはこの情報にすこぶる興味をそそられた。そして、もう一度訪問してくれるようにと私を招き、ついには上院での彼の持ち時間を私たちに与えてくれたのである。その結果、私たちは法案を通過させたのだった。

アメリカの海運業関係者も、ラフォレットが最初の船員法〈注8〉を奨励していたときに、彼のもとを訪れていたならば、それほどひどい目に遭わずに済んだかもしれない、としばしば思うことがある。というのも、ラフォレットは内陸州の出身であり、国際競争の立場から、海運業や海上貿易の何が問題か、ほとんど見当もつかなかったからだ。だから船員労組の指導員が言ったことをすべて鵜呑みにしたのだった。では、労組の指導員はどうかというと、もしア

〈注7〉　ニューヨーク州西端のシャトーカ湖に隣接する村は、夏期学校などの郊外文化教育センターとして有名。

〈注8〉　ロバート・M・ラフォレットの努力により、議会で一九一五年三月に成立。アメリカの船舶の乗組員の労働・生活条件を改善することを目的とした法律。脱走による逮捕・投獄の廃止、労働時間（一週間五六時間、一日九時間労働）、衛生と安全の最低限の基準の保証などを規定している。ラフォレット法については、すでに本書の第1章で言及されている。

メリカの船舶がイギリスや日本の船舶と競争できなかったら、どう見てもアメリカの船員のする仕事がなくなってしまうことを理解していなかったようだ。

「メアリ・エリザベス・ウッド」

ある日、ロビー活動中に居住したワシントン・ホテルのフロアーのフロント係が、名刺を一枚持ってきた。「メアリ・エリザベス・ウッド」という名前が書いてあった。ロビーに下りて行くと、驚きのあまり私は立ちすくんだ。メアリ・エリザベス・ウッドは六〇歳くらいで、全身黒ずくめだった。スカートは裾が床の上を引きずるほど長く、襟は耳に届くくらいに立てたハイカラーだった。彼女の説明では、シナで四〇年間ほど宣教の仕事をしてきたという。彼女が言うには、義和団事件の損害の埋め合わせに、私たちアメリカ人がシナからもぎ取った数百万ドルを、教育目的のために、シナに返還することが議会で票決されると耳にしたという。もし議会がそのような行動に出るならば、シナで近代的な図書館を発展させるために、資金の一部をもらいたいとウッド女史は思っていたのだ。そこで、どうしたらよいかを知りたいというわけである。

ちょっと考えていたら、テーブルの上に『連邦議会議事録』のコピーがあることに気づき、一案を思いついた。そのコピーを手に取り、下院と上院の議員名簿を指差して言った。

「このコピーをお持ちになり、そこに名前が載っている人をすべて訪ねて、あなたのご提案を説明されるおつもりなら、おそらく、理解していただけると思うのですが」

彼女が私の言うことをまじめに受け取るとは、まったく考えもしなかったが、彼女はそうしたのだった。秋と冬の間中、いろいろな議員をアルファベット順に調べては訪問する、ウッド女史のお馴染《なじ》みの姿を廊下でよく見かけることになった。

数カ月後、下院で義和団賠償金返還の法案が通ると、一二人の議員が立ち上がり「メアリ・エリザベス・ウッドの図書館はどうなのか」と大声で叫んだ。

もちろん、彼女は図書館を手に入れた。

第9章　山東とワシントン

一九二二年のワシントン会議と日本の山東撤退

極東における日本の脅威

ぐずぐずした状態が続いたので、ワシントン滞在が一九二一年暮れまで延びてしまった。同年、海軍の軍備削減と極東問題解決のため、ハーディング大統領が両院協議会の召集を決定したとの発表があった。その協議会のため、私はワシントンに留まる決意をした。

二、三日後、私はミズーリ州のウィリアム・J・H・コックランと偶然に出会った。ウィルソンの在任期間中、彼は民主党全国委員会の広報部長だった。早速、軍縮会議を召集するハーディングの行為をどう思うかとコックランに尋ねてみた。彼の返答には、情にほだされないワシントン特派員の一般的感情の特徴がよく表われていた。

コックランはこう言った。

「共和党には、シナを助けるために何かをしなければ、という強い義務感があるのです。なぜって、ハーディングは、選挙で山東問題に借りがありますからね〈注1〉。他のどんな争点を単独で持ち出すよりもね」

それはどういう意味かと尋ねた。「選挙運動のすべての争点の中で、共和党員が一番票を集められたのは、山東問題だったということです。ハーディングご本人も、予備選の演説では、『山東の強奪《レイプ・オブ・シャンタン》』という言葉を頻繁に使っていましたよ」。

『ニューヨーク・タイムズ』紙で、選挙運動中にいろいろな候補者が行なった演説の索引にあたり、私たちはこのことを確かめた。共和党側の候補者は、誰もが、ハーディングを筆頭に、ヴェルサイユ条約と国際聯盟の誓約が信用できないことを示そうとして、山東事件と「シナの強奪」を繰り返し持ち出していた。

選挙運動中は、大衆もまた、日本が他の同盟国に要求した秘密条約において、同盟国が講和会議（ヴェルサイユ）で日本の要求支持に同意していたことを何度も耳にしていた。

秘密条約で承認されたのは、日本の山東占有だけではなかった。合衆国にとってさらに深刻な意味があるのは、日本によるマーシャル、カロリン、マリアナ諸島の支配にも、同盟国が同意したことだった。わが国の海軍関係者は、その危険を実感していたにもかかわらず、民衆に働きかけて、戦争で戦略的地位をすこぶる強化した日本の脅威を理解させようとはしなかった

〈注1〉　ウィルソンの外交政策を批判して大統領になったのがハーディングであり、その際に攻撃材料となったのが、シナ問題、特に山東問題におけるウィルソンの失敗であった。ハーディングがワシントン会議を開催したのも、パリ講和会議以来の懸案を解決するという意味合いがあった。

のである。

山東問題とは何だったか

一八九八年頃、シナが崩壊の間際にあったとき、ドイツ皇帝のウィルヘルム一世は、イギリスや他の強国に負けないよう、シナ東部沿岸で最高の港、膠州湾《こうしゅう》を奪取した。皇帝が同港の奪取を正当化したのは、山東省でシナ人匪賊《ひぞく》により二人のドイツ人宣教師が惨殺されたからだった。皇帝は、膠州湾を奪取したとき、青島《チンタオ》という小さなシナの漁村も占拠した。

イギリス人とロシア人に打ち勝つため、皇帝は最高の都市計画者を何人か青島に送ってシナ人の薄汚れた町を一掃し、シナ沿岸でもっとも魅力的な港を設計した。それは豆ドイツのようなもので、道路はきれいに舗装され、魅力的な店舗や住居が軒を並べ、あっという間に、同沿岸で一番人気の高い海辺リゾート地になった。ドイツ人はまた、青島から内陸に約四〇〇キロ、州都済南で天津・南京鉄道と連絡する鉄道の建設権も、シナから手に入れた。これが、第一次世界大戦前のドイツのシナ「侵攻」の範囲だった。

日本人はもちろんシナ沿岸でのドイツの発展を好まなかった。それはちょうど、大連でのロシアの発展、あるいは青島の北数キロにある威海衛《いかいえい》港でのイギリス海軍の発展を嫌うのと同じことだった。だから第一次世界大戦が勃発したとき、日本人は好機を逃さず、青島に攻撃を仕掛けた。だが、ドイツ人は青島に小守備隊しか保持していなかったものの、ドイツの要塞には、近代的な回転砲塔が備わり、すこぶる強固に建設されていたので、日本人《ジャップ》の艦隊は一度も

山東問題

写真／毎日新聞社

第一次大戦の勃発と同時にドイツが支配していた
青島《チンタオ》を攻略する日本軍　(1914年９月)

入港できなかったのである。日本軍は最後には青島を占領したが、そのためにはシナ領土に侵入し、陸地から攻撃しなければならなかった。ドイツ人は、救援の見込みがないと分かると降伏し、戦争が終わるまで抑留された。大型の日本ビール産業の発祥は、この時期のものだといわれていた。抑留されたドイツ人が日本人にビール造りの技術を教えたからである。

ある日、私はシナ人公使の施肇基《しちょうき》博士〈注2〉に尋ねてみた。どうしてシナ人は、ドイツ人には何も反対しないのに、山東の日本人にはあのような強い異議を唱えるのかと。施博士は「ドイツ人は建設的ですが、日本人は破壊的です」と答えた。ドイツ人は最初の条約を守るが、日本人《ジャップ》はその条約の範囲を超え、山東全省を荒らしまわった。また日本人《ジャップ》は山東省に「麻薬《ドープ》」貿易を取り入れ、モルヒネやヘロイン〈注3〉を用いてシナ人を積極的に堕落させた〈注4〉。それらの麻薬は、天津租界で日本人が大量のアヘンから製造したものだ。モルヒネとヘロインはアヘンの化学的派生物だが、もともとシナ人が慣れ親しんでいるアヘンよりも、はるかに有害である、というのである。

アメリカ人は、日本の山東占領にひどく動揺した。というのも、それは、国務長官のジョン・M・ヘイ〈注5〉の時代から、私たちアメリカ人にとって伝統となっていた門戸開放政策の侵害になるからだ。

しかし、山東問題の背後には、日本による委任統治諸島（マーシャル、カロリン、マリアナのことで、戦争が始まったときに、ドイツから奪ったもの）の支配という、もっと重要な問題があった。同諸島を要塞化しないことに日本が同意したという事実はあるものの、これらの諸島

は、私たちアメリカおよびフィリピン諸島とアジア大陸の間にあって、他の侵入を許さない砦《とりで》

〈注2〉　浙江省杭州出身の外交官（一八七七〜一九五八年）。一九〇二年、コーネル大学で修士号取得。中華民国が成立してからは、交通総長を経て、一九一四年から一九三六年にかけて、駐英公使、駐米大公使、パリ講和会議とワシントン会議の代表を歴任。満洲事変を国際聯盟に提訴した親米外交官でもある。

〈注3〉　モルヒネはアヘンに含まれるアルカロイドで麻薬の一種。鎮痛・鎮静薬として種々の原因による疼《とう》痛《つう》に有効であるが、乱用によって慢性中毒となり、脱力・食欲不振・不眠・知覚過敏・震え・幻覚・恐怖などの症状が見られ、禁断症状は激しい。ヘロインはモルヒネから作る依存性のきわめて強い麻薬。

〈注4〉　この日本のアヘン政策に対する記述は、シナ人公使、施肇基の発言であることに注意する必要があろう。最近の研究によれば、山東の日本軍は、施がいうような、シナの民衆にアヘンを売り込み、その体力と抗戦意欲を弱体化させようとする「戦略的アヘン政策」を実施していなかったことが論証されている。たとえば、桂川光正『青島における日本の阿片政策』（『二十世紀研究』第三号 二〇〇二年）では、当時の日本に「中国の民衆や社会を弱体化させて侵略を容易にしようという戦略的な発想など全く見られなかった」と明言されている（38ページ）。

〈注5〉　アメリカの政治家・外交家・著述家・詩人（John Milton Hay 一八三八〜一九〇五年）。マッキンリー大統領の時代に国務長官（一八九八〜一九〇五年）に就任。一八九九年九月、ロックヒル、ヒップスリーの共同起草の覚書にもとづき、ほとんど同文の最後通牒を、日本、フランス、イギリス、ロシア、イタリアの各国に送り、清国内の門戸開放と機会均等を公式に保障する声明の要求を申し入れた。

も同然の島々だったからである。

コックランが私に説明したように、共和党員は「選挙では、この問題〔山東問題〕に借りがある」ため、いわゆる極東問題については何かをせねばならぬ、という強い義務感があったのだ。もちろん、そのような動機の背後には、極東での伝統的なアメリカ政策、特にシナの門戸開放政策を支持したいという願望が、新政府の議員の間にあったことをコックランは認めていた。彼は私のほうを向いて「あなたはシナに住んでいらしたのですね、門戸開放についてはどうですか」と尋ねた。

そこで私はこう説明した。一八九八年から一九〇〇年頃、確かにシナは、今にも強国の間で分割されそうになった。ロシアは義和団事件を利用して満洲を強奪したし、イギリスは揚子江で地歩を固め、威海衛の港で海軍基地を建設する策を講じた。ドイツは膠州湾を奪い、青島に海軍基地を建設していた。日本人は饗宴に遅れはしたが、満洲の分け前を求めてロシアと戦う準備をしていた。フランス人には、インドシナと、広州湾のシナ南部沿岸に租借地があった〈注6〉。

アメリカ人は、アジア大陸で租借地、すなわち勢力圏がひとつもなく、決定的に遅れを取っていた。国務長官のジョン・ヘイがアジアでの「門戸開放」を提案したのは、まさにこの点だった。ヘイは駐英公使だったので、その計画の背後にはイギリスが控えていると思われていた。統一されたシナとの貿易のほうが、シナの一地区との排他的な貿易よりも価値があると、イギリスの商社が気づいていたので、事情は前述の通りだったのである。

イギリス人はまた四億人の国を小さく切り分けた結果に直面したくなかった。ヨーロッパ政治に波紋が広がることを恐れたのだ。海軍大将ベレスフォード卿〈注7〉の率いる極東使節団は、シナ帝国の国土分割をしないよう忠告した。ベレスフォードはワシントン経由で帰国し、アメリカ人たちと相談した。

かくして、ジョン・ヘイが他の列強諸国に一連の最後通牒で提案した門戸開放となるわけである。それはアメリカを除く諸国の「勢力圏」政策を否認することになった。極東での門戸開放は、モンロー主義《ドクトリン》〈注8〉とともに、アメリカ外交政策の基本として位置づけられたのである。

ヨーロッパの仲たがい（第一次世界大戦まで）には巻き込まれないようにしろ、とのワシントンの忠告に、私たちアメリカ人は常々留意してきた。しかし、アジア政治に首を突っ込むことを躊躇すれば、必ずアメリカの大衆の側から反対されそうな雲行きだったのである。

〈注6〉　一八九九年、フランスは三国干渉の報酬として、広州湾一帯を九九年間租借する清仏条約を締結した。

〈注7〉　大海洋論者として知られる英国の海軍大将（Charles William de la Poer Beresford 一八四六〜一九一九年）。海軍卿、地中海艦隊司令官、海軍大将、海峡艦隊司令長官を歴任した。

〈注8〉　欧米両大陸の相互不干渉を主張するアメリカ合衆国の外交原則。一八二三年、アメリカのモンロー大統領が、ラテンアメリカ諸国に対するヨーロッパの干渉を拒否すると宣言したことにもとづく。後に適用の機会が増えて、ラテンアメリカに対する政策の基本原則となった。

イギリスが日英同盟の放棄を決意した理由

さてワシントン会議の話題に戻ろう。

国務省は、あれこれと考えた末、シナ人を招待して代表団の派遣を求めることに決めた。シナが「自由で独立した強国」として国際会議の席に着くのは、これが初めてだった。これが要因でシナは熱狂的騒ぎとなり、シナ政府は秘書、速記者、助手を含めて約三〇〇人の代表団を送ってきた。実際、非常に数が多かったので、公使の施博士は食事を出したり、宿泊させたりするのにとても苦労した。

国務省の招待状が北京政府に送られたため、広東の国民党政権はただちに不満の大声を上げ、ライバル代表団を送って会議の初めから終わりまで北京の代表団をこきおろしにかかった。会議開催中、広東の孫博士の暗殺未遂さえあった。

日本人はワシントン会議に熱心ではなかった。先生の机に叱られに呼びつけられる悪戯っ子の気分で、会議に臨《のぞ》んだ。会議の主な目的が、自国のシナ計画の妨害だと分かっていたので、日本人は会議に対して疑心暗鬼になっていたのだ。

しかし、将来の同盟国ドイツは会議に加わらないし、ロシアはすぐ裏口で共産主義革命に巻き込まれていたので、欠席するよりは出席したほうがよかろうと日本人は感じたのである。日本の招待承諾が実際に受理されたのは、他のすべての公式受託が到着してから二週間も後であった。

日本が会議出席を決めたのは、その会議で「理不尽な扱いを受けることはないだろう」とイギリス情報筋から力強い言葉をもらっていたからだ、との報道が広くなされた。しかし、正式な招待状には書いていないけれども、会議の主な目的のひとつが、日英同盟の破棄だったという事実からすると、イギリスの情報筋からどのような力強い言葉があろうとも、それほど人をうんと言わせる力はなかっただろう。

戦時中、合衆国は日英同盟の継続に強く反対するようになったけれども、イギリスがやむなく盟約放棄の問題を真剣に考えざるをえなかったのは、カナダ自治領が反対したからだった。日本と合衆国との間で戦争が勃発した場合、日英同盟の戦争条項により、イギリスは危険な義務を無理強いさせられると、アメリカ人と同じくカナダ人も感じていたのだ。二国が地理的に隣接した位置にあるため、カナダ人も日本との移民問題で面倒な事態を経験していた。

一九〇八年、合衆国がカリフォルニアで経験した、日本との厄介な移民問題は、それに匹敵するものをカナダでも見出すことができた〈注9〉。一九二一年に日米関係が非常に厳しくなったとき、カナダ自治領は、ロンドンの「帝国的」視点に対立するものとして、いわゆる「北米的」視点からより大きな影響を受けた。その結果、カナダでは日英同盟終結への国民的要求が高まったのである。

カナダ首相のアーサー・メーエン〈注10〉は、太平洋問題に関する四強会議〔日英米仏〕の構成国を入れ替えて、合衆国、イギリス、シナ、日本とすることを力説した。しかしロンドンの帝国議会では、メーエンの努力は、ロイド・ジョージだけでなく、カーゾン〈注11〉、バルフォア〈注12〉、リー〈注13〉の強い反対に遭った。インド、東アジア・太平洋のイギリスの領土的、経済的利害関係に対して日本を敵に回す脅威を、彼らはこぞって恐れていたのだ。

続いて起こった激論では、オーストラリア、ニュージーランド、インドの代表団がイギリスに味方し、南アフリカは廃止よりもむしろ修正に賛成した。しかしメーエンは一歩も引かず、ついには自分の観点に同意するよう帝国議会を説得したのである。ワシントン会議招集への道を開いたのは、この帝国議会での討論に加え、軍艦建造の制限でイギリスが合衆国と合意に達したいと願っていたからでもある。

かなりの勢力の海軍を所有し、かつシナに租界もあるフランスとイタリアを別にしても、会議に招かれたヨーロッパの強国（オランダ、ベルギー、ポルトガル）は、シナに租借地か、あるいは太平洋地域に植民地の領土があった。

会議は、多くの意味で、格別の意義があった。それは、太平洋で戦争の危機を長くはらんできた問題を平和的に解決するために、アメリカが初めて国際会議開催の呼びかけを試みたものだった。ヴェルサイユ講和会議の場合がそうだったように、戦勝国と敗戦国の代表団から構成されていないという意味で、会議の出席は完全に任意であった。イギリス代表団は、イギリスだけでなく、カナダ、オーストラリア、ニュージーランド、そしてインドの代表から構成されていた。

〈注9〉　アメリカでは、一九一三年、カリフォルニア州で外国人土地法が成立し、「帰化不能外国人」の土地所有が禁止された。この法律は完全ではなく、脱法的に土地利用する方法が残されていたが、一九二一年の土地法改正により、法的な抜け道がすべて断たれることになる。一九二四年には、排日移民法が米国連邦議会で審議され成立する。さらにカリフォルニア州選出の下院議員により「帰化不能外国人の移民全面禁止」を定める第一三条Ｃ項が追加される。これに該当する移民の大部分が日本人だったため、この条項が日本人をターゲットにしたものであることは明白だった。

一方、日本人のカナダへの移民がピークに達するのは、一九〇五年から一九〇七年で、これが反日感情を大きく刺激し、日本人排斥の要求が通って一九〇八年には「林＝ルミュー紳士協定」が成立する。これにより日本人労働者は年間四〇〇人しかカナダへの移住できなくなった。カナダへの日本人移民の歴史を隣国のアメリカ日系人との関係で考察したものとしては、飯野正子著『日系カナダ人の歴史』（東京大学出版会、一九九七年）、カナダへの移民の中で、もっとも過酷な扱いを受けたブリティッシュ・コロンビア州の日系人に焦点をあてたものとしては、新保満著『カナダ移民排斥史――日本の漁業移民』（未來社、一九九六年）がある。

〈注10〉　カナダの政治家（Arthur Meighen　一八七四〜一九六〇年）。第一次世界大戦後の徴兵制度の制定・実施などで不評を買ったが、首相も務めた保守党の実力者（一九二〇〜二一年、一九二六年）。親英派ではあったが、一九二一年のイギリス自治領会議では、イギリスの政策に反対し、日英同盟の更新を拒んだ。

〈注11〉　イギリスの保守党の政治家（George Nathaniel 1st Marquis Curzon of Kedleston　一八五九〜一九二五年）。インド総督（一八九九〜一九〇五年）、外相（一九一九〜二四年）。

〈注12〉　イギリスの保守党の政治家、著述家（Arthur James Balfour　一八四八〜一九三〇年）。首相（一九〇二〜〇五年）。

〈注13〉　イギリスの政治家（Arthur Hamilton Lee　一八六八〜一九四七年）、英国下院議会の保守派議員。農業大臣（一九一九〜二一年）、海相（一九二一〜二二年）、英国の代表者としてワシントン会議へ参加（一九二一〜二二年）。

ワシントン会議の決定事項

アメリカ代表団の議長、チャールズ・E・ヒューズが、開会セッションで、合衆国は軍艦建造計画を中止し、さらに建造の進行段階にある軍艦を多数スクラップにする用意があると宣言したとき、ヨーロッパと日本の代表団はびっくり仰天した。アメリカの提案は専門的な外交上の慣例にあまりにも反していたので、代表団は驚いて互いの顔をじろじろ見つめ合ったほどだった。しかし、イギリス海軍本部はすでにアメリカの軍艦建造計画を憂慮していたので、イギリスはその提案にほとんど異議を唱えられなかったのである。

ついに日英同盟は破棄されることが承諾された。日本は合衆国とイギリスに対し軍艦の割合を五・五・三で受け入れるよう説得された。日本への埋め合わせは、合衆国が一八〇度子午線以西の陸海軍陣地に要塞建設を増強も、継続もしないという協定だった。これに対し、アメリカ海軍の専門家たちは、西太平洋の海軍陣地の要塞化を制限させないようにするため、そして合衆国の軍艦建造計画も削減させないようにするため、非公式に最善を尽くしたが、勝ち目のない戦《いくさ》をしたのである。

会議でのすべての合意、決議、提案は、だいたいが基本文書にもとづいて編集された。その基本文書が対華九カ国条約で、海軍軍備の制限や太平洋での海軍基地の建設削減といった主な問題を含め、すべての公約がこれに依拠していた。

九カ国条約は「シナの自由憲章」として知られるようになった。というのも、この条約によって、古い勢力圏主義に終止符が打たれたからである。その勢力圏主義に、ヨーロッパと日本はとりつかれ、四半世紀以上もシナ分割の危機をはらんでいたのだ。

九カ国条約を別にすれば、ワシントン会議では、シナの統一国家としての将来にわたる発展に関連した他の議案も採択された。日本人は山東省から軍隊を撤退させ、青島の旧ドイツ権益を、港と山東省の内陸部へ延びる鉄道の管理を含めて、シナの管理下へ戻すよう強要された。

会議ではまた、シナの近代的な裁判所の発達を妨げ、同国の主権を侵害してきた治外法権の放棄を調査するために、シナへ代表団を送る決議も採択された。さらには、シナを援助して通貨制度と国家歳入制度を近代化するための方策を講じるよう推奨された。最後には、強国はシナから郵便代役会社を撤退させることに同意し、シナの関税制度を修正して、関税を自立させる方向へ導くため、会議を招集することにも応じた。

ロシアの極東権益の観点から重要なのは、日本が第一次世界大戦からシベリアに駐留させていた軍隊を、撤退するよう強要されたことだった。

日本が押し付けられた山東撤退、シベリア撤兵

私はいろいろな本会議に出席して記者席に陣取った。その場所からは、会議の動きを観察することができた。議題にはのぼらないけれども、愉快な出来事がいくつかあった。傍聴人が、フランス公使館の在外公館長、アリスティド・ブリアン〈注14〉に大声で叫んだのも、そのような出来事のひとつだった。

前国務長官で著名な平和主義者のジェニング・ブライアンは、記者席と真向かいの訪問者傍

聴席の最前列に座っていた。ブライアンの優しい風貌は、歓迎会ではお馴染みだった。彼は会議で武器廃棄が論議されている点にいたくご満悦で、これもひとえに、自分が世界平和のために努力した直接の結果だと力説していた。観衆がブリアンに不満の声を上げたとき、ブライアンは自分にお声がかかったものと勘違いして起立した。友人が彼の上着の後ろ裾をつかんで着席させたけれども、後の祭りだった。

フランス人は会議でほとんど熱意を見せなかった。フランスが租借した広東の南西、広州湾の領土をシナに返還することには同意したものの、しぶしぶそうしたのであって、合意条項を実際に実行したことは一度もなかった。

最初の本会議で、愉快な出来事がもうひとつあったが、それもフランス人に関係していた。いろいろな代表団が、アルファベット順に、長方形の大テーブルの周りに集まった。まずアメリカ、つぎにイギリス、そしてシナといった具合だ。

いろいろな代表団の団長は、開会セッションで英語を使ったけれども、やがてフランスの番になると、どうしてもフランス語で話すと言い張る始末だ。それはフランス語を初めて公用語としなかった重要な国際会議だった。フランス人が自分たちの言語を使うといって聞かないので、ブリアンの意見を英語に翻訳する間、かなりの時間を取らざるをえなかった。

翌日、ワシントンのコラムニストの一人は、フランス人のことを「会議で唯一の外国人たち」と呼んだ。この批評に加えて、ボルティモアのある新聞が、古いドイツ軍のヘルメットをかぶろうとする「麗しきフランス《ラ・ベル》」を描いた風刺漫画を掲載したため、この新聞の反フランス的態度に対して、フランス人は国務省に公式抗議を申し出た。

国務長官のチャールズ・E・ヒューズは、会議でひときわ目立つ人物だったが、政治家というよりはむしろ聖戦の戦士に似ていた。会議中、ヒューズが自分の論を押し通そうとしてテーブルを叩いたことが二度あった。最初は海軍戦艦の廃棄の関連で、二度目は、シベリア撤兵の約束を日本人に思い出させたときだった。

第一次世界大戦後半に、シベリアに干渉する決定がなされたが、そのとき合衆国およびイギリスと交わした合意に日本が違反しているといって非難したのだ。各国は、鉄道の治安維持のために一個師団をバイカル湖の東へ派遣することに同意していた。合衆国は七〇〇〇人の軍隊を送り、日本は七万人を送って、サハリン島から南の全沿岸を占領した。アメリカ軍はシベリアから撤兵していたので、ヒューズ長官は、日本人に対し、何をするつもりなのか、にべもなく尋ねたわけだ。この質問により、すでに撤退計画を作成中であるという、奥歯にものがはさまったような回答が日本人から出された。

会議に代表団を送りたいというソビエト・ロシアの申し出を、合衆国は却下したが、このヒューズ長官の行為は、当時、極東の自国領土から日本人を力ずくで撤退させる軍事力のないロシア人にとって、まさに大きな助け舟となったわけである。

〈注14〉 フランスの政治家（Aristide Briand 一八六二〜一九三二年）。一九〇九年から首相を一一回、外相を一〇回歴任。

日本代表団は、会議の間中、弁護士を抱えていた。彼らの法律顧問は、カドワラダー、ウィッカーシャム〈注15〉、タフト〈注16〉のよく知られた弁護団だった。タフトはヘンリー・タフトのことでタフト大統領の弟、ウィッカーシャムは司法長官の役職にあった。

会議の間中、ワシントンのあちこちで繰り返された別の愉快な話は、シナ代表団のアルフレッド・施博士のおかげだった。日本人がついに圧力に屈し、山東から軍隊撤退の意向を公言したとき、ヒューズ長官は、日本撤退の詳細を取り決めるために、シナ代表団と日本代表団に対し、すぐに協議するよう指示を出した。

ヒューズは「私は老人だ。死ぬ前に山東問題の解決を見たい」と漏らした。そして山東の非公式会談に参加して、条約が実行されるかを調査する立会人の指名をアメリカとイギリスの代表団に委任した〈注17〉。イギリス代表は、前イギリス公使で、シナの専門家のジョン・ジョーダン卿だった。アメリカの立会人は、北京の前アメリカ代理大使、後の国務省極東課課長のジョン・ヴァン・アントワープ・マクマレイだった。

セッションのひとつで、シナ代表団と日本代表団がドイツ資産の処分について議論したとき、日本人は、何かの理由で、ドイツ人が設立した公共施設、青島の市営クリーニング店の管理を継続するといって聞かなかった。この市有財産の管理をめぐって数時間やり合った後、施博士はマクマレイに囁いた。

「クリーニング店は日本人にあげましょう。シナ人は世界の洗濯店だといつも言われてきました。今は、その評判を喜んで日本人にも分けてあげますよ」

ワシントン会議が失敗に終わった理由

どうしてワシントン会議は失敗したのか。新聞社に勤める皮肉屋の友人は、最近こう断言した。

「共和党政府に誠意がないから失敗するしかなかったんだよ。会議の条項を実行に移すつもりなど、彼らにはさらさらなかったんだ。興味があるのはたったひとつ、つまり税金の削減さ。その目的達成のために、アメリカ艦隊の船底に穴を開《あ》け、沈没させてしまったんだ。いわゆる五・五・三の海軍計画を採用して、イギリスと対等の立場にはなったけど、合意目的を支持する意図がこれっぽっちもないんだから、まるで子供だましさ。

クーリッジ政権〈注18〉も、フーヴァー政権も、軍艦は一隻も造らなかった。クーリッジはあまりにもしみったれで、びた一文も使わなかった。フーヴァーはクエーカー教徒だから、道

〈注15〉　米国の法律家（George Woodward Wickersham 一八五三～一九三六年）。司法長官（一九〇〇～一三年）。ルーズベルトとタフトの政権下で、反トラスト法違反の取り締まりに活躍した。

〈注16〉　米国第二七代大統領（在職一九〇九～一三年）、William Howard Taft（一八五七～一九三〇年）の弟（Henry Taft 一八五九～一九四五年）。

〈注17〉　ワシントン会議と並行して、アメリカとイギリスの斡旋のもとで山東会議が開かれ、一九二二年二月四日、山東懸案解決に関する条約が調印された。膠州湾租借地の還付、済南鉄道線からの日本軍の撤退、済南鉄道線の委譲などが決定された。

〈注18〉　共和党の政治家（Calvin Coolidge 一八七二～一九三三年）。第三〇代大統領（一九二三～二九年）。

義上、海軍と名のつくものには何だって反対さ。ハーディングはというと、お金を節約し、税金を削減したがっている共和党のお歴々と同じ考えで、その他には問題について何のアイデアも持ってやしない。われらの艦隊は、罰金を支払わされたんだよ」

しかしこの冷笑的な見解では、どう見ても事の顚末を語り尽くせてはいなかった。別の友人が詳しく語った。

「ワシントン会議が失敗した責任は、私たち全員にあったんだよ。私たちは幻滅した国民だからね。戦争のつぎに起こった失望や幻滅があまりにも徹底的だったんで、外国の利益を代表する平和主義者や、国際主義者や、金で雇われた宣伝屋たちが、私たちの国家政策を牛耳るのを許してしまったのさ。日本人《ジャップ》は、彼らの目的にとってきわめて都合のいい、この状況を素早く利用したんだ。日本人《ジャップ》は、合衆国で、いろいろな宣伝計画をするのに年間一〇〇〇万ドルもつぎ込んだらしいよ」

あまりにも独立心が旺盛で職に就いていないシナ人の友人も、ワシントン会議が原因のシナの苦境をこう説明した。

「彼らは私たちに自由憲章を与えたけど、私たちの新たな独立を実のあるものにする方法は与えてくれなかった。治外法権の場合を見れば分かるよ。何カ月も経《た》ってから、やっとのことで、合衆国はその代表者を、調査権限のある国際会議の担当に任命したんだ。アメリカ代表団の団長、シカゴのサイラス・H・ストローンは、最後に国務省の対応の遅さを公然と非難していた。

最悪なことに、アメリカは、シナで一番保守的な反動分子、北京政府を支持する軍閥たちに外交的承認を与えつづける一方で、孫逸仙博士ともっと近代国家主義的な政治形態を発展させていた国民党の仲間は無視したんだ。結論として、広東に新国民党政府がロシアの影響下で誕生するのを許したのは、合衆国とイギリスの過失によるところが大きかったんだよ」

第10章　北部での戦争

一九二二年、張作霖と呉佩孚との戦いと、それぞれの人物

呉佩孚《ごはいふ》将軍

　ワシントン会議は一九二二年二月六日にその任務を終えた。中華通商条例が連邦議会の両院を通過し、協議委員会の手に委《ゆだ》ねられたので、私はすぐに上海に戻る決意をした。当時、私はワシントンでの成果について、すこぶる楽天的に感じていた。東洋で外国貿易をする会社のために、連邦議会を説得し、連邦会社設立法を成立させる上で、ほとんど不可能と思われることを成し遂げたからだ。

　これに加え、ワシントン会議では、アメリカが極東政策で新たな取引をするための基礎固めができたのである。主な業績は、シナでアメリカの威信を高めたことにある、と私は思った。合衆国はついに指導力を発揮する地位を得たのであり、平和的な手段を通して、アメリカの政策原則に同意するよう他国を説得したのである。その原則とは、特に門戸開放と、独立国とし

てシナの政治的保全と領土的保全の保障を確立することだ。

しかし、一九二二年五月四日、シルバー・ステイト汽船で私が上海に到着してみると、シナの現状は決して見通しの明るいものではなかった。日本の援助があると思われている満洲の軍閥、張作霖《ちょうさくりん》元帥と、シナ北部でもっとも有力な軍国主義者、呉佩孚《ごはいふ》将軍との間で、一連の「戦争」の第一戦〔第一次奉直戦争〕がちょうど勃発していたところだった。ワシントン会議でシナへの関心が高まっていたので、その争いはアメリカの新聞で大きく取り上げられた。

戦争の状況を調査しようと私は北京へ旅したが、ビジネスをするにも、鉄道旅行でさえも、ほとんど不自由な思いをしなかったのには、逆に興味をかき立てられた。ただひとつ戦争を想起させるものといえば、私たちの乗った列車が、軍用特別列車を通過させるために、頻繁に停車したことだった。沿線のシナ人の農夫は、いつものように畑で働いていた。

北部諸省は、北京の中央政府に忠実そうなふりをしているけれども、実は己の権力の増強しか興味のない政治家や軍国主義者に牛耳られていることが分かった。洛陽に本部を構える呉佩孚将軍は、クリスチャン将軍の馮玉祥《ふうぎょくしょう》の助けを得て、張作霖を打ち負かそうとしていた。伝えられるところによれば、広東の孫逸仙《そんいっせん》博士が張作霖元帥と結託して呉佩孚に敵対しているというので、これには私もいくぶんか面食らった。しかしその結託も水泡に帰した。というのも孫博士が出発する前に、呉佩孚は張作霖を満洲へ追い返すことに成功したからだ。

一九二二年から、蔣介石《しょうかいせき》主席が出現する一九二八年まで、「督軍の時代」の難しい段階にあって、呉佩孚将軍は他のどの指導者よりも国家統一に近づいており、多くの意味で、有能で威勢のよい人物だった。彼にインタヴューした外国人は、いつもびっくりさせられていた。というのも、その風貌が北部諸省の平均的なシナ人とかなり異なっていたからだ。赤い口ひげを生やし、平均よりも頭はより長く、額はより広く、鼻は高かった。また彼は古い科挙〈注1〉に合格し、同時代の軍人よりも教養があった。

シナ人の間では珍しい特質が、呉にはもうひとつあった。大の酒飲みで、国産の紹興酒やサム酒〈注2〉だけでなく、輸入したブランデーも嗜《たしな》んだ。あるとき、呉佩孚の将官たちが、彼のために手の込んだ誕生日パーティーを催したとき、当時の呉の第一の協力者、クリスチャン将軍の馮玉祥からプレゼントが届いた。プレゼントは大きくて扱いにくく、宴会の間にまで運ぶのに召使を二人も要した。包みを開けると、珍しい形の大きな陶器の瓶が入っていた。召使は瓶の天辺の蓋《ふた》を取り、パーティーの主賓〔呉〕の正面のテーブルの上に置いた。呉将軍は立ち上がり、自分で瓶から大コップになみなみと注ぎ、贈与者〔馮〕に乾杯して口まで運んだ。しかしぴたりと止めて、口に含んだものを吐き出した。実は、瓶の中身は水だったのだ。呉の酒好きが有名だったことを考慮すると、クリスチャン将軍のプレゼントにこめられた忠告は、居合わせた軍人にとっても無駄ではなかった。

私が最後に呉将軍にインタヴューしたのは、おそらくそれが外国人新聞記者との最後の面会になったものだが、一九二六年から一九二七年にかけての冬であった。彼が反赤軍連盟の最高司令官に任命され、シナ中央部の漢口に本部を設立してからのことだ。その仰々しい肩書きにもかかわらず、呉の立場は哀れなもので、南部から進軍してくる国民党の革命軍に対し最後の抵抗を組織したのである。

私が呉と会ったのは、本部のある、シナの古家の庭で、朝食の時間だった。彼はいつもよりもたくさん酒を飲んでいて、湖南で彼の軍隊が総崩れになったため、落胆していた。その軍隊は、ロシアで訓練を受けた宣伝機関によって、完全に士気をくじかれていた。宣伝機関は、国民党の軍隊が進軍するよりもひと足先に来ていたのだ。共産党員たちは湖南で最大の努力をし、「第五列員」〈注3〉の任務をとても巧妙に遂行したので、呉の軍隊は戦わずして敗れたのだった。シナ中部の最後の砦、武昌では、彼らは激しく戦ったけれども、ついに撤退した。

呉は、擦り切れたシナの古本を手に持っていた。朝食時のインタヴューの間も、ちらりちらりと頻繁に見ていた。その本の題名は何ですかと尋ねた。彼は微笑《ほほえ》んで『呉国の戦記』〈注4〉だと答え、「当時は、マシンガン一丁も飛行機一機もなかった」と付け足した。

〈注1〉二三歳で郷試に合格したといわれている。

〈注2〉キビまたは米で造る蒸留酒。

〈注3〉敵と内通し、国内で破壊行為をするスパイの一団。

〈注4〉原文の英名はMilitary Campaigns of the Kingdom of Wuであり、直訳すれば、『呉国の戦記』となる。呉（二二二～二八〇年）とは、シナの三国時代に孫権が長江流域に建てた王朝のこと。呉の戦いでは、二二二年、呉王孫権の武将、陸遜率いる呉軍が、蜀漢皇帝劉備の親征軍を打ち破った夷陵《いりょう》の戦い（夷陵之戰）がよく知られている。推測の域を出ないが、そのような呉の戦記が収載された作品としては、明の時代に書かれた通俗歴史小説で四大奇書のひとつ『三国志演義』が挙げられるであろう。

呉は敗北した後引退した。かなりの期間にわたって、彼はシナの国でもっとも権力のある軍人だったけれども、いつも行政官庁への就職を断り、個人的に儲けたことは一度もなかった。軍人なので、政治については何も知らないと常々力説していた。たぶん、これが失敗した理由だろう。シナで繁栄するには、無敵の国民党員が証明したように、軍事力というよりは、むしろ政治力がものをいうようになったからだ。

クリスチャン将軍・馮玉祥《ふうぎょくしょう》

一九二三年に呉を支持していた馮玉祥将軍も、もう一人の非凡な人物だった。「進め、キリストのつわものたちよ」〈注5〉の軍歌に合わせて行進する馮の軍隊は、シナ北西部の共産党八路軍〈注6〉の前身だった。今日のシナの紅軍司令官たちと同じように、馮玉祥もまたロシアで特別の訓練を受けていた。兵士たちはロシア製ライフルを持ち、その中の何丁かはアメリカ製で、第一次世界大戦で帝政政府に売却されたか、供与されたものだ。

ソビエトのジャーナリストで、トロツキーの弟子でもあり、スターリンの粛清のとき、自己批判と引き換えに命拾いをし、投獄されたカール・ラディック〈注7〉は、よく馮玉祥の話をしては友人たちを楽しませていたものだった。馮は、革命の方法を教えるラディックの講義のひとつに出席していた。

ラディックによると、馮は北支の農民の出で、討論中の話題にまったく興味がなさそうな顔をして、ほとんどの講義中、ただぼんやりと座っているだけだった。しかし、ある日、馮が突然耳をそばだてて傾聴した上で質問を始めたことがあった。馮の興味をかき立てた特別講義は、軍の資金調達と占領地での資金供給を扱ったものだった。シナの将軍たちにとってはすこぶる重要なテーマで、彼らの多くが、手元を通る金の中から、どうにかうまくやりくりして、蓄財をしていたからである。

馮は兵卒から将校に出世し、独力で苦労して戦術を学んだ。その路線のどこかで、アメリカの宣教師の影響を受け、キリスト教に改宗した。河南《かなん》の督軍時代のある日、一個師団の兵士全

〈注5〉　イギリスの作曲家A・サリヴァン（Sir Arthur S. Sullivan　一八四二～一九〇〇年）作曲の讃美歌379番に同名（"Onward, Christian Soldiers"）のものがある。「見よや、十字架の旗たかし」。

〈注6〉　「シナ国民革命軍第八路《パールー》軍」の略。抗日戦争中、北支にあったシナ共産党の軍隊で、一九三七年八月、第二次国共合作後の名称。中支・南支の新四軍とともに抗日戦の主力となった。シナ事変後、人民解放軍と改称。

〈注7〉　政治家、国際的革命家（Karl Radek　一八八五～一九三九年）。本名ソベルゾーン（K. B. Sobelsohn）。オーストリア領ポーランド生まれのユダヤ人。若くしてポーランド・リトアニア社会民主党の活動家となり、一九〇八年からはドイツ社会民主党で党内左派として活躍。一九一八年、ドイツに潜入してドイツ共産党創立を援助し、一九一九年二月に逮捕されたが、獄中でドイツ各界人と接触した。十二月に釈放されてからはソ連で活動し、一九二〇～二四年コミンテルン書記を務める。一九二〇年代のソ連の党内闘争ではトロツキー派につき、一九二七年、共産党から除名。一九二九年に自己批判して一九三〇年に復党。以後ジャーナリストとして主に外交問題を担当。一九三六年に再度除名、一九三七年の第二次モスクワ裁判の被告となり、死刑は免れたが一九三九年に獄死したと伝えられる。

員に黄河で浸礼して身を清め、キリスト教徒になるよう命令したことがあった。一九二四年、北京に駐留したとき、北京ＹＷＣＡ〔キリスト教女子青年会〕の秘書と結婚した。

政治的にいえば、馮は味方であっても信用できない人物だった。同年、呉佩孚将軍が張作霖と生死を懸けた戦いをしていたとき、北京地区を占拠していた馮は、反乱を起こして、その首都を包囲した。当時の大総統の曹錕《そうこん》を囚人にし、紫禁城から満洲族の少年皇帝を追い払った。皇帝は、革命〈注8〉があった一九一一年から、政府の監視下の人物として紫禁城に住んでいたのだ。

ある日、私は他の多くの特派員と一緒に、馮にインタヴューをした。特派員の一人は、『ニューヨーク・タイムズ』の記者だったと思うのだが、自己紹介する中で「将軍、あなたはとても体が大きな方ですね」と言った。一メートル八〇センチ以上もある巨体の馮は、「ええ、しかしあなたが私の首をはねて、それをあなたの上に乗せれば、私たちは同じ背丈になりますよね」と答えた。その特派員は数日間その言葉に当惑していた。

馮は、万里の長城の有名な南口路、内モンゴルの国境の張家口《ちょうかこう》〈注9〉で北西軍を指揮していたとき、アメリカ人宣教師や大学教授をたくさん雇っては、国際政治について講義をさせていた。講師たちは官衙《かんが》（役所）にゲストとして二日か三日滞在する必要があったので、外国人たちの好きな食べ物は何かと馮は友人に尋ねた。その友人は、質問の意図が分からずに、「アイスクリーム」だと答えた。その結果、外国人教授たちがモンゴルの国境の町に滞在した間、馮はずっと彼らにアイスクリームを食べさせつづけ、それ以外はほとんど何も与えなかった。

ロシアから帰った後、馮は国民党と力を合わせ、北部の軍国主義者を追い払う手伝いをした。しかし、後になって蔣介石主席に反旗を翻し、汪兆銘《おうちょうめい》〈注10〉を含む別の反逆者の仲間となり、北京にいわゆる「連合政府」を樹立した〈注11〉。その連合が北京から追い出されると、馮は引退した。ところが一九三一年、日本が満洲を侵攻したとき、国民政府に復帰した。

〈注8〉　一九一一年十月十日の辛亥革命のこと。
〈注9〉　シナの河北省北西部にある都市。かつてはモンゴル語で万里の長城の「門」を表わすハルガ(halga) またはカルガ (kalga その元の形は kagalga) から、カルガン (Kalgan) の名でも知られていた。「北京の北門」とも呼ばれ、北京の北を取り巻く万里の長城の主要な門「大境門」のすぐ外側に位置し、ここを制した者は北方から北京を攻める場合にも、北京を守る場合にも有利になるという。
〈注10〉　シナの政治家（一八八三～一九四四年）。字《あざな》は精衛。孫文も属した中国革命同盟会のメンバーで国民党左派の重鎮。一九一七年、広東軍政府に参加し、国共合作を推進。孫文らの死後も国民政府主席として国民党政権を指導したが、同党右派の蔣介石と対立して下野。その後、武漢政府の主宰、蔣介石との妥協などで政権に復帰。シナ事変後は、対日妥協派として、抗戦派の蔣介石と対立。一九四〇年、日本の支援により南京国民政府を樹立。一九四三年、東京で開催された大東亜会議には、中華民国代表として参加した。
〈注11〉　一九三〇年七月九日、閻錫山《えんしゃくざん》、馮玉祥、汪兆銘は、正式に反蔣同盟を結成し、九月六日には閻錫山を主席として北平国民政府を樹立。

張作霖《ちょうさくりん》将軍

一九二三年の春、張作霖将軍にインタヴューしたことを、よく覚えている。私は、アメリカの議員団と一緒にシナをあちこち旅していた。議員たちはワシントン会議の後、東洋をあちこち旅していたのである。

満洲の軍事的独裁者の張作霖は、シナ人の間では満洲の「紅胡子《ホンホーツ》」として広く知られていた。それを文字通り翻訳すると「赤ひげの無法者」という意味になる。その呼び名の出所は満洲北部のシナ人で、数世紀前にシベリアから初めて満洲国に入ってきたロシア人海賊《バカーニア》のことをそう呼んだのである。というわけで、以来、満洲の荒野で生活する無法者なら、国籍を問わず、すべての者をそう呼んできたのだった。外国人が張作霖につけた、もうひとつの呼び名が、大胆不敵と残虐を表わす「満洲の虎」だった。両方の呼び名を頻繁に耳にしていたので、私の会う相手は、腰の両側に拳銃をぶら下げ、獰猛で、ひげ面の無法者だろうな、と心の準備をしていた。だから、待機するように言われた部屋に、小柄で、温厚で、ひげのない張作霖が入ってきたときには、びっくり仰天したというわけである。しかし隣り部屋に案内され、面と向かってソファーに座るよう言われたときには、「虎」という名前が脳裏に浮かんできた。ソファーの真後ろ、そのひげが私の後頭部にかするほど近くに、二匹の剝製の満洲虎が鎮座していたからだ。少なくとも三メートルはあるように見えた。二匹は、歯をむき出しにして口を開《あ》け、互いに向き合っていた。頭と頭の間はせいぜい一五センチで、私の頭の真後ろにあった。

シナの国内政治について将軍にインタヴューをした。すると将軍の意図はまったく平和的で

満洲の虎・張作霖

写真／毎日新聞社

天津駐屯アメリカ連隊本部を訪問した際の張作霖（中央）
（1928年２月12日）

あり、「シナを統一することに興味があるだけだ、もし必要ならば力で」と私に断言した。日本は彼の決意に何も関係ないと言ったのである。

インタヴューの間、私は日本との関係についての噂を繰り返し取り上げた。彼は、日露戦争中、ゲリラの指導者として日本側について働き、ロシア人たちの通信経路を妨害したと語った。たぶん、一九〇五年、ロシア人が日本との戦争〔日露戦争〕で敗北したことにも、大いに絡んでいただろうと言った。満洲の山と森の申し子だけに、張作霖ほどこの任務にぴったりの立場にいた者はない。

張の両親についてはほとんど何も分かっていないが、巷の噂では、父親もまた「紅胡子」だったという。私は笑いながら、どこで教育を受けたのかと尋ねると、彼は目を生き生きと輝かせ、通訳を通して「森の学校で教育を受けた」と答えた。彼もまたユーモアのセンスの持ち主だった。

一九二二年、呉佩孚に敗れた結果、張作霖は満洲で独立した地位を保ち、シナの海上税関、電信局、そしてその他の機関が満洲領土で機能しつづけることは認めたものの、北京政府が満洲諸省の政治に干渉することは拒否した。

一九二六年の後半、彼はふたたび北京へ戻ったが、今度の目的は、北部の督軍、つまり軍事力のある都督を助け、蔣介石《しょうかいせき》将軍と国民党軍に敵対するためだった。国民党は、揚子江流域でちょうど政権の座に就き、南京に新しい国民党政府を作ったばかりだった〈注12〉。

蔣介石と国民党に北支を支配されたくないと思う広東と満洲の日本人軍閥から、張作霖将軍は支援と同時に圧力を受けていると、一般には思われていた。しかし、張は日本の援助の部分を否定し、日本人には頼らないと力説した。蔣介石が北部諸省に進出する前に、北京で私がもう一度インタヴューしたときも、そのことを繰り返し否定した。この満洲人の将軍がかつて広東人の指導者、孫逸仙博士と同盟を結んでいたことを私は思い出した。

　蔣介石の軍隊が山東省に到着したとき、張作霖は、個人的な理由で、突然北京から撤退し、奉天へ戻った。彼の乗った列車が、日本の経営する南満洲鉄道の陸橋の下を通過したとき、大爆発があった〈注13〉。張作霖の私有車両は木《こ》っ端《ぱ》微塵に吹き飛ばされ、それとともに張作霖と部下の軍人、満洲政府の同僚が数人爆死した。爆発はきっちりと警備された日本の鉄道区域で起こったので、満洲の日本軍がその行動の責任者であることは明白だった。どうも、北京に残って国民党の軍隊を阻止することを張が拒んだことへの処罰らしい。その事件は東京で深刻な

〈注12〉　南京国民政府は、一九二七年四月、蔣介石の反共クーデターとともに樹立された。列強の承認を受けたもので、国民政府委員会と行政・立法・司法・監察・考試の五院からなる。

〈注13〉　張作霖の乗った列車は、京奉線と満鉄がクロスする地点で爆破された。爆殺現場は、上を満鉄が走り、下を北京と奉天を結ぶ京奉線が走り、ほぼ直角にクロスしている。関東軍は爆薬を上の鉄橋部分に仕掛けて、張作霖が乗った列車がその真下を通過しようとしたときに爆破したと一般にはいわれている。

　しかし、最近になって、張作霖爆殺については、日本軍によるものではなく、スターリンの命令にもとづいてナウム・エイティンゴンが計画したとする指摘もある（ユン・チアン他著、土屋京子訳『マオ　誰も知らなかった毛沢東』上巻　301ページ）。

難局を招き、その結果、総理大臣の辞任となった〈注14〉。総理大臣は、「別の国での事件のために」政権から身を引かざるをえなくなったと公式声明で述べた。

満洲の支配者として張作霖の跡を継いだのは、息子の張学良《ちょうがくりょう》だった。彼は、即座に、蔣介石と国民党支持の所信を述べ、満洲中のすべての政府の建物に国民党の旗を掲げた。

日本人の軍国主義者に虐げられ、しばしば彼らの言いつけ通りにしたけれども、張作霖は愛国心のあるシナ人だった。彼は私財の多くを教育に投じた。彼自身、読書で得た知識の強みはなかったけれども、アジア北東部でロシア人と日本人が繰り広げる国際政治の駆引きには精通していた。彼は賢く戦術を駆使し、何とか自分の領土を無傷のまま維持した。

『チャイナ・ウィークリー・レヴュー』へ改称

ワシントン会議より戻ってから一年ほどの間に、私のオフィスでは、新たな重大事態が起こっていた。オフィスの設立からほんの短い期間だったけれども、その運営に精力的に従事してきたミラード氏が、『レヴュー』から完全に手を引くことを決意したのだ。一九一七年、彼が上海からニューヨークへ旅立ったとき、彼が戻ってこないとは夢にも思わなかった。ところが、彼の本国滞在はひと月ひと月、一年一年と延長された。

一九二二年、彼はシナ政府顧問のポストに就く決意をした。私は『レヴュー』の株の所有権を引き継ぎ、同新聞の財務と編集の責任者となった。ミラード氏の引退後、ミラード氏がクレーン氏から受けていた援助が継続されないという事実があって、財政的な見通しは複雑だった。私は他人の助けを借りずにやっていく立場に立たされたわけだ。もしシナの会社から取ってきた広報契約がなかったら、刊行を続けることは困難だったろう。

このとき私は『レヴュー』の名称を変えようと決意した。もともとの名称は『ミラーズ・レヴュー・オブ・ザ・ファー・イースト』だった。どのみち、もとの名称はあまりにも限定的で個人的だと常々思っていたからだ。私たちはあれこれと名前を変えてみた。最初は『ザ・ウィークリー・レヴュー・オブ・ザ・ファー・イースト』。そして一九二三年六月、最終的につけた名称が『チャイナ・ウィークリー・レヴュー』〈注15〉だった。

新聞の新名称のことを考えている間に、興味深いことが分かった。「名前が何なの」〈注16〉

〈注14〉　当時の首相の田中義一《たなかぎいち》は、張作霖爆殺事件の首謀者を厳罰に処すと昭和天皇に約束したが、軍部と与党立憲政友会の圧力によって、この事件を穏便に処理した。そのため、天皇の不興を買って、内閣を総辞職し、その後まもなく亡くなった。
〈注15〉　一九二二年六月から一九二二年七月まではThe Weekly Review of the Far East、一九二二年八月から一九二三年六月まではWeekly Review、一九二三年六月二十三日号からはChina Weekly Reviewと改称し、四〇〇〇から五〇〇〇部流通していたという。シナ人の間では『密勒氏評論報』(密勒氏はミラード氏)として知られていた。
〈注16〉　イギリスの詩人、シェイクスピアの悲劇『ロミオとジュリエット』の一節(二幕二場)。ロミオと恋に落ちたジュリエットが、一人もの思いに耽り、ロミオへの切ない願いを語るバルコニーの場面で言う台詞の一部である。「薔薇は何と呼ばれようと、その甘い香りに変わりはないように、ロミオも別の名前で呼ばれても、あなたのすばらしさは変わらない」とジュリエットは言う。

という古い言い回しには、シナならではの使い道があることが判明したのだ。というのも、名前は一度確定すると、二度と変更はできないからだ。これは名前自体に当てはまるだけでなく、その書き方にも当てはまる。シナで貿易をする外国の会社は、社名や製品名にもっとも目を光らせている。少しでも変えれば、お客の心に疑惑が生まれ、悲惨な結果を招きかねないからだ。英語名の書き方や印刷の仕方も重要だけれども、このことは特に華字名に当てはまる。たとえ英語に親しんでいても、シナ人は、当然のこと漢字を最初に見る。というわけで、漢字で書くときは、最初の新聞名をそのまま使いつづけることにした（『密勒氏評論報』）。

第11章　ブルー・エクスプレス〔臨城《りんじょう》〕事件

一九二三年、匪賊が特急列車を襲撃し、乗客を人質として拉致監禁するという事件に、自ら乗客として居合わせる

1　シナ人の追いはぎ

突然の銃声

一九二三年五月五日の夕方、私は南京・北京間を旅行していた。二、三人の新聞記者と一緒だった。行き先は、アメリカ赤十字社が黄河河畔地帯の飢饉救済プロジェクトの一環として融資をし、最近完成したばかりの干拓事業の現場だった。

列車は、一等、二等、三等の客車からなるシナでは最高級の「ブルー・エクスプレス〔藍色快車〕」であり、東洋で最初にお目見えした全車両鋼鉄製〔藍鋼皮〕の列車だった。ほんの二、

三カ月前に、シナ鉄道局が合衆国で購入したものだ。一等客車はすべて仕切り客室《コンパートメント》で、六カ国かそれ以上の国々から来た乗客で全室満室だった。世界一周の旅をしている者もいれば、現地旅行のビジネスマンもいた。

乗客の中には、複数のアメリカ人、イギリス人、フランス人、イタリア人、メキシコ人、それにルーマニア人が一人、そして大勢のシナ人がいた。女性や子供もたくさんいて、ルーシー・オールドリッチ嬢もその一人だった。ジョン・D・ロックフェラー・ジュニア〈注1〉の義姉妹で、ロード・アイランドの前上院議員、ネルソン・オールドリッチのご令嬢だ。オールドリッチ嬢は、連れのマクファデン嬢と、フランス人のメイド、ショウンバーグ嬢《マドモアゼル》を連れて旅行していた。

合衆国陸軍士官も二人同乗していた。アレン少佐とピンガー少佐で、夫人と子供連れだった。フランス人とアメリカ人のビジネスマンも数人いた。同乗のメキシコ人は、グアダラハラ〈注2〉から来たアンセラ・ヴェレア夫妻で、東洋横断の新婚旅行中だった。ヴェレア氏は有名な実業家だった。

さらに乗客がもう一人、〝コメンダトーレ〟〈注3〉G・D・ムッソ氏だ。上海共同租界で怪しげな策を弄してひと財産築いた、すこぶる裕福なイタリア人弁護士だ。何年間も、上海アヘン企業合同の弁護士を務めた。ムッソ氏は早くからムッソリーニの支持者となり、ローマで指折りの新聞社を半分所有していた。彼の同伴者は、魅力的な秘書、ピレーリ嬢《シニヨリーナ》だ。

日本人の多くは、上海で北京行きの周遊切符を買って乗車していたのだけれども、列車が徐《じょ》州《しゅう》の町へ着いた夕方、不思議にも下車していたことが後で分かった。

客室の同室者はベルブという名のフランス人だった。シナ関税局の従業員で、西部戦線のフランス軍で長期兵役を務めた後、シナでの仕事に戻るところだった。それまで面識はなかったけれども、ヨーロッパで最近戦争が起こったり、極東では政治が荒れた状況にあったりしたので、会話の話題には事欠かず、夜更《ふ》かしをして午前二時まで語り合った。

早春で、月は煌々《こうこう》と輝き、殺風景な岩だらけの山東山脈《さんとう》が遠くからでもくっきりと見えた。私は暖かなそよ風を楽しもうと窓を上げた。そして床に就く直前に窓から外を眺め、ベルブにこう言った。今、「匪賊《ひぞく》たちの陣地」を通過しているけれども、江蘇《こうそ》〈注4〉、安徽《あんき》、山東の三省にまたがるこの山岳地域は、兵士くずれの放浪集団が徘徊する場所として昔から悪名高く、連中は、省軍の兵士だったが、仕事が見つからず、山賊になったのだ、と。匪賊の首領は、ほとんどがどこにでもいる無法者で、町や村を略奪しては住人を誘拐していた。

列車は、江蘇省から山東省への分水嶺をちょうど横断したところで、ゆっくりと進んでいた。そのとき、突然、ブレーキのきしむ音がし、車両が急停止した。あまりにも急だったの

〈注1〉　アメリカの実業家・慈善家（John D. Rockefeller, Jr. 一八七四～一九六〇年）。石油で財をなし、引退後ロックフェラー財団を設立したJ・D・ロックフェラー（John Davison Rockefeller）の息子。
〈注2〉　メキシコ西部ハリスコ（Jalisco）州の州都で、産業・商業の中心地。
〈注3〉　イタリアの爵位で三等騎士勲章受勲者。
〈注4〉　シナ東部、長江下流の黄海に面する省。

で、多くの乗客が寝台から転げ落ちたほどだ。外では何度も叫び声と銃声が轟いた。何が起っているのか見ようと、私は窓から首を突き出した。ところが、私の頭から六〇センチも離れていないところで、匪賊がライフルを発砲したので、慌てて頭を引っ込めた。

しかし、そのわずかな間にも、一見して陸軍の小部隊かと思える一団が雪崩をうって土堤《どて》を下り、奇声を発しながら、ライフルをぶっ放して迫り来る姿が見えた。連中は車窓から車内に入り込み、廊下を走り、旅行用手荷物をあさる一方で、乗客を寝台から引きずり下ろしはじめた。ルーマニア人の男は、じゃけんな扱いに抵抗し、匪賊にティーポットを投げつけた。匪賊はライフルの銃口を男に向けて発射し、即座に殺してしまった。もう、それ以上の抵抗はなかった。

私のバッグには、ワシントンで買い求めた〇・二五インチ（六・三五ミリ）口径の小型自動ピストルが入っていた。同室のフランス人も軍用リヴォルヴァーを持っていたが、自分たちの装備よりも、追いはぎが携帯する武器のほうがはるかに勝っていると即断し、異議申し立てをすることなくリヴォルヴァーを手渡した。私たちの個室にいた匪賊らは、拳銃を手に入れて上機嫌だったので、衣服や靴を身に着けることが許された。私たちにとっては幸運だった。というのも、匪賊たちが私たちを土堤沿いに整列させたとき、ほとんどの乗客が、男性はもちろん女性でさえも、ナイトガウンとパジャマしか身に着けていなかったからだ。

匪賊らは、私たちに見張りを一人つけ、荷物車と郵便車も含め、列車の全車両を略奪し終えた。マットレスや敷物さえも引き剝《は》がされた。匪賊の一人は、ポケットいっぱいに電球を詰め込んでいた。仕事が一段落すると、後に孫美瑤《そんびよう》という名だと判明した匪賊の首領の若者が、進めと命令を出した。私たちは一列になって行進を始め、乾し上がり、岩でごつごつした渓谷を通って山中へ向かった。捕虜一人につき匪賊が二人ずつ両脇についていた。列車には約二〇〇人の乗客がいたけれども、匪賊のほうはゆうに一〇〇〇人を超えていた。

フランス人と私は握手を交わし、結果がどうであろうと、ともに団結して最後まで助け合おうと誓い合った。渓谷をよろめきながら登って行くと、女性の叫び声が聞こえた。急いで駆けつけると、フランス人のメイドのショウンバーグ嬢に出くわした。まるで怪我でもしたように足をひきずり、脇を押さえていた。岩山を越えるのを手伝ったら、英語とフランス語をちゃんぽんにして、自分はオールドリッチ嬢のメイドであり、その女主人の財布をナイトガウンの内側に隠し持っていると私たちに漏らした。財布をナイトガウンの内側にじっと押し当て、怪我したふりをすることで、じろじろと覗き込む匪賊たちの目から、何とか財布を隠しておけたのだ。

夜が明けて財布が見つかるのを恐れて、財布の宝石をどうしたらよいかと私たちに尋ねた。ベルブも私も、オールドリッチのダイヤモンドを守る責任など負いたくはなかったので、財布は畑にでも捨て、正直者の農夫に拾われると信じてはどうですか、と助言した。しかし彼女は、たとえ自分の命を失うことがあっても、財布を持っていようと決意したのだった。

私たちはようやく匪賊を説得し、通りすがりに連中が畑で捕まえたロバの一頭に、彼女とアメリカ陸軍士官の幼な子を乗せてもらうことにした。

匪賊と捕虜との大長征

夜が明けると、この太古からそびえる山々も今まで見たことがないであろう異様な光景が出現した。列車の乗客が、相変わらず匪賊二人ずつに付き添われたまま、山腹まで八〇〇メートルも列をなして連なり、一方、後部でも、ほとんど同じ長さの匪賊の列がもうひとつだらだらと続き、列車から盗んできた略奪品を汗水垂らして担《かつ》いでいた。略奪品の中には、スーツケースや、寝台から持ってきた貴重なマットレスまであった。太陽が昇ってさらに暖かくなり、登りも険しくなると、匪賊たちはマットレスを地面の上にドタッと放り出しては、その上に腰をかけたり、横になったりした。

どの匪賊も、仕切り客室《コンパートメント》で略奪したガラクタを持参していた。その中には歯ブラシと歯磨き粉、安全カミソリと髭《ひげ》剃りクリーム、カメラとフィルム、万年筆、鍵を通したリング、ポケットナイフ、タルカム・パウダー〈注5〉入りのブリキ容器、そして女性用のアクセサリーもあった。

匪賊の一人は、女性のブラジャーを見つけ、自分の腰に巻きつけていた。男は、客室の仕切り板を使い、大切なものを運んでいた。ほとんどの乗客が靴を履いていないため、歩みはのろく、危険でもあった。それに山の頂上へ行くには、岩でごつごつした狭い小道しかなかったので、痛みもともなった。ベルブと私は靴を履いていたので、他の人たちよりも速く歩き、すぐに長い列の先頭に立った。そこで、鞍《くら》なしのロバに乗りながら、かろうじてロバからすべり落ちまいと、また絹のナイトガウンを強風に吹き飛ばされまいと、かなり難儀している女性に気づいた。

彼女を助けるため、何ができるか、よい考えはないかと知恵を絞った。匪賊の一人が、つば広の、女性用麦藁帽子を列車から持ってきているのに気づいたので、それを譲ってくれないかと頼み、ロバに乗っている女性のほうを指差した。男は笑って帽子を私に手渡した。私は、ロバに乗っている女性、オールドリッチ嬢に追いつき、帽子を手渡したけれども、彼女はすぐに帽子をかなぐり捨ててしまった。帽子をかぶりながら、同時にロバに乗ることができなかったのだ。帽子よりも、もっと身に着ける衣類が必要だったのだ。

山腹をゆっくりとしたペースで登っていたが、列の後方で、かなり離れたところからライフルが発射されたため、急に速度が上がった。銃弾は私たちの頭部をかすめ、頭上の岩に当たって撥《は》ね返った。銃弾を発射したのは、鉄道当局が近隣の町から急派した民兵の分遣隊だった。匪賊も即座に撃ち返した。銃撃戦の間、身の安全のため、私たちは一番近くの岩場の背後に隠れた。もっとも、双方ともでたらめに撃ち合っていたので、実際のところ、危険はほとんどなかった。

朝の一〇時ごろ、私たちは山頂に到着した。山頂には天然の砦《とりで》があり、壁に囲まれ、あちこちにライフルが配置してあった。私たちは這《は》うようにして通り口を抜け、ぐったりと倒れ込んだ。精も根も尽き果て、餓死寸前だった。数分休憩してから、匪賊が持ってきた手元の荷物を

〈注5〉　滑石の粉末にホウ酸粉末・香料などを加えた化粧用の打ち粉で、いわゆる汗知らず。

じっくり調べたところ、何とか、必要な衣類を二、三枚見つけることができた。「おい、そこ、俺のズボンをよこせ」とある者が大声を上げ、物々交換が始まると、その様子を匪賊たちはたいそう面白がった。数人の男性は、パジャマの上着を提供し、女性たちの出血した足や挫《くじ》いた足首に巻く包帯にした。

しかし、これまで繰り広げられた場面の中で一番不思議だったのは、ショウンバーグ嬢が女主人に追いつき、嬉しそうに家宝の宝石を返したときだった。オールドリッチ嬢は、落ち着きはらった態度で、注意深く周囲の地形を観察し、匪賊たちがこっちを向いていない間を見計らって、平らな大石の下に財布を隠した。

後で匪賊の首領から鉛筆を借り、財布の隠し場所を大雑把にスケッチした。そしてその小さな紙切れを注意深く折りたたみ、靴のつま先に入れた。その財布は何週間かして事件が片付いた後、済南のソコニー〈注6〉事務所のシナ人事務員がその場所に行って見つけ出し、手付かずのまま持ち主に返された。

私たちが自分たちの切り傷や打ち傷の手当てをし、女性の捕虜を勇気づけている間、匪賊の頭領たちは片側に集まって何やら相談をしていた。このような相談が頻繁に行なわれるようになるのを見るにつけ、最初の列車荒らしは入念に計画されたかもしれないが、次に打つ手にはあまり確信がないのだな、という印象を抱くようになった。

匪賊たちはしきりに手下を偵察に出し、手下が戻ってくると、また相談を続けた。午後も遅くなっていた。前日に夕食を摂《と》ってから、飲まず食わずの状態だったので、いつになったら次の食事にありつけるのだろう、と思っていた。

暗くなる直前、門の所でがやがや騒音がした。籠《かご》と土器の瓶を数個かついだ男たちが到着したのだ。籠には新鮮なタマゴがいっぱい入っていて、匪賊たちはそれを一個ずつ捕虜に配った。ある者が、生タマゴの食べ方を実演して見せた。タマゴの上下に小さな穴を開け、頭を後ろにそらせて吸えば、貴重な中身を一滴もこぼさずに吸い出せるというわけだ。瓶には、全員が腹いっぱい飲めるだけの水がたっぷりあった。

午後になると、鉄道の方向から銃撃が再開され、ビューンという怒号のような銃声とともに、銃弾が岩場をかすめた。午後五時ごろ、頭領の一人が到着し、その地区の指揮官である呉将軍ら〈注7〉宛てに、銃撃をやめないと外国人全員が殺されると警告する伝言を書けと、私たちに要求した。私たちは条件をつけた。女性と子供を解放すると誓ってくれさえすれば書こうと。この尋常でない集団で、外国人新聞記者は私一人だけだったので、乗客が全員一致で、私を手紙書きの役に選出した。

当時、『チャイナ・プレス』の報道記者であり、後に共同通信の有名な海外特派員となり、さらにその後、マッカーサー司令官参謀部の陸軍大尉にもなったラリー・レアバスも、列車に乗っていた。しかし彼は、座席の下に隠れ、混乱に乗じてまんまと逃亡した。

〈注6〉　ニューヨークのスタンダード・オイル・カンパニーという石油会社の略名で、Standard Oil Company of New York の頭文字を取ったもの。

頭領は最初、外国人の中の一人が伝言を持って山を下れと言い張っていたが、後で考えを変え、手下の一人にその伝言を手渡した。手下は、棒に白いボロキレを結びつけ、それを肩越しに担《かつ》ぎながら、門を通って用心深く前進した。注意を引くために二、三分間その棒を振ってから、山を降りた。銃撃はすぐに収まった。

大怪我を負った大巨漢ムッソ氏の運搬

暗くなると、匪賊たちは、移動のために持ち物の荷造りを始め、私たちにも準備をするよう合図した。このとき、女性捕虜の一人が、少しためらいながらも私のほうへ近づいてきて、個人的に話がしたいと言った。そして私を片側へと連れて行くと、二人の女性の背後で部分的に身を隠している女性の捕虜を指差し、荷物をくまなく探して衣服を一着見つけてくるよう、私から匪賊に頼んでくれるかどうかを尋ねた。その女性、もっと正確にいえば、一八歳にもなっていないので、少女であるが、彼女は、薄手の綿シャツと、体にぴったりの、黒色の綿繻子ブルマーしか身に着けておらず、ブルマーのほうは、膝のほうへ半分ほどずり落ちているのが分かった。

少女はピレーリ嬢で、イタリア人弁護士ムッソ氏の私設秘書だった。その後、私たちの人員を調べてみたら、ムッソ氏がまだ到着していないことが判明した。彼はでっぷりと太り、体重はゆうに一三〇キロを超えているので、きっと山を登るのがきつかったのだろうと思っていた。またムッソ氏の秘書の彼女に、登山にふさわしい衣服がないのも問題だった。しかし、匪賊の一人が運んできた略奪品の衣服の束の中から、誰かが薄手の絹の化粧着《ドレッシングガウン》を見つけてきたので、厄介な状況にならずに済んだ。ピレーリ嬢は、流暢なイタリア語で感謝の気持ちを表わした。誰にも理解できなかったけれども、当然、お礼の意味だろうと思われた。

夜になると、突然曇り出した。まもなくして、眩《まぶし》いばかりの稲光が走ったかと思うと、雷鳴が激しい砲火のように山々に響いた。雨が波状に降りはじめる中で、首領は前進せよと命令を出した。しばしば息をすることさえままならぬほどの、本物の山中の豪雨だ。以前登ってきたのと反対側の山腹を縫う小道を、今度は稲光が走る合間に、よろめきながら下り降りた。やっとのことで谷に到着し、水の流れに沿って進んだ。その流れは、洪水で川が増水し、土手からあふれ出たものだった。

数時間、水と泥の中をよろめきながら進むと、村の近郊にやって来た。黒っぽい壁が見えた

〈注7〉　原文では"general Wo"と"general Wu"の二人の将軍の名前が列挙されているが、両者を同定することが困難であったため、本書のように「呉将軍ら」と訳出した。臨城事件は当時軍閥であった呉佩孚の支配地域で起こったので、二人のうちの一人は、おそらく呉佩孚（一八七四〜一九三九年）であると推察される。呉は、一九二二年に第一次奉直戦争に勝利し、陸軍参謀総長を経て、河北省・山東省・河南省三省の巡閲使、航空監督を歴任している。ちなみに、臨城事件の前年に起こった第一次奉直戦争を伝える一九二二年五月六日付の『ザ・ニューヨーク・タイムズ』では、同一記事で呉佩孚を"Wu Pei-fu"とも"Wo Pei-fu"とも綴っているので、"Wo"と"Wu"がともに「呉」である可能性もある。同事件と関連する人物で「呉」という苗字を持つ人物としては、呉可章（第五師一七団）や呉毓麟（交通総長）などが思い浮かぶが、両者とも将軍ではない。

し、半ダースほどの犬がいっせいに吠えたような鳴き声も聞こえた。ついに、四方が低い泥壁で囲まれ、一方の端に低い建物が何軒か建ち並ぶ、黒っぽい長方形の集落の中へ入った。扉の開いた建物に案内され、中へ入れと言われた。これらの建物は馬小屋だったが、床は乾き、コウリャンが敷かれていた。コウリャンとはモロコシの一種で、頭頂部の雄花の穂に穀粒をつけ、人間の食料や動物の餌となる。北部諸省では、米の代用品だ。北支の小作農は、コウリャンの実から粉を作り、それに水と塩を混ぜて、大きな、薄いケーキを焼く。つぎにその皮で、赤唐辛子で風味をつけた挽肉と野菜の混ぜ物をくるむ〈注8〉。いくぶんメキシコのタマーリ〈注9〉のようだ。

しかし、その夜は、捕虜に熱くて薄いお茶が茶碗一杯ずつ振る舞われたけれども、このようなケーキには一枚もありつけなかった。着衣はびしょ濡れだったにもかかわらず、私たちは床にばたりと倒れた。疲労困憊から、即座に眠りに落ち、翌日は午後遅くまで目覚めなかった。目覚めは突然に訪れた。匪賊が急いでいるのは一目瞭然だった。出発の準備が整ったとき、一軒の建物の正面でひと悶着あった、イタリア人の乗客仲間、ムッソ氏だった。彼は山に登る途中に土堤の反対側へ転げ落ち、背骨を痛めたので、棒に藁をかぶせてこさえた間に合わせの担架に乗せて、匪賊たちが運ばねばならなくなったのだ。

また、その時点で、女性たちが全員姿を消していることに気づいた。急遽、村落を探しまわったが、居場所を突き止めることはできなかった。匪賊たちに尋ねても、肩をすぼめて、「没《メイ》有《ヨウ》」とそっけない返事をするだけだ。文字通りの意味は「持っていない」である。

驚いたことに、突然、身なりのよい、若者らしき人物が、女性の声を出しているのを耳にした。声の主は、グアダラハラから来たメキシコ人のビジネスマン、アンセラ・ヴェレア氏の花嫁だった。ヴェレア夫人の話によると、一昨晩、女性たちの面倒を見ていた匪賊たちが、女性たちを連れ去り、彼女も同行させようとしたらしい。しかし、ヴェレア夫人は、夫と別れるのはいやだと拒否した。また列車から持ってきた略奪品の束のひとつに、男性用スーツを見つけたことも幸運だった。とうとう匪賊たちも、彼女が夫と一緒に残るのを許したのだった。

私たちは、首領が誓約したとおり、女性たちが鉄道線路まで戻っていてほしいと思ったけれども、事の真相を再確認したのは、多少時間が経《た》ってからだった。私たち捕虜のグループは、その時点で、二〇人ほどに減少した。

〈注8〉　シナでいう煎餅《センビン》のことであろうか。「南粒北粉」という言葉があるように、米作が盛んな南部では米食が中心であり、米に不向きな北部では、麦や雑穀を挽いて粉食にするようだ。粉食とは、文字通り粉《こな》にした穀類などを、食品に加工して食べることだが、調理法は多種多様である。蒸気でふかす饅頭、油で揚げる油條《ユイジョウ》、日本でもお馴染みの春巻、ワンタン、餃子、麺類、そしてシナならではの両面を焼く薄餅《パオビン》、煎餅などがある。煎餅は、現代風にいえば、クレープのようなもので、雑穀やコウリャンに水を加えた、比較的ゆるめの溶き粉を用いる。もちろん、中に包むのはフルーツやお菓子の具ではなく、本文にあるように、別に調理した挽肉や副菜である。

〈注9〉　トウモロコシ粉や挽肉などをトウモロコシの皮にくるみ蒸したメキシコ料理。

2　座り込みストライキ

「子牛肉のシチュー」の正体

それからの一〇日間は、悪夢のような強行軍で、決まって夜間に、山々の狭い岩道を駆け足で進んだり、急に引き返したりした。しばしば追手の兵隊の二、三歩先を先回りしているだけということもあった。私たちは鉄道線路を二度横切ったが、数日もの間、どうしてそうなったのか不可解だった。ようやく、炭鉱に続く分岐路線の通る孤立無援の地域まで、匪賊が私たちを連行してきたことが分かった。一番近くの駅は棗荘《そうそう》という名称だが、数週間後に解放されるまで、一度も見たことがなかった。

最初の二、三日間に歩いた距離は、あくまでも推測の範囲内だが、一六〇キロを超えているのは確実だった。たいてい早足で、いつも畑で草を食んでいるロバの傍を通ったので、ロバに乗せてくれと匪賊に頼んだけれども、その甲斐はなかった。

ある日、特に疲労困憊するほど無理をした後に、私は他の捕虜たちにこう持ちかけた。連中がロバを提供しなければ、移動を拒否してはどうかと。「座り込み」ストライキの首謀者が私だと、匪賊の首領たちが気づくと、その中の一人が私のほうへ近づいてきて、リヴォルヴァーを抜いて脅しをかけた。私たちは生きているからこそ価値があり、死んでは無価値になる「賓客《ゲスト》」であることを知っていたので、私はその男をあざけり笑い、虚勢を張った仕草でシャツを開けて見せた。匪賊は撃たなかったけれども、重い棒をつかむと、それで両肩ごしに私を殴ったため、アザができ、何日も消えなかった。

しかし、やっただけの価値はあった。匪賊たちは、私たちが本気なことが分かり、ロバと小馬《ポニー》を提供した。ほとんどのロバは背中が非常に角ばっているので、結局、私たちの多くは、歩いたほうがましだということになった。

今度は、イタリア人のムッソ氏が、私たちの抱える主な問題となった。匪賊たちに運搬してもらわなくてはならないし、いつも手当てが必要だったからだ。氏の足の裏は、最初の夜に乾し上がった谷間を歩いた際、裸足で何度も石につまずいたため、マメだらけだった。ある日、略奪品の小荷物の中に安全カミソリを持っている匪賊を見かけた。そのカミソリを拝借し、ムッソ氏の足の水脹れを切開したら、匪賊の間で、私が医師であるような印象が広まってしまった。

数日後、匪賊の隠れ家で休んでいたら、男たちがひっきりなしに仲間を私のもとへ連れてきては治療を受けさせるのだ。幸運なことに、その頃までには、アメリカ赤十字からの医療補給物資を受け取っていた。医療的な手当てを受けたいという要求にも応じることができたわけだ。

ある日、男の背中にできた奇妙な形の腫れ物にヨードチンキを塗っていたら、私たちの通訳の一人の医学部学生が近づいてきた。そして男を調べるなり、ハンセン病にかかっていると宣言した。周りに立って私をじっと見ていた群衆は、蜘蛛の子を散らすように逃げて行った。その病気はあまり伝染しないと学生が断言するまで、私も戦々恐々だった。

長い移動では、食糧不足が私たちの主な問題だった。匪賊にそれを訴えると、連中は自分の腹をぽんと叩いて、俺たちだって「何も食う物はねえ」とよく不満を漏らしたものだ。ある日、連中が新鮮な肉を持ってきて「乳牛の子牛」だと言った。私たちが、二人がかりで、まる一日寝ずに茹《ゆ》でたところ、ようやく夕方までには、骨から肉が剝《は》がせるようになった。もっとも、スープは味がよく、皆がどんぶり一杯ずつ平らげた。

後になって、その子牛肉のシチューが、実は山東犬だったと知らされた。あの毛が抜け落ちた野良犬の、特に硬い肉だ。宣教師の友人の話によると、山東犬を食べた者は、誰でも、七年間はその特別な犬に宿る霊魂に憑依《ひょうい》されるという迷信が、農夫の間にはあるという。

別の機会に、おなじみの山東「タマーリ」を匪賊が補給したが、中の詰め物の種類が違うように思えた。そこで中身の一片を取り出し、匪賊の一人にこれは何かと尋ねた。男は道端へとことこと歩いて行き、大きな平石をどかすと、逃げ回る虫の中から一匹を指でつまみ、よく見ろと言ってその虫を注意深く差し上げた。それはサソリだった。農夫たちの間では、サソリの針を切り落とし、身を塩水で茹でるのが習慣で、皮をむけば、いくぶん海老にも似て、なかなか美味なひと口分の身が残る、と男は説明した。私は一度サソリに刺されたことがあるので、種類の違う肉がもっとたくさんある地域に行くまでは、タマーリは遠慮することにした。

石窟寺院跡のアジト

匪賊たちが目的地に近づいていることが、私たちにも分かりはじめた。私たちは高い岩山の分水嶺を通り過ぎ、長さ約五〇キロ、幅約二五キロの肥沃な低地に入った。その低地は先端に向かってだんだん狭くなり、両側に絶壁が聳《そび》える峡谷へと続いていた。峡谷には細い道が通っていた。

峡谷の天辺は「円錐形《シュガーローフ》」の山で、高さは一五〇〇メートルか一八〇〇メートル、山頂は平坦だった。山の中腹あたりまで傾斜は緩やかだが、上部はがっちりとした岩場で、見たところ、とてもよじ登れそうもない絶壁だった。山の麓《ふもと》には、小さな村が、山を駆け下りる急流の両側に作られていた。その急流には、さらに上流の山谷の岩間から湧き出る泉の水が流れ込んでいた。

私たちは道案内をされながら、細い道を百数十メートル登った。道には、硬い岩を切り出した狭い階段状の箇所がたくさんあった。そして、ついに樹木の茂る谷に到着した。そこには、捨てられて廃墟となった古寺があった。住める部屋は一つか二つで、どうも匪賊団の隠れ家になっているようだ。寺の裏で、洞穴の部屋をいくつか見つけた。山の斜面をくり抜いたもので、見たところ、穀物や他の食料の貯蔵庫、ことによると略奪品の保管庫でもあるようだ。しかし、私たちが寺に着いたときには、洞穴は空っぽだった。

匪賊たちに連れてこられた要塞が、外部からの攻撃に対しても難攻不落だということは、ひと目で分かった。唯一の入り口は、狭い渓谷、すなわち深い谷の上にあるのに対し、下の窪地は、四方が山々ですっぽりと囲まれているので守りやすい。

ある日、その場所をあちこち探し回っていたら、どうやら仏教の僧侶が書いたとみられる銘を刻んだ、古びた碑《いしぶみ》が見つかった。学生の捕虜の一人がその漢字を翻訳した。それには、何百年にもわたって山賊行為が横行し、僧侶の勤行《ごんぎょう》が妨害され、ついに寺を無法者たちに引き渡す決断をした、という物語が刻まれていた。

匪賊は私たちに村の中を行進させたので、村人全員が、外国人捕虜の見世物をひと目見ようと集まってきた。以前のシナでは決して見られなかった光景で、例外があるとすれば、一九〇〇年、北支で義和団事件が起きて、治安が乱れた時期かもしれない。

ある村を練り歩いていたら、絹の服を着た、魅力的なシナ人少女を見かけた。あまりにもたくさんの宝石をつけていたので、宝石店のショーウィンドーのマネキンのように思えた。少女が私たちに手を振ったので、あの不幸なブルー・エクスプレスに乗り合わせた乗客だったことが分かった。襲撃を受けた夜、彼女はヒステリーを起こした。その金切り声は、匪賊の叫び声や銃声よりも大きく聞こえた。彼女の身がどうなったのかと思っていたところだった。

数日間、野営したら、いくらか自由が許されたので、学生の通訳一人と首領がよこした二人の付き添いを連れて、村まで下りて行き、あのシナ人少女の謎について調査した。年の頃なら一六歳くらい、「歌手」か芸人で、当時、上海地区の軍政長官だった何豊林《かほうりん》将軍からの「贈り物」として、有名な北部の将軍の野営地へ送られる途中だったことが明らかになった。

しかし、少女が目的地に到着することはなかった。私たちを捕らえた首領の一人が彼女を好きになり、自分の側室として横取りしたのだ。彼女は新しい環境でとても幸せそうで、首領からもらった宝石を見せびらかしたがっているようにも思えた。宝石の大部分は列車に乗り合わせていた外国人乗客から略奪したものだった。私は、インタヴュー中に、自分の同窓生指輪《クラス・リング》を探そうとしたが徒労に終わった。

3　外界からの言葉

初めて知った外界での騒ぎ

私たちが連れて行かれた匪賊のアジトは、抱犢崮《ほうとくこ》山と呼ばれていた。そこは、例の山東山脈からはちょっと離れていて、棗荘の鉄道駅と鉱山から約六四キロのところにあった。晴れた日には、駅と鉱山から抱犢崮山が見えた。

実際のところ、二週間もの間、私たちはずっと移動しつづけていたので、今回の誘拐が外界で大騒ぎを巻き起こしていることなどまったく知らなかった。最初のニュースは、すこぶる異例ながらも、ありがたい方法で、私たちのもとへ届けられた。それは上海で出版された『チャイナ・プレス』という新聞で、小包の包み紙だった。中には新聞よりももっとありがたいものが入っていた。ほどよく燻製にされたハムで、山東の田舎のもっとも未開な地域を徘徊している半野生の豚から作ったものだ。

新聞紙の余白には覚書があり、小包は、アメリカ人宣教師、キャロル・H・ヤーキーズ師から私たちのもとへ送られたと書いてあった。ヤーキーズ師は、嶧縣《たくけん》という地方で、長老派宣教団が管轄する学校を運営していた。その場所は、私たちが拘束されていた場所からはかなり離れていた。

後になってヤーキーズ師から知らされたのだが、師はシナ人の下級武官から私たちの行方を知り、その武官は、宣教団の資産と住居者を匪賊から保護するため、山東省の巡撫《じゅんぶ》に寄って、小派遣隊の兵士と一緒に嶧縣へ派遣されたのだという。ヤーキーズ師は、アメリカの領事館当局に通告してから、シナ人の改宗者を説得し、匪賊の戦列をかいくぐりながら、抱犢崮山の収容所まで小包を運ばせたのだった。

数日後、同じ使い走りが、別の小包を持って到着した。中にはハムがもう一本、コーヒー、そして多くの書籍が入っていた。私は書籍の荷造り紐《ひも》を解《と》き、捕虜全員に一冊ずつ配付した。書籍は新約聖書だった。

数日後、上海から来た自動車販売業のレオン・フリードマンが、熟読していた聖書から顔を上げて空を仰ぎ、「こんな状況に置かれたら、ユダヤ人はどうするのだろうか。最初、私たちは飢えるが、宣教師が私たちにハムを送り、そして何か読みたいと思うと、今度は宣教師が新約聖書を送ってくれるのだ！」と叫んだ〈注10〉。

まもなく外界から最初の訪問者があった。年配のドイツ人のカトリック宣教師、レンファーズ神父だ。前世紀の最後の四半世紀にドイツ帝国から山東に派遣された宣教師団の、数少ない生き残りの一人である。これらの聖職者のうち、何人かは匪賊に殺されていて、ことによると私たちよりも前に捕虜になっていたのかもしれなかった。

ウィルヘルム皇帝は、これを口実にして山東沿岸の膠州《こうしゅう》湾港を占拠し、同省の内陸へ鉄道を建設する権利を要求した。しかし、この皇帝の政策によって宣教事業が支援されたわけではなかった。ドイツ人聖職者で生き残ったのは、ほんの二、三人だった。彼らはシナ服を身にまとい、シナ語を話し、危うく母国語を忘れかけたほどであった。

私たちの小さな捕虜集団には、外国人とシナ人、ユダヤ人と非ユダヤ人、カトリックとプロテスタントがいたけれども、こぞって熱烈にレンファーズ神父を歓迎した。というのも神父は外界からのニュースや、匪賊団の兵力について貴重な情報をもたらしてくれただけでなく、神父自身が造った上等のワインも数本持ってきてくれたからである。

レンファーズ神父が持ってきたニュースと、ヤーキーズ師が送ってくれた新聞によると、諸外国列強は、合衆国とイギリスに先導され、北京政府に対し、外国人捕虜を救助するために即刻処置を講じるよう強く要求したようだ。ただ日本だけが二の足を踏み、圧力をかけてシナ政府を圧迫するような提案に対しては、ことごとく冷めた態度を取ったままだった。東京の官僚はこぞって肩をすくめ、匪賊団に捕えられた日本人は誰もいないという事実に注意を促した。

〈注10〉　おそらくフリードマンは、キリスト教徒である我が身の幸せに感謝しているのだろう。キリスト教宣教師のおかげで、食べ物の飢えをハムでしのぎ、活字の飢えを新約聖書でしのぐことができた。しかし、ユダヤ教徒は、旧約聖書という共通の聖典を持つものの、捕虜になったら、そのような救いの手はないのではないかと考えての発言だと思われる。

省政府と中央政府当局の側がぐずぐずした結果、合衆国、イギリス、フランス、イタリアは、匪賊が狼藉を働いた現場に一番近いシナの港の青島《チンタオ》と浦口《ホコウ》で、海軍による陽動作戦を計画してはどうかと提案したが、そのときも、東京のスポークスマンは「ワシントン会議で日本に山東省撤兵を強要した列強の行動からすると、見苦しい態度」をさらしているぞと注意したのである。さらに日本人は、つぎのことを知らしめた。もし日本が「秩序を維持する」ために山東省に駐留することを許されていたならば、匪賊事件など決して起こらなかったであろうと。

私にとって一番個人的に興味をかきたてられることを挙げるとすれば、私たちが受け取った『チャイナ・プレス』で、つぎのことを知ったことだ。列車破壊とその後の監禁事件のハイライト記事二本が、すなわち、あの山中をさまよった辛い長旅の間に、私が紙屑の断片に密かに書きとめておいた記事が、やっと外界にまで届けられ、上海の私の新聞『チャイナ・ウィークリー・レヴュー』で活字となり、海底ケーブルで海外へ配信されたのである。

これらの記事を書いてから、たたんで束にした紙面の裏に、州都の済南にあるアメリカ領事館の名前と住所を書いておいた。ある日、町を公然と歩いて通り抜けた際、匪賊たちが監視していないときを見計らって、それらの紙を村人に手渡した。その手書き原稿は、領事館に引き渡され、「内部から書いた」私の記事は、大幅に遅れることなく掲載されたのである。それはあまりにも驚愕すべき内容だったので、多くの人々はそれを信じようとしなかったし、その話はインチキだとも主張した。私が解放され、書いたことが細部に至るまで間違いないとはっきりするまで、私の友人の中にさえ、その話が本物だと信じない者がいた。

捕虜解放に向けた外部からの努力

当時の駐支アメリカ公使は、コーネル大学の前学長、ジェイコブ・ゴウルド・シェアマン〈注11〉博士だった。おそらく、第一次世界大戦が終結した後、それからの四半世紀に及ぶ不穏な期間中、合衆国がシナに派遣した、もっとも知的で有能な外交代表であったろう。シェアマン博士は、匪賊事件の知らせを受け取るや否や、その事件は重大だと北京当局に注意し、捕虜の安全を保障するため、できる限りの手段を講じて早期に捕虜を解放させよと通告した。つぎにシェアマン博士は保定《ほてい》〈注12〉へ赴いて、軍国主義者の曹錕《そうこん》将軍と直に会談した。その後、済南、南京、上海でも、シナの役人に対し警告を繰り返した。

しかし、捕虜の現実の安全と福祉の観点からして、さらに重要なことは、シェアマン博士が、アメリカ赤十字と打ち合わせをし、食料と衣服の補給物資を持たせて、使節団を棗荘へ送り込んだことだ。その上、捕虜解放交渉の手助けをするため、山東省当局や匪賊の頭領とさえ直接に接触できるように、イギリス、フランス、イタリアの外交代表らと領事館代表者の派遣を取り決めたのである。アメリカ領事館代表は、南京に配属されていたジョン・K・デイヴィスであり、一方、アメリカ赤十字代表は、有名なジャーナリストで上海の『チャイナ・プレス』の前編集長、カール・クロウだった。

〈注11〉　アメリカの教育家・外交家（Jacob Gould Schurman 一八五四〜一九四二年）。

〈注12〉　シナ北東部河北省中部の都市。

この抜け目のない交渉に参加した有名なアメリカ人が、もう一人いた。宣教師を両親に持つロイ・アンダーソンだ。シナ生まれなので、おそらく当時のシナのどの外国人よりもシナ語の知識が豊かであり、シナの官僚とも広い面識があったことだろう。アンダーソンを援助したのは、南京のシナ外交交渉員の温世珍《おんせいちん》だった。二人とも、個人の身を重大な危険にさらしながらも匪賊の陣地に分け入り、交渉を始めたのであり、その甲斐あって外国人捕虜に食料を送る許可を匪賊が与えるに至ったのである。

4　救助へ向かう赤十字

食べ物の到着、匪賊たちとの関係改善

ある日、はるか遠くの谷の向こう側に、荷役苦力《クーリー》の長蛇の列が、私たちの砦に近づいてくるのが見えた。何時間も経《た》ったと思えるほどの長い待ち時間の後、一隊の先頭が寺の庭の門に姿を現わした。苦力は汗を垂らしながら、大箱を数個担いでいて、大箱それぞれに赤十字の印がついていた。私たちはすばやく箱の荷の紐を解いた。箱には食べ物がいっぱい詰まっていた。パン、塩漬け牛肉の缶詰、野菜、フルーツ、そしてカリフォルニア・レーズンまで数箱も。

隊長は手紙を携えていた。それによると、アメリカ赤十字は、匪賊の指導者とうまく取引をし、もし匪賊にも同時に大量の米と小麦粉の補給物資を送るならば、匪賊の陣地を通って捕虜に食料を送り届けてもよいということで合意に達したという。赤十字遠征隊の隊長、カール・

クロウは、補給物資を点検し匪賊たちが合意を守っているかどうか調べてほしいと、私たちに求めた。苦力は、無法者地帯を通って事実上六〇キロも荷箱を運んできたわけだが、紛失したものは何もなかった。

その夜、私たちは生涯忘れられない宴会を一席設けた。捕虜となったアメリカ軍将校の一人、ピンガー少佐の呼びかけで、出席した者は一人残らずスピーチをした。隣接する中庭からも、祭囃子《まつりばやし》の音が聞こえてきた。そこでは匪賊とシナ人捕虜たちが、約三週間ぶりにありつけた、まともな食べ物の到着を祝っていたのだ。誰もが、翌朝にキャラバン隊に持ち帰ってもらう手紙をしたためた。

後発のキャラバンは、折りたたみ式簡易ベッドと蚊帳《かや》を持ってきた。当時、天津に駐留していた合衆国第十五歩兵連隊が寄付したものだ。匪賊の客としての滞在生活は、（ぼろ服を着た、うす汚い「ホスト」の匪賊がいなければ）山中での遠足の性格を帯びはじめた。食べ物が到着したことで、匪賊たちとの関係、少なくともごく間近な連中との関係は、すこぶる改善された。匪賊たちが補給物資の食料をまんまと手に入れたという噂は、山中に広がった。その結果、匪賊の一団は、当初の一〇〇〇人から三〇〇〇人以上にまで膨《ふく》れ上がった。また、新参者のほとんどが近隣の省軍からの脱走兵だということも分かった。政府が匪賊に対して派遣した兵隊は約八〇〇〇人もいたけれども、匪賊の頭領から、あまりにも厳しい攻撃があった場合には捕虜を処刑すると常々脅されていたため、政府軍が無力同然だったことも判明した。

小頭領の一人「勃勃《ぼーぼー》」劉《りゅう》という名の意地の悪い悪党は、青島のドイツ人とごたごたを起こした男で、交渉を早めるためなら、捕虜の一人や二人は殺してもよいと常々主張していた。このような噂や他のゴシップは、学生通訳を通して常に漏れていた。彼は、匪賊と親しげに話し、私たちに情報を回してくれていたのだ。

背筋が凍りつくような噂話

ある日、ドイツ人のレンファーズ神父が、私たちのキャンプへ舞い戻ってきた。神父は、私に片側へ移動するよう身振りで合図し、背筋がぞっと凍りつくような話をしたのだ。神父が言うには、鉄道町に住んでいる郷紳《きょうしん》〔地方郷村を支配する実力者〕の一人から聞いた話だそうで、匪賊の中のある特定のグループは幼児誘拐に手を染めていて、私たちの寺の上にそびえる断崖絶壁の山頂の小屋に、子供をたくさん閉じ込めては身代金を要求しているという。レンファーズ神父は、私たちで調査しようと提案した。

翌日の早朝、山腹の周囲を散歩したいので、私とレンファーズ神父に付き添いをつけてもらいたいと頭領の一人に頼んだ。二人の監視付きでなければ、誰であろうと寺を出ることは許されなかった。私よりも兵士や匪賊の習慣のことをよく知っている、このカトリック神父は、持ってきたブランデーを軍人用水筒にいっぱい詰めておきなさいと私に言った。私は神父の助言に従った。一時間ほど元気よく山を登ったら、断崖の麓に到着した。断崖は、頂上に向かってほぼ垂直にそびえ、頂上までは距離にしてたぶん一五〇メートルはあっただろう。

暑くて、山登りは息が切れるので、私たちは日向の平たい岩の上に腰をかけて休んだ。レンファーズ神父がウインクをしたので、自家製ブランデーがたっぷり一リットルは入った水筒を匪賊のガイドたちに手渡した。この二人のお偉いさんは、まるで大量のミルクを飲むかのようにブランデーをごくりごくりと流し込んだ。二、三分ほどすると、両人とも岩の上に大の字になって眠り込んだ。

早速、レンファーズ神父と私は、断崖の麓をめぐる細い小道を登っていくことにした。すぐに捜索しただけの甲斐があった。私たちは、断崖の表面に裂け目がある場所、すなわち巨大な亀裂がある場所まで来たのだ。その亀裂は、まるで巨大なケーキから、ひと切れ分を薄く切り取ったかのようだった。その巨大なケーキは、抱犢崮山の上部にそっくりだった。頂上への道があったのは、そこだった。道といっても、花崗岩をノミで大雑把に削り、つかみをつけただけの梯子だった。登りがなだらかになる地点まで、約一五メートルおきに小さなプラットフォーム、つまり踊り場があった。そこから、また岩を彫って造られた険しい階段に続く。

後ろを振り返って匪賊の見張りのほうをちらりと見たら、二人はまだ岩の上で大の字になり、口を開け、高いびきだったので、私たちはさらに山を登ることにした。私が先に立ち、その二、三段後に、自由に動けるよう礼服をベルトの下に挟《はさ》み込んだ神父様が続いた。三〇メートルほど上にある二番目の踊り場に着いたら、レンファーズ神父が胸に手をあてて座り込んだ。神父は、もうこれ以上一歩も進めなかった。

そこで神父に、崖の麓へ戻って匪賊連中を見張っていてくださいと告げ、私は頂上を目ざして登り続けた。時間があまりないことが分かっていたので、急いだ。そして、ついに頂上に到達した。私たちが最初に連れて行かれた山頂のように、ここもまた砦に造り替えられていたが、ここのほうが作業にもっと手間をかけていた。藁葺き屋根で覆《おお》われ、岩でしっかりと重しをした小屋が数軒あった。大きな井戸や、雨水を溜めるために石をくり抜いたタンクも数個あったが、他のタンクには穀物と燃料がいっぱい入っていた。ここなら、匪賊たちはほとんど無期限に籠城できるだろう。あの寺の石碑に刻まれた碑文を思い出した。六〇〇年もの間、匪賊の砦だったのだ！

解放された子供たちのその後

広さが三、四エーカーで、ほとんど平坦な山頂を探索していると、一軒の掘っ立て小屋から声が聞こえてきた。ムシロの覆《おお》いを横にどけると、レンファーズ神父の聞いた話がほんとうだと分かってショックを受けた。部屋は子供たちでいっぱいだった。年の頃なら八歳から一五歳くらいの幼い少年たちだ。子供たちが私のほうへ押し寄せてきたとき、その肩越しに部屋の反対側にあるドアのほうを不安げに眺めるのが私には見えた。

息つく暇もなくライフルを持った匪賊が現われた。私を見るなり、即座にライフルを肩から振り下ろした。武器を所持していなかったので、私にできることといえば、ただにっこりと微笑み、友好的な身振りで挨拶するしかなかった。男は私の身振りを理解した。男には、タバコをひと箱差し出していたからだ。一瞬躊躇したけれども、男も微笑み、タバコに手を伸ばした。私は慌てて子供の数を数えた。二三人いて、ほとんどがボロ服を着ていたが、上流階級の家庭から誘拐されたことを物語る絹の衣服の屑布だった。

その状況を頭の中に書きとめてから、出発したいと意思表示をし、その匪賊にタバコをもうひと箱差し出した。私の出発を妨害しようとする素振りさえ見せなかった。私は大急ぎで急な階段と梯子を駆け下り、レンファーズ神父に合流した。神父は、まだ眠っている匪賊を監視しながら岩の上に座っていた。

私が発見したことを神父に話し、連中を起こしてから急いで寺へ戻った。私が発見したことは黙っていたが、この目で見たことは書きとめておいた。それを外へ持ち出し、上海の私の事務所に送るため、神父に手渡した。それが活字になると、シナ全土に一大センセーションが巻き起こった。

そしてついに匪賊事件が解決されると、子供たちは下山し、嶧縣《たくけん》の町まで連れて行かれた。彼らは、町で一時的にヤーキーズ神父の保護下に置かれた。その後、子供たちは山東省巡撫のもとに預けられ、何とか親元に帰された者もいた。しかし、多くの場合、両親を見つけるのは、ほとんど不可能だった。おそらく、匪賊の隠れ家から遠く離れた場所で拉致されたことによるものだろう。両親が見つからない子供は、ある宣教団が運営する孤児院に収容された。

後から聞いた話だが、拉致された子供の親が、子供を救助するために充分な金銭工面がつけられない場合、匪賊は、子供を自分の養子にし、育ての親となって子供を育てるのが習慣だということだ。

匪賊たちが誘拐事業をしていたという側面が暴露されたことで、北支でかくも多年にわたりはびこってきた無政府状態と軍事政治の情勢全般に対する不信感に、さらに拍車がかかった。そしてついには、省の督軍を転覆させて、もっと混乱のない政府を樹立するための道が開かれたのだった。

5　和平使節団

幻の救出作戦

匪賊のキャンプ地では、ただいたずらに時間だけがゆっくり流れていた。最寄りの鉄道駅にいる救出者を自称する者たちが、明らかに何の活動もしていないことに対し、私たちはイライラを募らせていた。どうして四強〔英米仏伊〕の政府が、山東の匪賊団の裏をかけないのか、私たちは腑に落ちなかった。とはいうものの、心の中では、私たちが強がるふりをしていることは分かっていた。私たちの救出が遅れているほんとうの理由は、シナの役人はもちろんのこと、私たちの友人が匪賊を怒らせると私たちに報復をしやしまいかと、懸念していることにあると承知していたからだ。

数日後、食べ物の託送便がもう一便届いた。自分の名前が書かれたレーズンの小包を丹念に調べていたら、薄紙に書かれたメモを見つけた。それは注意深く折りたたまれ、箱の中央に隠してあった。メモの出所は、北京の合衆国公使館駐在のアメリカ陸軍将校だった。将校は、私たちの解放をスピードアップする問題を調査するため、棗荘へ派遣されたのだった。

将校のメモによれば、匪賊の頭領たちと山東省当局との交渉は、匪賊たちが不当な要求を出したために、行き詰まっているという。匪賊たちは、省の官憲の首脳陣は辞任しろ、それに代わって俺たちが省の支配者となり、山東を経由して走る主要幹線鉄道の管理者になると、実際に主張していたからだ。後日、シナの共産党が第二次世界大戦の政府高官の辞任を要求したときに、私はこの山東匪賊たちの要求を思い出した。

将校は、捕虜解放の遅れにいらだちが募っていることを考慮し、大胆な救出計画が提案されていることについて、他の捕虜たちはどう思っているのか打診してもらいたいと、私に依頼してきた。彼が徐々に明かした計画はこうだ。炭鉱の救出隊が、約五〇人の合衆国兵士と海兵隊の分遣隊を一番近い鉄道駅まで密かに連れてくる。兵士たちは、目立たないように地味な服をまとい、小集団で北京と天津から派遣される。しかしまず、私たちの食料を運ぶ荷役苦力《クーリー》が、たくさんのリヴォルヴァーや補給の弾薬をレーズン箱に隠して、こっそり私たちに渡す。指定日に用意万端整えば、その日は前もって知らされるので、私たちは寺の裏手にそびえる断崖の洞穴へ向かい、入り口にバリケードを築き、救出隊が六四キロもの山々を駆け抜けて急襲をかけ、私たちを救出するまで、匪賊を退ける準備をするというものだ。

その夜、見張りが立ち去ってから、私は捕虜の仲間を呼び集めて、その計画を持ち出した。そして計画に賛同してほしいと力説した。二人のアメリカ陸軍将校、ロバート・アレン少佐とローランド・ピンガー少佐、そして二人のイギリス人捕虜も計画を支持した。メキシコ人のヴェレア氏とその夫人も支持したが、その他の大部分の人々、特に歩けないイタリア人弁護士のムッソ氏は、反対した。もし匪賊が抵抗したら、そのようなアメリカ軍人の小部隊に、はたして匪賊陣地を突破し、戦いながら進路を切り開く能力があるだろうか、と訝《いぶか》る者もいた。もし計画が失敗したら、自分たちの身の上に何が起こるか、皆分かっていたからだ。

匪賊と捕虜との合同交渉隊

アメリカ陸軍将校の大胆な計画を明らかにしたとき、私は、この小集団の面々に浮かんだ表情を決して忘れないだろう。極度の危険や苦難をともに味わったことで、捕虜の間には仲間としての絆が生まれ、人種的、宗教的、国家的な障壁はなくなっていた。このことが明らかになったのは、あの抱犢崮山の山腹にある小さな寺で一夜を過ごしたときだった。私たちは薄暗いローソクの火のもとに集まり、居合わせた誰もが、生死をともにする計画を話し合ったのだ。

この状況での予期せぬ要素といえば、つぎのことだった。当初から私たちと行動をともにし、通訳としても、それ以外のことでも、数えきれないほど働いてくれたシナ人学生が、もし救出計画が試みられたら、喜んで運命をともにしたいと思っていたことだった。

私は、この提案に対する私たちのグループの反応について慎重な報告書を作成し、こっそりと救出隊のもとへ届けさせたけれども、同計画については、それ以上のことは何も音沙汰がなかった。

しかし、あの夜に話し合ったことで、あるアイデアが練り上がり、ついには私たちが解放される結果となったのである。頭領たちを呼び集め、ほんとうの望みは何かを聞き出してはどうかと、ある人が提案した。

翌朝、提案どおりに行動して、委員を任命し、匪賊の頭《かしら》たちが本部を構える村を訪れ、その夜、私たちの寺へ来てほしいと招待した。頭領のうち、六人が姿を見せた。ナンバーワンの指導者、孫美瑤《そんびよう》を除く全員だ。でも、孫は代理の者をよこした。その間、捕虜たちは予備会議を開き、幹事を選出した。私には書記の仕事が回ってきて、白紙の帳面をもらったが、見たところ、匪賊が列車で拾ってきた誰かの住所録のようだった。頻繁にメモした帳面を持っていることで、匪賊の「ホスト」の間では、私の株もかなり上がった。

あの夜、頭領たちが各々ボディーガードを従えて到着すると、私たちは連中を宿舎に招待し、支給物資のお茶を振る舞った。そして指導者たちにこう切り出した。私たちはあなた方の状況を理解しているし、家族のもとへ帰れるよう、問題解決の手助けをしたいと思っている、と。「でも、あなた方の条件が分からないと、助けようにも何もできないのです」と説明した。匪賊たちの深刻な顔、そして同じように深刻な捕虜たちのひげ面が、寺の一室で、薄暗くゆらめくローソクの炎に照らし出され、決して忘れない情景となった。

「匪賊たちがほんとうに欲しいものは何か」。私は、帳面に詳しくメモを取りながら、最初の頭領に尋ねた。男は、少しばかり躊躇してから、おもむろに話しはじめた。私は、通訳が翻訳するままに頭領の言葉を書きとめた。つぎの頭領にも同じ質問を繰り返し、帳面がほとんど埋まるまで、次々に聞いていった。私は、数年間、この小さな帳面を保管した。北部諸省、特に山東省でかくも長きにわたりはびこった政治的混乱について、その帳面は非常に貴重な付随的情報を提供してくれたからだ。

最後の頭領の最後の要求を書きとめると、双方から、すなわち捕虜側と頭領側から、救助隊と省の官憲が駐留する鉄道駅へ向かう代表者を任命するべきだという提案が出された。頭領たちは同意し、翌日の早朝、匪賊の男一人と馬二頭を私たちの寺に差し向けると言った。

会合は、真夜中近くに解散した。誰もがほっと安心し、捕虜状態を脱する交渉を自分たちで試みれば、きっと何かが生まれるに違いないと信じた。捕虜状態は、現在で第四週目に入っていた。捕虜たちは、匪賊の代表者と一緒に、運命を決する旅をする同行者に私を選んだ。

その晩、私はほとんど眠れなかった。夜明けには全員起床していたので、誰もが私と同じく眠れぬ夜を経験したに違いないと思った。そのニュースはキャンプ地全体に広がり、寺の庭は、匪賊の使者が馬を連れて到着するのを待つ捕虜や匪賊でいっぱいだった。馬番の使者が境内に入ったとき、「馬」のはずが山東ラバになっていることに私は気づいた。ラバの背骨は、以前に乗ったことのあるロバの背骨よりも、さらに輪をかけて鋭く、カミソリのようだった。

伝統的な儀式が執り行なわれた。ナンバーワンの頭領は、捕虜全員を一列に並ばせた。手下には、寺の入口から境内の門まで儀仗兵の隊形を取るよう命令した。頭領は私に近づくと、シナ語の住所を入れて封をした封筒を差し出した。宛名は、「幇弁《パンバン》」という、省巡撫の首席代表だった。頭領は私に手紙を渡すと、リヴォルヴァーを抜いた。そして外国人捕虜の長い列に沿って歩きながら、それぞれの捕虜の胸に銃口を押しあてた。こうすることで、もし私がこの使命を達成できなかったら、あるいはひょっとして匪賊の使者たちを山東省の官憲に拘束させて、連中を裏切ろうとしたら、捕虜の一人、ことによると全員の命がないぞ、と頭領はいいたかったのだ。

私がラバにまたがり、一行が約六〇キロの長旅に出ようというとき、頭領が、手を叩き、声援を送って、緊張を解きほぐした。すると皆も頭領に続き、あまりにも熱狂的に声援を送ったので、驚いたラバは速足で丘を駆け下りた。

山の麓の村に到着すると、村人が総出で待ちかまえていた。私たちは旅の途中で、ふたたび喝采を浴びたわけである。村のはずれに行くと、速足で後を追いかけてくる者の声がした。年の頃なら一五歳くらいの若いシナ人で、ポニーに乗っていた。身なりはよく整っていた。私たちに同行したいというしるしだ。匪賊の使者はにっこりと微笑み、同意したので、私たちの運命を決める旅を続けることになった。

6　正式交渉

交渉地への到着

私たちは一日中ラバに揺られて旅を続けた。休止したのは、小さな山村でお茶を一杯飲む、ほんの二、三分の間だけだ。ようやく匪賊の勢力地域の外縁に到着し、最後の匪賊の歩哨に手を振って別れを告げ、「無人地帯」（対立する両陣営の前哨地点の間にある幅約一・六キロの地帯）に入った。ここなら何でも起こりえたのに、何も起こらなかった。私たちは、これといった事件もなく、政府の前哨地点に到着した。担当の将校は、私たちの手紙を調べてから、先に進むことを許可した。夜の帳《とばり》が下りたが、まだ目的地からはずいぶんと離れていた。

目的地に近づくにつれ、私の前を行けと、匪賊の相棒が尻込みがちなのに気づいたので、壁で囲まれた地区に近づいたとき、私の前を行けと、男たちに強く要求した。その地区の中には、工場や、技術者とスタッフの宿舎を備えた炭鉱の坑道入口があった。鉄道駅と操車場もまた、壁で囲まれた敷地内にあった。壁は厚い石でできていて、間隔を置いて塔が建っていた。それぞれの塔には、機関銃を持った歩哨がいた。同じ塔が、重い鉄板の門の両側にも建っていた。鉱山用地が堅固に要塞化しているということは、この地方が不穏な状況にあるというしるしだった。

その門からは、まだかなり距離があったが、歩哨が大声で指令を出した。すると、突然、正面の道路が真昼のように明るく照らされた。光線は、塔に据えた強力なサーチライトから放射されていた。しかし大切な相棒たちはそれに気づかなかったらしく、突然、ラバを道路から脇へそらせ、全速力で畑を横切っていった。もしも連中を見失えば、仲間の捕虜と私は苦境に立たされることが分かっていたので、私はラバに拍車をかけて速足で走らせ、全速力で連中の後を追った。門番は、私を助けようとサーチライトで連中を照らしつづけてくれた。

知っている限りの、少ないシナ語の卑語を使い果たしたら、匪賊たちに追いつくことができた。ついに連中を門のほうへと連れ戻した。やっとのことで匪賊の使者が中に入り、重い鉄の門がガシャンと閉まる音を聞いたときは、ほっと安堵のため息が漏れ、全身から力が抜けてラバから落ちそうになった。私たちの解放を妨げる、もっとも重大な障害は、これで克服されたと感じた。

兵士が私たちを鉄道の客車へ連れて行った。そこではアメリカ領事のジョン・K・デイヴィス、イギリス、フランス、イタリアの各領事、そして軍部の代表者たちが臨時の事務所を構え、仕切られた寝台客室もあった。私たちが到着すると大騒ぎになり、私が一緒に連れてきた二人の匪賊にも興味津々だった。

まもなくロイ・アンダーソンとカール・クロウが私に挨拶した。そしてもう一人、個人的な友人であり、ミズーリ大学のクラスメートだったロイ・ベネットが挨拶した。ベネットは、匪賊の事件が起こったとき、『マニラ・ブリテン』紙に勤め口が決まり、上海を通ってマニラに向かう途中だった。彼はただちに『マニラ・ブリテン』紙の経営者、カーソン・テイラーに電報を送り、こちらに留まる許可を求め、私の不在中、上海の私の新聞『チャイナ・ウィークリー・レヴュー』の仕事に向かってくれたのだ。

その後、私も同じようにベネットの助けになれたら、と思ったことがある。あれは真珠湾攻撃の後、ベネットが、日本人の侵略者と協力するのを拒んだことから、ほぼ三年もの間、日本人によってマニラの旧スペインの監獄に監禁されたときだった。

旧友からの身替わりの申し出

私が突然、奇妙に現われたいきさつを、アメリカとイギリスの領事に説明し、匪賊の相棒たちを紹介した。匪賊の連中も今は私の賓客《ゲスト》だった。すぐに連中を、巡撫代理の幇弁《パンバン》のところへ連れて行くことが決まった。幇弁の本部は、別の客車にあった。私たちを代理のもとへ連れて行ったのはデイヴィス氏で、正式な紹介が行なわれた。幇弁は、政府高官ならではの堅苦しさを前面に出しながら、匪賊の使者を出迎えた。

すぐに彼らは難しい会談に入った。まもなく私はこっそりとその場を抜け出し、公用列車の友人たちと合流した。そこで一カ月ぶりにまともな食事が振る舞われた。あまりにも語ることが多すぎて、真夜中すぎになってから、ようやく時間が経《た》ったことに気づいた。床に就く前に、炭鉱経営者の家に連れて行かれた。入浴も一カ月ぶりだった。そしてベネットが気を利かせて上海から持ってきた清潔な衣服に、頭から足先まですっぽりと着替えた。

公用列車の寝台客室に案内されたとき、頭領の息子の王《ワン》が私を待っていたのには驚いた。彼も豪華な夕食を振る舞われていた。ケーキとキャンディーをたらふく食べて、今にもお腹が破裂しそうだった。彼はにべもなく寝台を断り、私の客室に隣接する廊下の床の上で寝ると言って聞かなかった。

翌朝、デイヴィス氏、幇弁、ロイ・アンダーソン、そして私が参加して会議が開かれた。幇弁は、匪賊の指導者と交渉する準備がすべて整っていると説明した。交渉場所として、双方の陣営の中間にある村を提案した。幇弁は、双方から、それぞれ代表して同数の首領と護衛を出してはどうかと提案し、双方が誠実なことを保障するため、ロイ・アンダーソンと私が証人として出席したほうがよいと勧告した。幇弁は、その提案を清書してから、書類を注意深く折りたたみ、封筒に入れて封をし、原文を匪賊の使者に、複写を私に手渡した。

私は鉱山経営者の家に戻って、もとの古着に着替えた。すると友人のベネットが、匪賊のねぐらまで同行する準備をしているので（と私は思ったのだが）驚いた。ところが私は間違っていた。ロイは私の代わりに戻る決心をしていたのだ。そして私に承諾するよう詰め寄った。この問題は私の家族と充分に話し合った、と彼は言った。そしてロイが私の代理として匪賊の陣営に入ることについては、全員が同意した、とも。

ベネットにつぎのことを納得させるには、かなりの議論を要した。自分のことで家族に心配をかけるとしても、私が戻らねばならず、さもないと匪賊の頭領たちは、背信行為と見なすだろうと。私が匪賊の砦に戻る決意を固めていることを、ベネットはやっと得心した。けれども、私が二度と生きて帰れないだろうと思っていたのだった。私と二人の匪賊の相棒がラバに乗って鉄の門を通り、山中への長旅に戻って行くとき、ベネットの目には涙が浮かんでいた。

再度、交渉の旅へ

私たちは、ラバに揺られながら、たゆまず進んだ。お茶を飲んだり、持参したサンドイッチを食べたりするのに、ほんの少しの間だけ、村々に留まったにすぎなかった。無人地帯を通り抜け、匪賊の縄張りに戻ったら、あの匪賊の若者が追いついて私に並んだ。若者は、笑いながら上着を持ち上げ、シャツの下の体につるした皮ケース《ホルスター》に、大きな軍用リヴォルヴァーが収まっているのを見せた。

銃を見つけた私はびっくり仰天したけれども、その謎を解くことはできなかった。私が彼の父親と匪賊の使者を裏切ったとき、私を撃ち殺せと、父親が拳銃を渡したのだろうか。それとも、巡撫陣営に潜む匪賊の頭領の秘密の友人が、父親へのプレゼントとしてこの少年にリヴォルヴァーを渡したのだろうか。数日間も、この状況についてあれこれ頭を悩ませたが、まったく解答を見つけることができなかった。

真夜中近くになって、ようやく抱犢崮山の匪賊本部に到着した。捕虜仲間に新しい展開があったと私が報告したら、大喜びだった。早期に解放されるのは確かだと、誰もが感じていた。翌日、匪賊の指導者が私たちのキャンプを訪れ、旅が成功したことを祝ってくれた。会議を開こうという幇弁の提案には同意する、と連中は言った。連中は、準備ができ次第、私に返答を持って棗荘《そうそう》へ戻ってもらいたいと思っていた。ロバのカミソリのような背中にぶつかってできた尻部の打ち身をなでながら、あの六〇キロに及ぶ棗荘駅までの長旅のことを考えた。幸運にも（打ち身の観点からすれば）、匪賊たちは二、三日待ってから、私に戻れと言った。

駅への帰り旅には、ふたたび無法者の代表が同行したけれども、これといった事件は起きなかった。しかし、今度の匪賊のキャンプ地へ戻るロバの旅は、長く記憶に留めておくべき出来事だった。今回、私に同行したのは、公式の「仲介者」のロイ・アンダーソン、そしてシナ軍のかなりの部分とおぼしき部隊だった。その中には、重い荷物を積んだ荷馬車も数台あり、それぞれ六頭のポニーとラバが引っ張っていた。

これらの荷馬車には、匪賊の指導者に与える大量の銀と、匪賊団の兵隊たちに支給する、数千着の軍服が積まれていることを知った。この兵隊たちは、山東の省軍に入隊するところだったのである。匪賊の指導者全員の意見が一致した要求とは、主にこのことだったのであり、それは寺での会談中に、私が小さな帳面にメモした内容でもあった。無法者の魔の手から私たちを救い出すために、列強はもちろんのこと、中央政府からも圧力がかかった結果、省の巡撫は、この他に、どれくらいたくさんの要求をのまざるをえなかったのだろうか、と私は思った。

7　解放と賠償金

上海の街を埋めた歓迎の人並み

匪賊の要求の範囲が最大どこまでなのか、またそれがどれほど重要なのかについては、無法者たちと政府の代表者たちの間で「和平交渉」が進行するまで充分に理解されていなかった。今まで、これほど奇妙で劇的な会議は開かれたことがなかった。会談が行なわれている村からお堂が見える山腹の小さな寺では、少人数の捕虜の集団が腰を下ろしていた。会談が極端から極端に揺れ動いているようで、捕虜の命もきわどい状況にあった。

アンダーソンと私にとって一番当惑したことは、匪賊たちが頻繁に小さなグループで「オフサイド」の個別的な会合を開くことだった。その会合は決まって会議の場となった、やたらとあちこちに張り出した平屋の建物の背後で、こっそりと開かれた。彼らがすっかり建物の外へ出てしまったのかどうか、まったく分からなかった。彼らが戻ってくると、いつも安堵のため息をついた。

頭領はそれぞれに「本物の銀」で高額の金銭を欲しがっており、要求額の中には一〇〇万ドルの高額にのぼるものもあった。しかし、これを強欲な身代金要求と見なすことはできまい。それは兵隊への「払戻金」であった。実質上、匪賊たちの誰もが、一度ならず、どこかの省軍に関係があったからだ。頭領がそれぞれに、手下を全員軍隊に入隊させ、新しい軍服を支給してほしいと要求するのも至極当然のことだった。また大量の米と小麦が欲しいとの要求もあり、その量はシナの重量単位で数万担《たん》、六〇トンの重さに相当した。

政治的陰謀、ことによると外国の陰謀があったことを示す証拠ともいえる、一番重要な要求は、つぎのことだった。数百マイル平方の地域を囲み、江蘇、山東、安徽の三省を部分的に含む地域、いわゆる匪賊地域を、外国の列強が国際的に保障するという形で「中立化」すべしという要求だ。匪賊の指導者たちが特定した地域には、南北に走る天津・南京鉄道と東西に走る隴海《ルンハイ》線とが交差する、徐州という重要な鉄道の連絡点が含まれていた。

匪賊たちは、今や師団にまで拡大したかもしれない自分たちの軍隊を、この「中立化」した地域内に駐留させるべきだと力説したのだ。その要求には、税金の徴収と割当額、炭鉱や他の鉱物資源の利用、通信施設の開発に関する特定条件も含まれていた。きっと匪賊たちは、計画をあれこれ考える上で外部の援助を得たに違いないと、私には思えた。その計画は、山中の無法者集団の能力を超えているように見えたからだ。

自己保存の要素はさておき、このような特殊な要求をせよと背後でたきつけたものについては、今でも謎のままである。それは、ワシントン会議で、山東をシナの統治権下へ無理やりに返還させた列強の行為に対し、日本が日本流の復讐に出たからだ、と考える者もいた。また、北京政府に敵対し、ことほどさように政敵の評判を落とすことを望んだ南部の政党に、匪賊たちがそそのかされたのだと考える者もいた。数カ月後、アメリカの公使のジェイコブ・ゴウルド・シェアマン博士は、その事件の真相には迫れなかったと私に語った。さらに、中央政府が突然、乗客の蒙《こうむ》った損害賠償を申し出て、捕虜拘束期間を日割りで計算し、賠償金を捕虜に支払うことに同意したことにも驚いたとも。

それほど昔のことではないが、外国の一大国、あるいは列強諸国の集団が、匪賊事件を利用して、シナの領土に支配権を確立できた時期があった。あれは先立つこと二三年前、ドイツは、三人のドイツ人宣教師が殺害されたことへの報復として、山東沿岸の青島港を占拠した〈注13〉。ロシアは直隷（渤海《ボー・ハイ》）湾の旅順《ポート・アーサー》を占拠した。イギリスは山東半島北側の威海衛《いかいえい》で訓練用の根拠地を設立した。しかしドイツ帝国とロシア帝国は一時的にその競争から手を引いた。するとそれ以外の、太平洋で利害関係のある列強が、列強同士での相互関係や列強とシナの関係において、新しい計画を採択し、ワシントン会議でそれを実施に移したのだった。日本を含め、すべての列強諸国が、旧勢力圏と租界を廃止することに同意した。そして匪賊が引き起

〈注13〉　臨城事件が発生したのは一九二三年である。山東省曹州府鉅野県の張家荘でドイツ人宣教師二人が殺害され（本文では三人とあるが）、ドイツが青島を占領したのは一八九七年である。だとすれば、本文には臨城事件に「先立つこと二三年前」とあるけれども、正確には二六年前とするべきであろう。

こしたような国内問題への干渉には、シナがこれに反対できることを保障する条約が調印された。匪賊たちが、自分たちで外国の譲歩という発想をしたのでないことは確かだった。どこか外の筋から扇動されたに違いなく、ひょっとすると、列強が九カ国条約についてどれくらい誠実かを試すという目的があったのかもしれない。

ばかばかしい事柄を取り除いた後、ついに会議は、生粋の漢民族の子孫なら誰にとっても大切な、はったりと妥協という時代遅れのゲームに興ずることに落ち着いた。外国人捕虜の解放に対する匪賊の要求は、ついに、つぎの二点に絞られた。政府は喜んで匪賊全員を軍隊に入隊させるのか、そして六カ月前払いの「新軍」の給料として、頭領に充分な金額を手渡すのか。政府は、諸列強の圧力のもと、その気はあるものの、必要とされる金額と入隊させる匪賊の数については、無理のない割合にまで抑えたいと思っていた。支払われた正確な金額がいかほどで、決定された兵士の数がどれほどかは、一切公表されず、議論は長く紛糾した。

ところが、若い指導者の孫美瑤が挙手をし、政府への忠誠を宣言してから協定に調印すると、会議は劇的な結末を迎えることになった。他の頭領たちも、歩み寄って調印したのだ。それに続き、政府の役人たちが書類に署名を書き添えて捺印した。その書類は、テーブルの向かい側にいるアンダーソンと私のところへ回された。私たちは、両陣営の参加者が誠実なことの証人として、また保証人として、調印した。

六カ月後のある日、アンダーソンは私に電話をかけてきた。怒り心頭で、つぎのような知らせをちょうど受け取ったところだと言った。

すなわち、山東の巡撫が協定を破り、何らかの口実をつけて、匪賊たちを銃器のない場所へおびき出し、機関銃で六〇〇人あまりを虐殺した、と。若い指導者の孫美瑤も処刑された。ほとんどの外国人は山東巡撫の行為を承認した。しかし、現在の「黒白二色のチェッカー盤」のシナ政治に他の誰よりも精通しているロイ・アンダーソンは、こう予言したのだ。山東巡撫の行動によって、将来、他の外国人が匪賊や反乱軍に誘拐された場合、悲劇的な結果になるだろうと。

その予言は、後の新しい事情で実証されることになった。つまり、身代金が即座に用意されない場合、多くの外国人、おもに宣教師が命を落としたのである。おもな被害者は、宣教師であった。そのような金を支払うと、さらに調子に乗り、宣教活動に従事する人々をもっと誘拐するようになるだけだという理由で、宣教師たちは身代金の支払いを拒否するのが普通だったからである。

外国人捕虜は、谷間の村で交渉が進行中であることを承知していたので、何時間も気をもみながら、結論が出るのをじっと待っていた。一日が終わりに近づくにつれ、希望を捨て去ったも同然の状態になったが、そのとき、伝令が捕虜解放を命じる紙切れを持って到着した。「ありがたい」という言葉が、無意識のうちに口を突いて出た。

けれども、事態はまだぐずぐずしていた。外国人の賓客にふさわしいやり方で出発できるように、捕虜一行の全員に椅子かご《セダン・チェアー》を提供せよと、匪賊の指導者たちが譲らなかったからだ。やっとのことで私たちが脱出したのは、夕暮れになってからだった。その結果、炭鉱の救助隊のところへ到着したのも、真夜中をずいぶん過ぎてからのことだった。翌朝、目覚めると、私たちを乗せた列車が動いていた。政府鉄道は、上海まで直通の特別列車を提供してくれたのだ。

翌日、列車が到着すると、匪賊の不法行為に対する報復として強力な懲罰処置を要求していた上海の全外国人市民が、すごい人出となって、鉄道駅に続く道路という道路を塞いでいた。


ちょうどそれから二〇年後（真珠湾攻撃に続いて、日本人が上海の共同租界を占拠していたとき）、かつて山東匪賊の捕虜だった一人のアメリカ人と一人のイギリス人が、上海で悪名高い日本のブリッジ・ハウス捕虜収容所の同じ監房に拘束されることになった〈注14〉。この山東匪賊の元捕虜の二人は、お互いのことが分かると、無意識に手を差し出し、がっちりと握手し、異口同音に声を上げたのだ。

「日本人《ジャップ》の悪党どもよりもシナ人の匪賊のほうが好きだ」

そのアメリカ人とは私だった。

〈注14〉　本書の第35章を参照のこと。

第12章　南支の情勢

一九二二～二五年。北京政府、広東政府による相次ぐソ連承認。蔣介石の台頭。孫逸仙の死去

シナとソ連との政治的駆引き

一九二〇年代初頭、私は終始、特別の興味を抱きながら、南支に展開していた状況を見守っていた。孫逸仙《そんいっせん》博士は、南部の省で反動的な武官たちと数々のごたごたを経験した後、ついに合法的かつ合憲的な大総統としての地歩を固め、一九二一年四月二十七日、広東でふたたび行なわれた議会において大総統に選出されたのである。正式に就任したのは同年の五月五日だった。

広東の孫逸仙博士の新しい立憲的政府が最初に外交的な接触をした外国は、ロシア・ソビエトだった。しかし、シナがソビエト社会主義共和国連邦（USSR）と接触しはじめたのは、それよりも少しばかり前のことで、場所は北京だった。その一九一九年、ロシア人は、シナで

の治外法権を、満洲の東清鉄道〈注1〉の管轄権をも含めて、放棄しようと申し出たのだった。北京政府は、この思いもよらぬロシアの気前よさを胡散臭《うさんくさ》く思い、交渉を始めようというロシアの誘いに乗らなかった。誘いを受ければ、ソビエトの新政権を承認することを意味したことだろう。

一九二二年、モスクワは、孫逸仙博士と協議するために、公式代表のヨッフェ〈注2〉を上海に送った。私は、上海のパレス・ホテルで開催された会議を取材したが、トリニダード島生まれのシナ人、陳友仁《ちんゆうじん》が孫博士の秘書と記者団代表を務めた。ヨッフェと孫博士は、二カ国間の友情と相互援助を誓約する共同声明を発表し、広東政府への借款と、顧問役を務めるソビエト代表の派遣という形で、広東の新政府に対しソビエトが援助を行なうための予備協定を結んだ。シナは、学生代表団をモスクワに派遣し、ボルシェビキの革命戦術を訓練することに同意した。

シナとソ連の協定には興味深い条項が含まれていた。それによると、ソビエト連邦は、シナが国営の石油独占事業を設立することについての援助を決めた。シナは、その事業により、スタンダード・オイル・カンパニー、ヴァキューム・オイル・カンパニー、テキサス・カンパニー、エイジアスティック・ペトロリアム、そしてロイヤル・ダッチ・シェルのイギリス系子会社に代表される、英米の石油トラストに頼らなくてよくなったわけである。シナ人は、ソビエトの石油の輸入に対処するために、上海やその他の場所で大きな石油貯蔵施設を建設した。

後で明らかになったのだが、モスクワの真の目的は、ヨーロッパと近東での取引に関連して、英米石油業界の大手に圧力をかけることだった。ロシア人は、スタンダード・オイルと満足な取引ができるようになると、シナとのプロジェクトに冷淡になり、ついにはそれを廃止して、極東からスタッフを引き揚げた。シナ人がロシアの援助を得て上海の黄浦江岸に建てた大きな石油貯蔵所も、最後には外国の石油会社の手に渡った。

一九二二年、孫逸仙博士がロシア・ソビエトと関係を確立する行動に出ると、翌年には、北京政府がソビエト社会主義共和国連邦を完全に承認した。北京で交渉を行なったのは、王正延《おうせいてい》博士〈注3〉とV・K・ウェリントン・顧《クー》（顧維鈞《こいきん》）博士〈注4〉であり、二人はちょうど頭角

〈注1〉　ロシアが満洲に建設した鉄道で、バイカル湖からシナ領内の満洲里、ハルビン、牡丹江などを通ってウスリー川へ至る路線。一八九六年にモスクワで結ばれた露清同盟密約で建設が決まった。東清鉄道は一九〇三年に全通したが、一八九八年にはロシアが関東州を租借したため、ハルビンから分岐して長春、奉天を経由し大連へ向かう南部線も建設された。

〈注2〉　ソ連の革命家・外交官（Joffe　一八八三〜一九二七年）。トロツキーのもっとも親しい友人の一人。ウイーン『プラウダ』の編集を担当。ウイーン協議会の組織のためロシア国内に派遣されたときに逮捕。革命後に釈放され、外交官として活躍。一九二三年一月、孫逸仙とともに「孫・ヨッフェ共同宣言」を発表し、ソ連の資金、武器、人材の援助によって、シナの統一を目指す方針を打ち出し、シナ共産党、ソ連、コミンテルンの側で、国共合作への道が開かれた。

〈注3〉　浙江省奉化県出身の外交官（一八八二〜一九六一年）。一九二二〜一九二三年、汪大燮《おうだいしょう》内閣の外交総長として山東問題を処理、南京政府の外交部長（一九二八〜一九三一年）、駐米大使（一九三六〜一九三八年）。

を現わしはじめたシナ人外交官だった。ソビエトの代表は、L・M・カラハン〈注5〉で、アルメニア人だった。交渉は一九二三年に始まり、予備協定が王正延博士によって非公式に承認された。

しかし、あまりにも強い反対が起こったので、王博士はやむなく手を引くことになった。シナがUSSRを完全に外交的に承認した最終的な協定は、一九二四年三月、北京政府の国務総理代行、顧維鈞博士によって署名がなされた。

しかし北京の協定と広東の協定とでは、本文に顕著な違いがあった。北京政府の承認協定には、シナで共産主義の学説を広めないというロシア側の明確な公約が含まれていたが、広東の状況は、共産主義の宣伝がロシアの主目的であるという点で正反対だった。

広東政府に加わった、かなりの数の急進的な顧問の中には、ソビエトの著名な名士が二人含まれていた。ミハエル・ボロジン〈注6〉とガレン（ブリュヘル）将軍〈注7〉だ。ヨッフェ氏は孫博士と最初の同盟の交渉をした人物だが、シナには残らずにモスクワに戻った。このシナの冒険的事業の背後で糸を引いているモスクワの実力者が、世界革命の提唱者、レオン・トロツキーだったことは、シナでは広く知られていた。

シナは、その実り多き最初の実験場と見なされていた。これらのことは周知の事実である。しかし、左翼や共産主義への信奉を公言するアメリカ人やイギリス人が、大挙してシナに押し寄せ、シナでの事の成り行きにおいて、ロシア人よりもはるかに大きな影響を及ぼしたことは、あまり広くは、そして特に合衆国では知られていない。

まず第一に、ロシア人顧問の中で、ボロジンとカラハンの二人だけが、英語を話すことができた。英語は、ロシア人とシナ人の間の唯一の共通語だった。ボロジンは今でも、ロシア人と記載されているが、人生の大半を合衆国で過ごしており、たぶんアメリカ市民だったろう。夫人はアメリカ人で、二人の息子は、上海のアメリカン・スクールへ通い、グリュッセンバーグの名で入学手続きをしたが、シカゴ生まれだった。ボロジンは若いときに合衆国へ移住し、ヴ

〈注4〉 中華民国の政治家で外交官出身（一八八八～一九八五年）。外交総長、国務総理代行、各国の公使、パリ講和会議、ワシントン会議などでシナ全権代表などの要職を歴任。

〈注5〉 ロシアの革命家、ソ連の外交官（Lev Mikhailovich Karakhan 一八八九～一九三七年）。一九一九年、第一次カラハン宣言を発表し、ロシア帝国が清朝と結び、中華民国が継承した北京条約などの不平等条約の即時・無条件撤廃を表明した。これによって中華民国に対する新外交政策を提示した。一九二三～一九二六年にシナ大使として派遣され、ソ連との外交政策で両国の関係強化に当たった。駐支大使期間中の一九二五年には、大日本帝国との間で日ソ基本条約を締結。しかし、スターリンによる大粛清の魔の手からは逃れられず、一九三七年に逮捕・処刑された。

〈注6〉 ソ連の革命家（Mikhail Markovich Borodin 一八八四～一九五一年）。ラトビアのユダヤ人家庭に生まれる。一九〇八年、シカゴでアメリカ社会党に入党し、一九一八年に帰国。一九一九年以降、コミンテルンからスペイン、メキシコ、アメリカ、イギリスに派遣される。一九二三年、国民党・広東政府最高顧問としてシナに赴き、国共合作、北伐時代の国民革命を指導。

〈注7〉 ソ連の将軍（Galen; V.K.Blyukher 一八八九～一九三八年）。一九一九年、ボルシェビキに入り、革命後、軍事指導者となる。一九二一～二二年、極東共和国陸相、一九二四～二七年、広東政府軍事顧問として国民党軍の建設に貢献。

ァルパライソ大学〈注8〉に通った。その後、シカゴで学校の教師をし、数年間、同市でロシア語学校を経営した。一九一七年の革命後にロシアに戻り、トロツキーと交際した。トロツキーはボロジンをソビエト政治使節団団長としてシナへ派遣した。

おそらくボロジンは、広東の国民党政府の設立当初から、他のどの外国人よりもシナで大きな影響力を行使したことだろう。彼は孫博士や他の国民党の指導者たちと定期的に会談を開き、多数のシナ人学生の宣伝活動も指導した。学生の中には、モスクワではカール・ラデックや、シナでは共産党系のシナ人教師のもとで訓練を受ける者もいた。シナ人の教師たちは、代わる代わるロシアで訓練を受けていた。

新しい社会主義政府は、孫博士が残って舵取りをするかぎり、かなり効率よく調和して機能した。唯一の不調和分子は王寵恵《おうちようけい》と胡漢民《こかんみん》であり、両者のつまらない権力争いと陰謀を解決するのは、いつも孫博士か蔣介石《しようかいせき》将軍だった。

孫の後継者・蔣介石

その活動を通してシナの将来と極東全土の運命にきわめて重要な影響を及ぼす運命にあった蔣介石は、浙江省の中部沿岸の生まれだった。父親の粛庵《しゆくあん》は、大港でもあり大都市でもある上海の南西約二四〇キロの、奉化という小さな村の酒屋商人だった〈注9〉。蔣がわずか八歳のときに父親が亡くなった。しかし母親〔王采玉〕は、人並みの財産しかなかったけれども、何とか間に合うだけの資金を工面し、息子が浙江の若者の同期生約四〇人と一緒に北京近くの保定陸軍軍官学校〈注10〉に行けるようにした。

ここで若い蔣は、すこぶる前途有望な、歩兵戦術を学ぶ学生だったので、満洲人の政府〔清朝〕は、一九〇七年に上級の訓練を受けさせるため、蔣を東京の陸軍士官学校へ派遣した。シナ人学生は、日本人学生に与えられる便宜を受けられなかったけれども、蔣は、軍事科学だけでなく、日本語、日本史、日本事情でも目覚ましい進歩を遂げた。

しかし、さらに意義深く、学問的業績よりもっと重要だったことは、当時の日本へ政治亡命していた孫逸仙博士と接触したことだった。蔣は、東京の士官学校に入学したとき、わずか一八歳だった。したがって、日本国が封建主義から目覚めて変化する重要な時期にあって、日本についての思想だけでなく、自国についての革命思想をも吸収できたのだった。日本が巨人ロシアを挫《くじ》くことができたという事実に、蔣が心を打たれたことは明らかだった。それに反し、

〈注8〉　合衆国インディアナ州北西部の都市にあり、一八五九年創立の大学。

〈注9〉　原文では“a wine merchant”となっているが、実際は寧波の郊外、渓口鎮で代々営む塩問屋だった。

〈注10〉　シナの近代史上最初の正規陸軍軍事学校で、保定軍官学校とも略称する。前身は清朝の北洋軍閥陸軍速成学堂、陸軍軍官学堂で、袁世凱が中華民国大総統在任中に開設された。一九一二年から一九二三年までの間に九期を経て、六〇〇〇人余りが卒業した。卒業後は黄埔軍官学校の教官となった者も多いが、一六〇〇人以上が将軍となっている。歩兵、騎兵、砲兵、工兵、輜重兵の五科がある。最初の正式日本の陸軍士官学校をモデルとしているため、教官も日本陸軍士官学校卒業者が多かった。最初の正式校長は蔣百里。

彼の祖国は、日本はもちろんのこと、ロシアやヨーロッパ列強の侵略の犠牲になっていたのだ。

蔣は日本に四年間滞在した。一九一一年、第一の革命〔辛亥革命〕への参加にちょうど間に合うように祖国へ戻った。彼は一旅団の軍隊を形成し、孫逸仙博士と揚子江下流地域の地方監督、陳其美《ちんきび》を助けて、満洲族の軍隊から上海を守った。その二年後、袁世凱《えんせいがい》との闘争でも、孫博士を援助した。孫博士が仕方なく南京に隠遁せざるをえなくなると、蔣は軍事活動を断念し、上海の共同租界でブローカーとなった。株式取引のブームに乗った結果、世評では、かなりの財をなし、その多くを広東での孫博士の軍資金に寄付したということである。

一九二三年、新しい黄埔軍官学校の校長になってほしいという誘いを受け入れた。その学校は、当時、新兵を募集して組織した革命軍に服役する士官を訓練する目的で、孫博士がロシアの援助を受けて設立したものだった。

蔣は、黄埔軍官学校から士官候補生を招集し、孫博士に敵対する反乱を鎮圧して、最初の軍功を立てた。反乱は、広東商人たちが組織した一種の民兵、広東義勇軍が扇動して起こしたものだった。蔣はまた、政府軍司令官として、広東地域で孫逸仙博士に反対する他の軍閥との戦闘にも参加した。これらの反乱の大部分は、陳炯明《ちんけんめい》将軍によって密かに計画されたもので、将軍は国民党党員を自称していたけれども、孫博士に強く敵対していたのである。陳将軍が孫博士に一撃をたくらみ、広東の指導者たちを力ずくで香港へ逃避させたとき、蔣は福州の政府に友好的な革命軍を招集し、広東に向かって進撃した。一九二五年一月十五日、陳の軍隊は敗れ、広東から十数キロの防衛強固な都市、梧州《ごしゅう》へ撤退せざるをえなかった。

蔣将軍は、軍司令官として評判を確立し、政府軍の傑出した指導者となった。二年という間で、広東、江西、湖南南部、貴州の一部といった南部諸省で新政府に反対する軍勢力を一掃した。

孫逸仙の遺言

革命の父、孫逸仙は、シナの再建という理想に四〇年の生涯を捧げたが、統一された近代的なシナを樹立するという計画の実現を見る運命にはなかった。彼は重病にかかり、広東の政治集会で演説中に気を失ったのだ。ロックフェラー研究所で治療するため、北京に連れて行かれた。病気は癌と診断され、一九二五年三月十二日に死亡した。遺体は北京近郊の西山の寺院に運ばれた。そこから南京の新政府の首都に移され、紫金山の斜面に特別に建造された霊廟で、公式に埋葬できるようになるまで、同寺院に監視の下、安置された。

葬儀の形式や、遺体が永代に安置される予定の霊廟はもちろんのこと、孫博士の遺体を納める棺の形をめぐって、ソビエト・ロシアの顧問、孫博士の肉親、そして国民党の指導者が、威信をかけて口論をした。ソビエトの顧問は、モスクワの赤の広場に安置されたレーニンの遺骸がそうだったように、遺骸を永久に展覧できるガラスの棺を使うよう強く勧めた。彼らは、ガラスと銅でできた棺をモスクワから北京へ送らせることまでしたのだが、欠陥品であることが分かり、結局のところ、合衆国から輸入した青銅製の棺に遺体が納められた。葬儀は、新首都の南京で執り行なわれ、ほとんど変更を加えることなく、伝統的なシナの方針に従った。政府は、「中山公路」という新しい道路を建設した。それは揚子江の川岸から、紫金山に巨費を投じて建設した新しい霊廟まで延びていた。近代的な教育を受けたシナの建築家によって設計されたけれども、シナの偉大な共和国指導者の霊廟は、同じ近郊にある中世の明陵の概念と根本的に異なっているわけではない。

彼が死去する一九二五年三月十二日以前でさえ、後継者の間では、熾烈な権力争いが始まっていた。最初は汪兆銘《おうちょうめい》と胡漢民《こかんみん》の派閥争いだった。それ以上に深刻だったのは、後になって国民党右翼と、急進的な左翼の社会主義者や共産党員との間で生じたいざこざだった。シナとソビエト・ロシアの親密な協力を匂わせた孫博士の遺言は、孫博士が死ぬ間際に汪兆銘によって書かれたと一般には思われている。その遺言には孫博士の署名があるものの、汪兆銘とロシア人顧問のミハエル・ボロジンがでっち上げた偽造文書だという申し立てがあった。

しかしながらその遺言書は、誹謗中傷する者たちがいるにもかかわらず、国民党党員にとって国の法律の上に冠するものだ。それは、毎朝、この国の至るところで、すべてのシナ人学生によって暗唱されているし、最高政府委員会の週ごとの会議でも、斉唱が繰り返されている。遺言書の全文は以下の通りである。

「私は革命の理想に一身を捧げること四十余年、その目的はただシナの自由と平等を求めることにあった。過去四〇年間に培った個人的経験から、私が分かったのは、もし目的を達成するつもりなら、私たちは民衆を奮起させ、私たちを同等に遇してくれる諸民族に協力を求めなければならぬということだ。現在、革命はいまだなお完成していない。私たちのすべての同志はすべからく『建国方略』『建国大綱』『三民主義』および『第一次国民党代表大会』の宣言に一致する行動を取らねばならぬ。私たちの最近の指針を実現するために奮闘し続けなければならぬ。また国民会議の召集と、すべての不平等条約の廃止を、即刻成し遂げなければならぬ」

三民主義とは(1)民族主義、(2)民権主義、(3)民生主義であった。第一の主義では、民族は自然力を通し、国家は武力を通して発達したと彼は考えた。世界情勢における西洋の優越性は、優れた政治哲学からではなく、物質文明の進歩から生まれたと考えた。第二の主義では、シナに応用された民主主義の理想を示した〈注11〉。そして第三の主義では、国内の産業組織と人民の生活水準の向上の理想を示したのである。

〈注11〉　一八九七年、一八九八年の第一次ヨーロッパ亡命中に、孫文は三民主義思想の骨子を作り上げたといわれている。民権主義は、スイス立憲制度から学んだところが多い。地方、中央を通じての普通選挙権に加え、罷免権（官吏監督権）、創制権（法律制定権）、復決権（法律改廃権）を設定し、この統制下に立法、司法、監察、行政、考試の五権をもって民権政治機関を組織しようとした。

第13章　一九二〇年代の派閥争い

国民党の北伐と共産党との対立。漢口における共産クーデターの失敗

国民党と共産主義勢力との熾烈な争い

一九二四年一月二十日、広東での代表者会議の結果、国民党への入党を対等に認められていたシナの共産主義者は、国民党に圧力をかけようと真剣に活動していた。国民党と共産党との間に深刻な問題の徴候が現われはじめたのは、一九二六年初頭だった。

黄埔軍官学校を卒業した青年陸軍士官の四人が、反共産主義運動を計画した。二、三カ月後に揚子江流域への軍事的猛攻撃で頭角を現わすことになるこの四人の男たちとは、李宗仁《りそうじん》、李済深《りさいしん》、朱培徳《しゅばいとく》、そして何応欽《かおうきん》であった〈注1〉。

黄埔軍官学校校長の蔣介石《しょうかいせき》将軍は、国民党と共産党の論争に口出ししなかったけれども、一九二四年にロシアへ旅行したことから、親共産主義に傾いているのでは、と疑われるようになった。しかし、ロシアでの蔣介石の行動記録を見れば、この将軍がソビエトの甘言に冷やや

かだったことが分かる。

蔣将軍は、この四人の青年陸軍士官から圧力をかけられた結果、一九二六年三月二十四日、孫博士の三民主義（前章を参照のこと）の教えに従い、共産党派閥との関係をすべて断ち切りたいという声明を出した。

蔣介石将軍が共産党を支持したがらないのには、二つの要因があった。第一は、彼が保守的で、工業化された浙江省で生まれたこと、同省の環境、そして上海ビジネスを牛耳っていた同省出身の銀行界や商業界のグループとの交友。第二は、同郷人、張人傑《ちょうじんけつ》の助言だった。張は神話的ともいえる人物で、清朝末期、シナ・フランス間の絹・骨董品貿易で巨万の富を築いた（アメリカの億万長者が購入したシナの珍しい美術品の多くは、フランス経由でアメリカに渡ったものである）。

骨董商の張人傑は革命運動を支持し、巨額の資金を孫博士に軍資金として寄付した。彼は南京臨時政府の成立に先立つ会議にも参加したが、公職に就くことは拒んだ。その二年後には、袁世凱《えんせいがい》による君主制の陰謀を妨害し、ふたたび孫博士を助けた。その結果、袁政権によって、他の多くの人々とともに追放されることとなった。張人傑はパリへ逃れ、当地で繁盛する骨董美術店と、シナ料理、特に大豆製品を出す人気のレストランを開いた。袁世凱が死去した後、

〈注1〉　原文にはこうあるが、実際には李済深、何応欽は生徒ではなく教官であり、他の二人も卒業していない。

張は上海に戻り、ここでも株式や金の延べ棒の取引でさらに財を築いた。

彼が蔣介石と知り合って資金援助をしたのは、まさに上海においてであった。一九二五年には広東へ向かい、立憲的な政府の一員となった。蔣介石が揚子江へ進軍した際には、行動をともにした。国民党と共産党が分裂したときは、南京政府に合流した。晩年、健康が衰え、車椅子で旅行せざるをえなくなっても、共産党への反抗が弱まることはなかった。

国民党右派グループの文官指導者、胡漢民《こかんみん》〈注2〉もまた、共産党と対立した。しかし、前国民党指導者の孫逸仙《そんいっせん》博士と、その地位をめぐって張り合ったもう一人の文官、汪兆銘《おうちょうめい》は共産党を支持し、広東政府の多くのロシア人顧問やアメリカ人顧問と一緒に漢口へ向かったのだった〈注3〉。

一九二六年の夏までに、国民党軍は、蔣介石の指揮のもと、広東から北方へと進軍を開始した。国民党の共産派閥が反帝国主義の宣伝を吹き込んだ結果、外国人、特にシナ内陸部に居住する宣教師は、北方へ押し寄せてくる国民党革命から深刻な影響を受けていた。宗教学校、教会、住居は略奪され、何千人もの宣教師が上海へ逃避せざるをえなくなったのである。

しかし、革命がもっとも劇的に展開したのは、漢口、南京、上海だった。これらの都市では、国民党と共産党の間で憎悪が鬱積し、権力闘争の陰謀がうずまき、熾烈な内輪もめとなった。蔣介石は、共産党を非難し、連中は蔣介石軍が到着する以前から支配権を握ろうとして、前述の都市へ密かにスパイを送り込んでいたと言ったけれども、それも漢口と上海の双方で新しい事態の展開があったからである。両都市で共産党が活動したのは、もともと学生や労働者の組織を牛耳るためだった。

漢口で起こっていたこと

急進派閥、すなわち共産党派閥に同情的な中国国民革命の学生たちは、国民党運動の支配権を握り、シナでの共産主義政体確立という野心的な計画を成し遂げるため、漢口での事態、つまりシナ共産党と外国人顧問が失敗を犯したという一番肝心なことには、わざと目をつぶってきた。学生たちは、自分たちが成功しないのは、「外国の資本主義者・帝国主義者の影響」「新しい軍国主義」そして自国の「銀行家・地主の影響」のせいだといって非難する。しかしながら、これらの要素は、仮にその一因だったとしても、もっと本質的な原因が他にあったのだ。

漢口で共産党政権が失敗した多くの原因のひとつとして一向に取り上げられないのが、農業

〈注2〉 広東省番禺県出身の政治家で、国民党の長老（一八七九〜一九三六年）。清の末頃日本に留学し、弘文書院や法政大学で学んだ。一九〇五年、孫文とともに行動して中国革命同盟会に参加し、機関誌『民報』の論客となる。一九一一年の辛亥革命で孫文に従い、南京臨時政府の大総統秘書長、その後、広東都督とともに大元帥の職権代行者。一九二五年、孫文の死去後、国民党右派の中枢となる。蔣介石とともに南京国民政府に入り、一九二八年、立法院院長になるが、この前後から反共の方向を明らかにする。一九三一年、蔣介石と対立し、その軍事独裁に激しく抵抗した。

〈注3〉 原文にはこうあるが、汪が孫逸仙とその地位を争った事実はなく、「孫逸仙博士」とあるのは「蔣介石」のことと思われる。

を主とし今まで階級などまったくなかった社会で、階級闘争を唱道して急進的な学生・労働者集団の要求を満たそうとする指導者の行為に無理があったということだ。もちろん、例外として、古い教育を受けた「学者」集団があるけれども、少なくとも理屈の上では、公式の試験に合格できる能力を備えた青年なら、誰でもその階級に快く受け入れられたのである。

武漢〈注4〉を占領してから、といっても蔣介石将軍の戦略が功を奏して占領できたようなものだが、左翼のシナ人指導者と外国人顧問たちは、「資本主義的帝国主義」に勝利したことを記念して、文字通りの「人民裁判《ローマン・ホリデイ》」〈注5〉を設置した。

そして二人の「戦犯」をロシア式に裁く裁判があった。戦犯は武昌で捕えられた二人の北部の将軍だった。鉱山、工場、加工工場（漢口はシナのピッツバーグ〈注6〉として広く知られていた）で雇われていた何千人もの労働者は、仕事をやめ、急進分子に先導されて、昼も夜も演説や行進やデモに明け暮れた。通りには、「資本主義者と帝国主義者を倒せ」「世界革命を支持せよ」「万国の労働者よ、団結せよ」などのスローガンや、垂れ幕を手にして行進する学生と労働者であふれていた。このお祭り騒ぎに加わるため、共産党がかなりの期間にわたって集中的に宣伝をした湖南省から、何千人もの若い農民たちが漢口へ繰り出した。

武漢地域の産業はやむなく閉鎖せざるをえなくなった。外国市場向けの国産品を準備する缶詰工場、綿紡績・織物工場を含む手工業、植物油工場、地元の人々が所有する何百もの小工場、大規模な漢冶萍《かんやひょう》石炭鉄鋼会社（大漢冶萍煤鐵公司）（日本人が管理）、イギリス人とアメリカ人が所有する大型タバコ工場、揚子江下流では遠洋航海用の大型汽船を操業し、揚子江上流では急流用の、小型ながらも馬力のある汽船を操業する海運業、そしてシナ中部の大運河網と湖でシナ人が操業する大規模なジャンク船交易。そして革命の祝賀行進やデモをしながら日々を送っていた何千人もの労働者たちは、突然、収入源がなくなっていることに気づいたのだ。

政府は急進派分子に迎合し、ストライキを奨励していたので、学生・労働者集団は、当然のこと政府に援助を求めた。政府は、自らが作り出した悪循環に陥っていることに気づき、腹をすかせた一般大衆に米を買わせるため、自殺的な手立てを講じて、あふれんばかりに紙幣を発行しなければならなかった。食品の価格が、特に米価が、手の届かぬ高値に高騰した。

外交部長・陳友仁《ちんゆうじん》

腹をすかせた群衆から政府が報復を受けなくてすむように、宣伝機関員たちは、革命の感情

〈注4〉　漢水と揚子江の合流地点にあり、漢口、漢陽、武昌の三地区からなる湖北省の省都。

〈注5〉　古代ローマで、剣奴たちに殺し合いをさせ、観客が楽しんだ故事により、野蛮や報復行為を特徴とする公衆の見世物。

〈注6〉　ペンシルバニア州南西部の港町で、一七五八年にイギリスの植民地として建設された。全米で鉄鋼業が急速に栄えた一八七〇年から一九一〇年にかけて、ピッツバーグ市とその周辺は、全米の粗鋼生産の約五分の一を担った。さらに、工作機械、ガラスなどの製造業も盛んで、米国製造業の一大中心地として繁栄した。また東欧から多くの移民を受け入れ、ビクトリア朝の建造物が建ち並ぶ美しい町並みが形成され、一九二〇年代には「世界の首都」(Capital of the World) との名声も得た。

のはけ口を外国人に向けようとした。示威行進がさらに組織され、外国帝国主義を糾弾する垂れ幕が掲げられ、イギリス租界が侵略された。だが至るところに機関銃を配備した日本租界を侵略しようという試みは、まったくなかった。それに対してイギリス租界の守備についたのは、海軍の小分遣隊、地元の義勇兵団、そして警察隊だけだった。イギリス総領事のオマリーというアイルランド人は、イギリス租界の境界付近を攻撃する興奮したデモ隊に対処できず、イギリス居住民に対して、港に停泊中のイギリス船舶へ避難するように指令を出した。この避難はこれといった事件もなく完了した。

大部分の同僚よりも政治的に明敏だった総領事のオマリーは、即座に、急進的な外交部長の陳友仁《ちんゆうじん》との交渉に入った。その結果が、世間を沸かせた陳・オマリー協定であり、この協定によって大英帝国は、漢口のイギリス租界をシナに返還することに同意したのだった。ロンドン発の外務省公式報道が伝えるところによれば、その行動は「イギリス租界をシナの統治権下に返還するという、イギリスが昔から抱いていた意向に一致した」ということだった。

シナ人がイギリス租界を手に入れたとなると、以前よりも冷静な意思交換が幅広く行なわれ、興奮も次第に静まり、行進していた者たちも自分たちのねぐらへと帰っていった。

漢口の状況に沈静化をもたらす効果があったもうひとつの要素は、揚子江下流、約六四〇キロの南京から驚くべき報告が届いたことだ。報告によれば、アメリカの砲艦が、デモの群衆に砲撃せざるをえなくなったという。デモ隊の中には、アメリカ居住民地区を攻撃した軍隊も含まれ、同地区にはアメリカ領事館職員とその家族もいたのである〈注7〉。

外交部長の陳友仁は、ゆゆしき騒動に巻き込まれてしまったと即座に実感し、アメリカ国務省に電報を送り、南京での不法行為に対する責任は否定したものの、外国人がシナの急進派分子の手にかかって蒙《こうむ》った被害に対しては代償を支払うと申し出た。

漢口のイギリス租界をシナの統治下に返還させた陳・オマリー協定、そして漢口の急進的なシナ政権からのアメリカ国務省への公式打電は、一〇年間、シナ政界で異彩を放ってきた陳友仁の数奇な経歴を飾る最高の山場となった。

イギリス領西インド諸島のトリニダード島出身で、シナ人を父親に、トリニダード島生まれの女性を母親に持つ陳は、イングランドでイギリスの法廷弁護士として教育を受け、ロンドンの法曹学院で開業することが認められた。しかし、シナ人の血縁の縁故があまりにも強すぎたので、革命に参加するために、七つの海からやって来た何千人ものシナ人同胞と一緒にシナに

〈注7〉　いわゆる第一次南京事件のこと。一九二七年三月、蔣介石の国民党革命軍が南京を占領した際に起こした外国領事館と居留民に対する襲撃事件。三月二十四日早朝、国民党軍総司令蔣介石の北伐軍が南京に入城した。当初は平和裏に入城していたが、まもなく、反帝国主義を叫ぶ軍人や民衆の一部が外国の領事館や居留地などを襲撃して暴行・掠奪・破壊などを行ない、日本人一人、イギリス人二人、アメリカ人一人、イタリア人一人、フランス人一人の死者が出た。午後になって下関に停泊中のアメリカ・イギリス両軍は城内に艦砲射撃を開始、陸戦隊を上陸させて居留民の保護を図った。日本の陸戦隊も二十五日朝に上陸した。一時間余りで約二〇〇発の砲弾が撃ち込まれ、日本領事館近傍にも着弾した。この事件がきっかけで、その後のシナの進路や日本の対支政策が大きく変わることになった。

舞い戻ったのだった。陳は、なかなかの古典教育を英語で受けていたので（シナ語は読むことも、話すこともできなかった）、当然のこと、新聞社の仕事に強く引かれていった。ときおりイギリス古典文学からの引用を満載した社説を書いて、極東の活気のないイギリス人社会を白熱状態に盛り上げた。陳は上海と北京で急進的な新聞を編集した。

あるとき、北京のシナ当局が陳を逮捕し、死刑にするぞと脅しをかけたら、陳は、トリニダード島生まれのイギリス国籍を持っていることを思い出し、イギリス公使に命を救ってほしいと訴えた。年配で、情け深い実力者のイギリス公使、サー・ジョン・ジョーダンは、陳を解放するようシナ政府当局に依頼した。自由の身になった陳は、上海の共同租界という聖域に逃れた。

その後、陳は広東へ行き、孫逸仙博士の革命政府に加わり、急進派の一員として北伐に参加し、漢口政府の外交部長となった。

漢口の失敗が、ソ連政権内に及ぼした影響

漢口でのイギリス人の引き揚げに関連して、その後のイギリス極東外交の展開を予言する暗示的な事件があった。イギリス人が租界から自国民を港に停泊中の船舶へ避難させていたとき、シーク教徒が大半を占めるイギリス領インド居留民のことが、すっかり忘れられていたのだ。白人のイギリス人が無事に乗船した後に、シーク教徒のことを思い出した者がいた。シーク教徒の大部分は、種々の外国やシナの商社、あるいは製造工場で警察官、守衛、警備員とし

て雇われていた。中には金貸しをして裕福になった者もいた。

領事館員の一人が行方不明のシーク教徒たちを助け出そうと上陸したが、連中は完全に姿を消していた。船に戻る途中、イギリス領事館員は、学生たちがイギリス租界占領を祝って組織したパレードを注意して見ようと立ち止まった。その行列の最後で外国帝国主義を糾弾する垂れ幕を掲げていたのが、行方不明のシーク教徒たちだった。彼らはシナと共産党の革命主義者たちに「身を投じて」いたのだ。

イギリス領のインド人たちの小グループがシナの革命主義者たちと合同行動に出たことは、このあと起ころうとする出来事を予言するものだった。それは一九四一年から翌年にかけての出来事で、このとき、香港、マレーシア、ビルマのイギリス領インド軍、そしてインドの国民会議派〈注8〉は、極東での対日戦争に関し、イギリスを支持することを拒否するか、さもなければ、非協力の態度を取ったのである。

漢口のイギリス租界を手に入れたことで、国民党急進派の威光はかなり高まったけれども、それだからといって、帝国主義者や資本主義者たちへの反ストライキや反対運動に駆り出された大勢の失業労働者たちを養う資金が肩代わりされるはずもなかった。急進派の党員内では、逆境に陥るとともに背信行為が起こった。すでに裏切り行為に出たともっぱらの噂だった汪兆銘は、急進的なシナ人とロシア人分子に対して次第に冷淡になっていった。

〈注8〉　一八八五年に設立され、一九四七年から一九七七年まで政権を担当した。

急進派のスポークスマン、毛沢東《もうたくとう》は、漢口で共産党政権の失敗した原因が、もう一人のシナ人指導者、陳独秀《ちんどくしゅう》の脆弱さ、あるいは背信行為にあるとした。伝えられるところによると、陳は、土地の再配分に関する政策で妥協していたという。

エドガー・スノー〈注9〉の『中国の赤い星』では、毛沢東が、党の独裁者の陳独秀とともに、共産党政権の崩壊に対して共同責任がある者として、ロシア人顧問のボロジンと、コミンテルン代表でロイという名のイギリス領インド人を非難したことが引き合いに出されている。毛沢東によると、モスクワのコミンテルンの公式代表であるボロジンは、「顧問」をやめ、国民党の独裁者になったという。陳独秀は、党の指導者たちに現状を知られないようにしたけれども、伝えられるところでは、そのボロジンの行為を、インド代表のロイが暴露したという。これが原因で汪兆銘が変節し、漢口の左翼政府が分裂したといわれている。この分裂で、蔣介石と南京派は、急進派・共産党支部にやすやすと勝利することができたのである。

この状況の、もうひとつの予期せぬ要素は、急進的な漢口政府が崩壊したことで、モスクワへ深刻な波紋が広がり、トロツキーと世界革命の唱道者たちの崩壊を少なからず引き起こすことになったことだ。スターリンとそのグループは、トロツキーと「恒久不滅の世界革命」を唱道するグループ全体の名声を落とすために、ソビエト人が巨額の資金と多大の努力を費やしたシナでの冒険的事業〔シナの共産主義化〕の失敗にうまくつけ込んだのである。ボロジンは、陸路で紆余曲折ある旅の末、面子を失ってモスクワに戻った。そして四ページからなる英語版『モスクワ・デイリー・ニュース』の編集長になった。

漢口政府に参加はしたものの、後に身を引いた孫逸仙博士の息子、孫科《そんか》もまた、毛沢東の声明、特に「あのロシア人たちの独裁的な態度」という毛の言葉はほんとうだと言った。

陳公博《ちんこうはく》は、アメリカからの帰国学生で、ニューヨーク、コロンビア大学の卒業生であり、経済学を専攻し、汪兆銘《おうちょうめい》の秘書を務めたこともある人物だが、一連の記事を書き（漢口政府が崩壊した後まもなく『チャイナ・デイリー・ニュース』で活字になった）、その中で漢口の共産党政権が崩壊した原因を分析した。陳は記事を締めくくるにあたり、個人所有の工業施設が操業を一時停止し、その結果、労働者が援助を求めて政府に依存するときに発生する厄介な問題の克服法として、国家資本主義システムと産業の国有化を唱道した。シナ政府は、国家資本主義の発展を通してのみ、国内に設立された強力な外国財閥に対抗しうる望みが持てる、と陳は力説した。外国財閥は、通常、危機的な状況となれば、シナ大手の産業界や銀行業界の援助を結集

〈注9〉　アメリカのジャーナリスト（Edgar Snow 一九〇五～一九七二年）。シナの共産党に関する作品で著名。ミズーリ州カンザスシティで生まれ、ミズーリ州立大学でジャーナリズムを専攻した。大恐慌前の一九二八年にシナへ渡ってから、一九四一年に帰国するまで、ジャーナリストとして数多くの記事を書き、本も執筆している。この間、北京のシナ政府にも仕えていた。一九三七年に彼は後に有名となる作品『中国の赤い星』（Red Star over China）を出版した。一般に、この本は中華人民共和国の成立を予見した本といわれているが、本書のような脈絡で登場したり、ミラードや本書の著者のパウエルと同じミズーリ州立大学でジャーナリズムを専攻した人物の系譜の上に置いてみたとき、シナ共産党を広く世界に知らしめる宣伝活動の側面が浮かんでこよう。

して、社会主義的な実験に反対することができる。
陳公博は、以前、汪兆銘の政事仲間だったが、一九四四年に汪が東京で死去してからは、南京で日本の傀儡政権の主席となった〈注10〉。陳公博は、合衆国で教育を受けていながら、南京の傀儡政権に自発的に加わった唯一のシナ人学生だった。著者の知るかぎり、アメリカの大学に留学したシナ人学生で、シナの共産派に加わった者は誰もいなかった。アメリカから帰国した何千人もの学生たちは、皆国民党員である。

〈注10〉　一九四四年十一月、汪兆銘が病死すると、行政院院長を務めると同時に、国民政府主席を代行する。汪兆銘亡き後の汪政権で実質的なトップとなった。

第14章　上海での戦闘

一九二七年、共産党の策謀による第一次南京事件。
それを打破した国民党による南京・上海占領

1　帝国主義、国家主義、共産主義

シナの宣教師たちが蒙《こうむ》った災難

国民党軍が揚子江へ到着するずっと以前から、国民党と共産党の協力関係のすべてがうまくいっているわけではないことを匂わす情報を、私は数多く受け取っていた。その情報とは、蔣《しょう》介石《かいせき》将軍が党の指導者たちに宛てた二通の極秘パンフレットだった。その中で蔣介石は、共産党員が国民党を追い出して党組織を牛耳り、究極的には政府の支配権を握ろうと密かに画策していると非難していた。しかし、共産党が漢口、南京、上海を支配した後に悲劇的な事態が起きたことについては、私はまだ何の下調べもできていなかったのだ。

北伐軍の通り道に居を構えるアメリカと西欧の宣教師たちは、共産党員たちが手を組みはじめた影響を最初に感じ取った人々だった。どの船舶、どの列車にも、上海へ向かう宣教関係者、男性、女性、子供の難民が何百人と乗っていた。ほとんどの場合、風紀の乱れた兵士たちに我が家を略奪され、仕方なく逃げ出してきたのだった。宣教師の教会と宗教学校は、紅軍兵士たちの絶好の餌食となり、大規模な冒瀆行為にさらされた。宣教師たちは二つの理由で攻撃されたのだ。帝国主義とキリスト教である。

私は、宣教師の指導者たちが開いた記者会見に出席したことを覚えている。その席上、出席者が一人また一人と立ち上がり、紅軍政治局の連中がその地区で繰り広げた残虐行為を語り出した。キリスト教宣教師たちが長年にわたって成し遂げた業績を、共産党員の学生や兵士が、集中的な宣伝をしただけで水泡に帰したという事実をどう説明するのかと、私は会見者の一人に聞いてみた。

するとその人は「建設するより破壊するほうが常に簡単だからです」と答え、つぎのように説明した。宣教師たちに向けられた広範囲に及ぶ反帝国主義的、反宗教的宣伝は、国家主義や政治改革の問題とすこぶる密接に結びついていたので、キリスト教に改宗した大多数のシナ人たちでも、外国人の友人や恩人たちを助けに馳せ参じることができなかったのだと。外国人の友人を助けたシナ人は誰でも「帝国主義者の走狗《そうく》」というレッテルを貼られてしまうのだ。

トロツキーとスターリンの暗闘がシナに及ぼした影響

外国人は、中国共産党の背後にソビエトの影響があることに気づいたけれども、シナで起こっている闘争が、レーニンの死後にライバル同士となったロシア共産党の二大指導者、ヨシフ・スターリンとレオン・トロツキーによるロシア国内の生死を賭けた闘争の一部であることに気づく者はほとんどいなかった。その闘争には、共産主義運動の根本的な目的が含まれていたのだ。

レーニンはこう明言した。「シナは沸き立っている。その鍋を沸騰したままにしておくのが私たちの義務である」と。しかしシナを共産化しようとする試みは、世界革命を唱道するレオン・トロツキー派の仕事だった。第三インターナショナルは、ドイツ、オーストリア、ハンガリー、インドで失敗した後、シナや何百万人ものアジア人を共産化しようと決意したのだ。さらに共産主義イデオロギーの背後には、極東でばらばらに占領された植民地保護領を攻撃することで、アメリカ、イギリス、ヨーロッパの資本主義者や帝国主義者と互角に得点を挙げたいと願うロシア共産党指導者側の欲望が渦巻いていた。

もしその企てがシナで成功すれば、共産主義国家がもうひとつ誕生することになる、そうすればヨーロッパで肘鉄《ひじてつ》を食らい、威信をなくした第三インターナショナルの勝利を意味することになろうと連中は主張した。そしてそうなれば、トロツキーの世界革命計画に激しく反対したヨシフ・スターリンの政治的威信に傷がつくことになる、という見通しもあった。スターリンはロシア国内に勢力を集中するほうが正しいと信じていたのである。そして、この企ての最後の目的として、一九一七年の共産主義革命《レッド・レヴォルーション》の後、ロシアからシナ領土へ逃げ込む何千人ものロシア人亡命者を妨害し、抑圧するという公算もあった。すべての亡命者は反共産主義者だったからだ。

共産革命の成就を援助して、第三インターナショナルがロシアの農民や世界の労働者階級からかき集めた大金を一緒に使おうと、全世界から共産党員が大挙してシナに押し寄せた（フランス人、ドイツ人、アメリカ人、イギリス人、インド人、トルコ人）。

本国では歩いて仕事に出かけたり、路面電車に乗ったりしていた宣伝機関員や政治扇動屋たちも、シナでの活動には、新しいアメリカの自動車が「必要な付属品」であることに早々と気づいたのだ。共産主義ブームが続いている間、アメリカ車を販売する上海のディーラーたちの商売は繁盛した。

ところが、アメリカ共産党党首のアール・R・ブラウダー〈注1〉は、上海に到着するなり、即座にむちゃな浪費をやめさせたのである。上海で催された、趣向を凝らした歓迎晩餐会でも、ブラウダーは、黒パンと水以外のものは一切口にせず、それがシナ革命のためにお金を寄付してくれた飢えたロシア農民の食事だと語った。

しかし、ブラウダーがその場に到着するのがあまりにも遅すぎたのだ。ロシア人顧問の中には、専制的、独裁的な行動をする者が何人かいたために、多くの国民党指導者からの援助がすでに遠のいていたのである。

私がブラウダーに中国共産党員の状況についてインタヴューをしたとき、「ロシアとシナで農民や労働者が飢えているというのに、リムジンを乗り回し、晩餐会へ出かける」政治屋連中がいると、断固とした口調で非難した。

シナにおけるロシア共産党の実験の失敗と、人民委員トロツキーの最終的失脚とが密接に絡み合っていたことが、トロツキーの回想録（チャールズ・スクリブナーズ・サンズ社）の一節で明らかにされている。

その中でトロツキーは、シナ共産党は「ブルジョワ国民党へ無理やりに加盟させられ、評議会《ソビエト》を作ることを禁止され、農業革命を抑えるよう強いられ、労働者を組織することを控えるよう強要された」と厳しく非難した。国共合作を支持して蔣介石将軍を攻撃から守ったのはスターリンだと、トロツキーは断言した。

また、上海で中国共産党員の血なまぐさい弾圧があった後、トロツキーはこうも言った。弾圧行為のせいで赤旗にもっと支持者が集まるだろうと思い、じっと我慢するよう助言したと。

しかし、トロツキーの期待通りには事がうまく運ばなかった。

〈注1〉　アメリカの共産党党首（Earl R. Browder 一八九一〜一九七三年）。ブラウダーは、同じ共産党員で愛人のキティ・ハリス（Kitty Harris）を同伴して、一九二八年にシナに渡り、上海に居を構えた。ブラウダーは、ハリスの援助を得て、第三インターナショナルことコミンテルンの組織、汎太平洋労働組合事務局の仕事をしていた。一九二九年、二人は別々に合衆国に帰国し、ブラウダーは共産党党首として公に活動し、ハリスは共産主義の地下運動に参加した（John Earl Haynes & Harvey Klehr, *Venona: Decoding Soviet Espionage in America*［Yale Nota Bene, 2000］, p.284）。

彼の言葉を引用すると「ドイツ革命が敗北に終わり、イギリスのゼネストが瓦解した後に、さらにまたシナが新たな惨禍に見舞われたことは、もっぱら一般大衆の国際革命への失望感を深めただけだった。スターリンの国内改革主義政策で主な心理的要因として働いたのは、まさにこの失望感だった」のである。

外国新聞による反共産主義プロジェクト

南京と漢口で新しい情勢が展開したことで、もっともヨーロッパ化したシナ最大の都市、上海のシナ人と外国人がとても不安になったのも当然だった。上海は世界最大の港のひとつである。上海地域は、東アジア大陸の同じ広さの地域と比べて、どこよりも産業が集中している。上海市の人口は当時約三〇〇万人だったが、そのうちの七万五〇〇〇人か八万人は、ほとんどすべての国籍と人種からなる外国人だった。

シナ人へのキリスト教普及活動にかかわるプロテスタント宣教師とカトリック宣教師の在外布教施設の大半は、上海に極東の本部を置いていた。その結果、アメリカ資本が、フィリピンを除き、アジアの他のどの地域よりも大量に上海に投資された。イギリスの上海投資は、アメリカの投資をさらに上回った。イギリスの上海投資を超えるのは、同国の香港投資だけだった。

外国新聞、特にイギリスの大手新聞『ノース・チャイナ・デイリー・ニュース〔字林西報〕』に人騒がせな漢口事件の記事が掲載されたために、共同租界とフランス租界では、危うくパニックになりそうな事態が生じた。パトナム・ウィールという、北京で有名なジャーナリストが漢口へ旅をし、その状況について「揚子江の赤い波」と題する一連の記事を書いたのである。

私は、大手イギリス証券会社の経営者が招集した記者会見に出席した。席上、つぎのような説明があった。外国の商工会議所やその他の組織は、巨額の資金を募り、共産主義への対抗宣伝を大々的に始める決意をしたと。その会見の責任者は、地方新聞社に協力を求め、新聞社がそれぞれに共産党の脅威を暴露する特集版を出版してはどうか、と提案した。

責任者が反共産主義プロジェクトについてのコメントを求めたので、私はつぎのような見解を表明した。どのような形にしろ、国民党運動全体に「赤」のラベルを貼ろうとすれば、おそらくキャンペーン主催者の目標は挫折するだろう。というのも、そのようなことをすれば、すべてのシナ人から反感を買うことになるし、全国的な国民党運動が共産党の手中に落ちることになるからだ。シナの国民党運動は、ロシア共産主義者が来るずっと以前からあったし、この二つの運動の目的は対立しているので、列強諸国が全面的な敵対政策を採らないかぎり、両者の提携はそう長く続きそうもない、と私は述べた。

私はまた、つぎのような意見も表明した。すなわち、国民党運動に対しどのような敵対計画を立てても、また共産主義的というレッテルを貼ってその威信を下落させようとしても、アメリカとイギリスの両国はそれを認めないだろうと。私はそのキャンペーンへの協力を拒否し、会見会場を後にした。

シナの古参の新聞『ノース・チャイナ・デイリー・ニュース』は、シナの政治に関して、いつも手厳しい、そしてときには傲慢な方針を取っていた。ところが今回の場合は、編集者が威厳を忘れ、総力を挙げて全国民党運動に敵対する論陣を張ったのである。同新聞社は、この目的のために、二人のアメリカ人ジャーナリストの助っ人を雇い、赤化問題の特集版を出版したのだが、その中には、ヒステリックで誇張された記事も含まれていたため、今でもジャーナリズムの珍品となっている。

かなり笑いを誘うものとして、「どうしたら映画上映会やその他の公の集会で、共産党員を見分けられるのか」を読者に教える記事があった。後に興奮状態が静まると、同新聞社の重役たちは、そのアメリカ人の宣伝屋を解雇し、別の編集者を雇い、シナの変化した状況に合うように新聞社の方針を変更した。

上海・外国人地域の動揺

自分たちで宣伝活動をした結果、上海の外国人地域は、両方とも〔フランス人租界と共同租界〕ただちに戦時体制に入った。何千人もの苦力《クーリー》が雇われ、日夜、塹壕や、有刺鉄線のバリケードや、コンクリートのトーチカが造られた。上海の外国人の間で発生したパニックは、外国の領事館や公使館が輪をかけて人騒がせな報告を海外へ発信したことで、さらに悪化した。二、三週間も経《た》たないうちに、約四万人の外国の部隊が上海に派遣され、その中にはアメリカの海兵隊と兵士、イギリスの兵士、日本の兵士、イタリアの海兵隊、インドシナから来たフランス領の安南人部隊も含まれていた。

アメリカ軍を指揮したのは、スメドリー・バトラー将軍で、一九〇〇年の義和団事件を経験した古兵だった。クウェーカー教徒のバトラーは、新聞で平和主義的な宣言を発表し、いつも他の司令官たちを怒らせていた。

興奮状態が頂点にあったとき、記者会見の席上で、私はバトラーに、つぎのような質問をした。国民党運動を鎮圧するに充分な兵力を備えて、シナへ全面武力侵攻をするとしたら、何人くらいの兵士が必要だろうかと。将軍は、躊躇することなく、こう答えた。

「私なら五〇万の軍隊がなければ、シナに武力侵攻を始めようなど、夢にも思わないでしょう。きっと、一年と経《た》たないうちに、さらに一〇〇万人の兵士が必要となるでしょう」

このバトラー将軍の声明は、二、三年後に裏付けられることとなった。そのとき、日本人はシナに二〇〇万人以上の軍隊を投入し、何年にもわたって戦争をしても、シナを征服できなかったのである〈注2〉。

また別の機会に、バトラー将軍は、ワシントンからの命令が「いかなる組織的なシナ軍部隊にも発砲しないこと」だったことを明らかにした。唯一の目的は、暴徒の暴行からアメリカ居留民を守ることにあると将軍は主張した。後に合衆国に戻ってから、バトラー将軍はこうも宣言した。シナに駐留していた間、将軍の軍隊はただの一発も敵対発砲をしなかったと。退役し

〈注2〉　狭義には一九三七年九月の盧溝橋事件に始まり、一九四五年八月の日本の降伏に至る日本とシナとの全面戦争をいうが、ここでは満洲事変から飛び火した一九三二年の上海事変も広義に含めている可能性がある。

た後は演説を行ない、全アメリカ軍と諸外国の軍隊はシナから撤退するべきだと力説した。

平静を保ちつつ干渉主義政策に反対した、もう一人のアメリカ政府役人が、アジア海域の合衆国艦隊の司令官、マーク・L・ブリストル提督だった。ブリストル提督は第一次世界大戦後、トルコで合衆国高等弁務官として勤めたことがあり、トルコに対し連合国側が干渉主義的な動きをすることの無益さに気づいていたのだ。

シナの初代イギリス司令官のゴート卿は、イギリス政府もシナで壮大な軍事行動に乗り出す意思がまったくないことを知り、憤慨してイングランドに帰国した。共同租界のファイルには、揚子江流域への侵攻や、上海・漢口間の揚子江両岸に幅八〇キロ、長さ約一〇〇〇キロの「衛星地帯」を造る周到な計画が、何年間も眠っていたわけだが、また整理棚の中に戻され、さらに塵をかぶることになったのだ。その計画を準備したのは、上海の保守派で筋金入りの帝国主義者だった。連中は、外国の軍事力をちらつかせば、シナはびっくり仰天して屈従するものと思っていた。

ゴート卿の交代要員として派遣された新任のイギリス司令官は、シナに到着してすぐに記者会見を開いた。司令官は、事務所の壁に貼った新しい地図を見せながら、「シナの国民党軍の所在を示す画鋲の色を変えたのでご覧いただきたいのです。以前は赤色の画鋲でしたが、今は黄色です」と言った。

そしてイギリス政府は、つぎのように理解していると宣言したのだ。シナの国民運動はシナに新たな時代をもたらそうと計画された正真正銘の革命運動であり、上海で頑固に抵抗する帝国主義者たちが流した扇情的な宣伝や誇張したニュース記事で描かれていたような、シナからアメリカ人やヨーロッパ人を追い出す目的で計画された「揚子江の赤い波」ではなかったと。

上海の保守的なシナ系大手商社や金融業界は、たいてい、国民運動を支持した。彼らは、この運動によって、一〇年もの間、シナにはびこっていた政治不安に終止符が打たれることを望んだのだ。彼らは、この運動により、ひどく疲弊した国家と貧困にあえぐ人々に秩序がもたらされるだろうと思ったのである。しかし同時に、銀行家やビジネスマンは、国民党共産派が提案した計画のもとでは、永続的な救援も再建もないだろうと実感していた。

ビジネスマンと銀行家の代表が、共産政権下の実状を調査する目的で、上海から漢口、そして江西省と湖南省へ派遣されたけれども、シナ人ビジネスマンを「帝国主義者の走狗」と非難するプラカードを持った急進派学生に捕らえられ、ワイシャツの裾をズボンから出したままの状態で、村々を練り歩かされた。その代表たちは、漢口とその周辺地域に広がる恐怖統治の報告を携えて上海に戻ると、上海地域でそのような新しい事態が再発しないよう、ただちに策を講じた。

第一次南京事件の真相

国民党右翼と、急進左翼および共産党との間の上海戦争の全貌は、一度も語られたことがなかった。急進派分子を弾圧した責任者は、どう見てもそのやり方を明かしたがらなかったし、一方、弾圧された側は、真相を語ろうにも生き残っていなかったからだ。しかし上海市当局は、共産党員たちが、上海の工場で何千人もの労働者を武装させ、訓練したという事実を知ることになった。当局がその状況に対処する策を講じたのも当然だった。共産党員が、地元地域の戦略拠点を占領したために、市当局は行動に出ざるをえなくなったのである。

蒋介石は江西省南昌の本部にいたので、上海での共産党分子の弾圧には加わっていなかった。国民党保守派の四人の傑出した指導者のうち、李済深《りさいしん》将軍、李宗仁《りそうじん》将軍、何応欽《かおうきん》将軍の三人も同様だった。将軍たちもまた、上海から数百マイル離れたところで、国民党軍隊を指揮していたからだ。

しかし、もう一人の国民党の司令官はそうではなかった。彼もまた、広東からの北伐で蒋介石と提携していた。その司令官とは程潜《ていせん》〈注3〉で、上海進撃には参加しなかったけれども、軍隊を西部へ差し向け、直接に南京へ移動したのだ。

程潜将軍の軍隊は、南京に入城するなり、南京市を計画的に掠奪した。その中には、外国領事館、宣教団施設、外国人とシナ人双方の住居や事業資産も含まれていた。連中は明らかに事前に取り決めておいた計画通りに行動し、恐怖統治を展開したのである。おびただしい数の外国人が暴行を受けた。証拠が指し示すのは、南京事件は、蒋介石将軍の威信を傷つける目的で、左翼分子が演じたという事実だった。

進軍する国民党員と争ったのは、有能な北方の将軍、孫伝芳《そんでんぽう》だった。孫は、上海の南西約一六〇キロのところにある杭州の首都から、福建、浙江、江蘇の沿岸諸州を支配していた。

国民党軍の上海入城

重大な局面を迎える前に、国民党員から上海を守る計画について孫将軍にインタヴューするため、私は通信記者の一団を連れて杭州まで赴いた。上海デルタ地帯、すなわち揚子江デルタ地帯は、三辺の長さがそれぞれ一六〇キロ、三二〇キロ、四〇〇キロの三角をなしていた。東の頂点が上海、北の頂点が南京、南の頂点が杭州だ。この三角地域内は、シナでもっとも肥沃な地域であり、もっぱら綿、絹、小麦、米の生産を主とする豊かな農耕地が広がっていた。繁栄した工業都市も数多くあった。そのトップが無錫《むしゃく》〈注4〉で、この地域内の綿、絹、小麦粉製造の中心地だ。

孫将軍は、北部軍司令官の中ではもっとも事情に明るい人物の一人であり、行政官としても立派な経歴があった。将軍は、世評ではシナ最高の装備を持つといわれる自軍を閲兵し、上海を「共産党」から守る能力があると宣言した。ニューヨークの新聞を代表する通信記者の一人も、上海が「難攻不落」であり、国民党に占領される危険はまったくないというニュース記事

〈注3〉『東京裁判 却下未提出 辯護側資料』の訳文には「張貞」とあるが、どうも張ではなさそうだ。ちなみに張貞はChang Chen。ここでパウエルはChang Chianとしているが、正しくはおそらくChang Chienであろう。湖南省醴陵出身の軍人（一八八一～一九六八年）。一九二〇年、広東軍政府陸軍次長、一九二三年、広東孫文大本営軍政部長。第六軍軍長として北伐に従い、九江、南京を攻略。一九四九年、人民解放軍の長沙解放に際し、中央に寝返った。

〈注4〉江蘇省南部の都市。

を送った。この記者は、孫将軍の装備の整った軍隊が、実は共産党員の宣伝によって士気を完全に挫《くじ》かれていたという事実に気づいていなかった。

外国が統治する共同租界とフランス租界では、外国軍が守備につき、一連の要塞化が行なわれ、有刺鉄線のバリケードが数えきれないほど何列も築かれたことで、周囲の田園地域との接触が厳しく断たれたため、内部の住人たちは外で何が起こっているのかほとんど知らなかった。国民党軍が到着する何日間も前から、浦東《プートン》、閘北《ざほく》、南市の人口密集地では、連続的な砲撃があった。そこには地元民が所有する企業の大半が事業所を置き、労働者の大半が住んでいた。

上海は、とんでもない噂がいつも出回る神経質な状況にあり、噂の大半がほんとうだと信じられていた。ある日のこと、フランス租界当局は、北伐の国民党軍に抵抗しないことを決定し、武器を持たなければ、兵士が租界に入ることを許したという報道があった。二つの外国人地域〔共同租界とフランス租界〕を隔てるのは、通り一本だけだったため、このことで共同租界に蔓延していたパニックがより一層増大した。その夜、共同租界当局は、新しい有刺鉄線のバリケードを大勢の労働者に造らせた。今回は共同租界とフランス租界の間だった。

私は、事態が新たな展開を見せたことについて、フランス総領事にインタヴューしたが、総領事は肩をすくめるだけだった。この総領事は、自分が認めたいと思う以上のことを知っているのではないか、と私は思った。それが事実であることはすぐに判明した。フランス人たちはすでに国民党の将校と連絡を取り合っていたのだ。

二人の国民党将校がフランス租界の境界線に到着したことをアメリカの通信記者が知ったとき、バリケードの門を開き、インタヴューのために私たちが門を通過するのを許可したのは、何とフランス警察だった。その国民党将校とは、李宗仁将軍と何応欽将軍だった。二人は私たちにこう断言した。外国人を攻撃するつもりはまったくないし、上海については、シナ人地区の秩序を回復させる方策がすでに講じてある、と。二人はまた私たちに、上海の北方軍司令官はすでに逃亡し、その軍隊も武装解除されたことを伝えた。

上海はシナの「重要《キー》」都市であり、どんな政治集団でもシナを統治しようとすれば、上海を支配しなければならぬという事実を心にとめれば、国民党の両派が、上海のシナ人統治区域の支配権を握る準備をしていたのは明らかだ。まず、国民党急進派支部に所属する宣伝チームが登場し、揚子江下流地域を支配する北部軍の士気を完全に挫《くじ》いた。この地域には、上海が位置している。それまで上海を防衛していた者たちの士気が、あまりにも完膚なきまでに挫かれていたため、彼らの司令官たちは進軍する国民党軍が射程範囲に入るまで待てなかったのである。南部軍が上海を中心とした一六〇キロ圏以内に入る前に撤退したのだ。その結果、上海地区では、北部軍の撤退と南部軍の到着の間に、政治の空白期間を経験したわけである。北部軍が、鉄道車両と、沿岸や揚子江上で利用できる全船舶を占有していたため、南部軍は仕方なく徒歩で移動しなければならなかった。

したがって共産党員には準備をする機会があったのだ。学生と労働者集団の間に、左翼とその社会改革運動寄りの感情が満ちていたことについては疑問の余地がない。漢口のやり方で、上海の支配権を握る準備がなされた。そして漢口と同じように、デモ行進、大衆集会、演説、印刷物の配布が行なわれた。

建物の壁という壁に、外国の帝国主義者を公然と非難するポスターがぺたぺたと貼られた。外国人を助けるシナ人は誰でも、外国の「帝国主義者の走狗」という言葉でののしられ、漫画で風刺された。

シナ人の組合や商工会議所を支配する強大な集団の構成員、シナ人の買弁《ばいべん》、すなわち大手の外国会社で働くシナ人の仲介人は、急進派宣伝員の目の敵にされ、罵詈雑言を浴びせられた。買弁は人の笑いものにされ、ポスター運動では、ののしり言葉に富む言語の、ありとあらゆる悪口が使われた。

上海では、特に何千丁ものライフルが急進派指導者によって工場労働者に配られていたことが明らかになると、今にも南京や漢口での事件が再発しそうに思えた。

2　慈悲深いギャング

上海における共産党のクーデター未遂

当時、上海に広がっていた混乱状態の中から、それまで無名だった一人の人物が登場した。一〇年前のアメリカのギャングと政界のボスの性格を兼ね備えた人物だ。名を杜月笙《とげつしょう》〈注5〉といい、今では立派なシナ版『人名辞典《フーズデー》』に「銀行家、慈善家、福祉事業家」と記載されている。両親は小作人で、大都市上海から約四〇キロ離れた海岸沿いの小さな漁村で生まれたため、若い頃の杜のことはあまり知られていなかった（その漁村は「杜の村」と改称され、二、三〇〇人の住人〔船乗、漁師、農夫〕がいたが、一九三四年、にわかに活動を起こし、あっという間に世間の注目を浴びるようになった。その年、杜は、一族の廟を村に献納し、三・二キロにもわたってパレードをし、田舎中を練り歩いて五〇歳の誕生日を祝ったからだ。かかった費用は一〇〇万ドルをゆうに超えていた。パレードでは、シナ中の指導者からの祝辞を書いた旗が掲げられていた）。

杜月笙は、若い頃、上海のフランス租界で果物行商人をして人生のスタートを切った。すぐにアヘンが密売されている場所を発見し、禁酒法時代に合衆国の密売産業で行なわれていたように、上海で広まっていたゆすり、強奪、そしてその他の闇の仕事に精通した。暗黒街の状況を牛耳る上で杜月笙が使った方法は、伝統的な路線に沿ったものだった。杜月笙は、フランス租界と隣接する南市のシナ人地区の歩道と、悪臭を放つ貧民窟から身を起こし、アヘン、賭博、娯楽産業の元締めになったのだ。

杜は、実力がついてくると、それまで解決困難だった地元の政治問題まで解決してしまった。つまり、はるか昔の満洲朝廷の時代から活動している二つの強力な秘密政治結社を合併したのである。藍衣《らんい》社と青帮《チンパン》社というその組織は、もともと満洲族に対して陰謀を企てていたけ

〈注5〉　上海出身で、上海マフィアの三大ボスの一人（一八八八～一九五一年）。一九二七年に反共右翼暴力団「共進会」を結成し、蔣介石の四・一二政変の策動に協力。南京国民政府誕生後は蔣介石から少将の肩書きを授かり、陸海空総司令部最高参議、上海フランス租界華董を兼任した。

れども、共和国が樹立されてからは、ギャングまがいの暴力集団に堕落していた。この二つの集団は激しく敵対していた。その敵対行為が高じて、合衆国のシナ人社会の初期の秘密結社抗争のように、銃撃戦となることもしばしばだった。

しかし杜月笙は、ライバル同士のこの集団を合併するという、一見して不可能と思われることを成し遂げ、藍青社《らんせい》という新生組織の頭領となった。この結社は、シナの観点からすると、合衆国の大都市を支配した政治組織と大して違わない機能を果たした。

杜月笙には信頼を寄せる副官が二人いて、そのうちの一人は娯楽産業を、もう一人はシナの商工会議所や組合を支配した。以前は、それぞれライバル同士の藍衣社と青帮社で活躍した二人だった。

フランス租界の政治状況のおかげで、杜はやすやすと権力を手に入れることができた。上海のフランス租界は「麗しきフランスの小さな一部」と見なされていたけれども、パリからの直接統治ではなく、仏領インドシナ植民地の首都ハノイを通して間接的に統治されていた。フランス植民地にはびこった無能と堕落が、上海のフランス租界でも再現されたのだ。上海行きを任命されたフランスの役人たち、特に警察署長らは、租界で幅を利かせていた暗黒街の活動からどんどん富を蓄えた。ハノイのフランス政権が日本人に屈辱的な降伏をすると、彼らの実態が世界に暴露された。

杜月笙と仲間たちはこの状況を利用してフランス租界の真の支配者となった。杜は、租界にある、さながら兵器庫のような自宅から杜帝国を支配した。しかし慈善事業には気前よく寄付をし、シナの銀行や商社の管理では、上海の他の誰よりも多く会長の任務をこなすようになった。彼の命令を実行に移すのは、特に「杜の私服〔便衣《べんい》〕兵《へい》」の名で知られる武装警備兵だった。

北部軍が撤退して混乱状態になったとき、杜月笙は難局の打開を図り、国民党軍が到着するまで、法と秩序の維持には責任を持つと、地元の外国当局に通告した。銃撃戦が始まったのは、このときだった。銃撃戦は何日も中断することなく続いた。急進派と共産党員が準備していた上海占拠は不首尾に終わった。恐怖政治を計画していた共産党だが、逆にその恐怖を自らが味わうはめになったのである。

シナ人地区の通りに散乱した死体の数を正確に数えたことはなかったが、当時『チャイナ・ウィークリー・レヴュー』の編集員だったエドガー・スノウは、五〇〇〇人以上の左翼主義者が殺されたと推定した。スノウの説明によると、共産党指導者の周恩来《しゅうおんらい》は、六〇万人の労働者を組織してゼネストを挙行し、上海の産業を完全に停止させたという。ストライキに参加した者たちの秩序を維持したのは、約五万人の訓練されたピケ隊員だった。警察署、地元の兵器庫、そして守備隊本部は、約五〇〇〇人の武装した労働者によって占拠されたが、その労働者のうち、約二〇〇〇人は特別の訓練を受けていた。いわゆる「人民政府」が宣言されたと、スノウの説明では述べられている。

しかし共産主義者のクーデターは短命に終わった。杜月笙の老練な拳銃使いには、抵抗できなかったからだ。李宗仁将軍、白崇禧《はくすうき》将軍、何応欽将軍の指揮する国民党軍が上海に到着したときには、すでに仕事は片付いていた。上海は、杜月笙とその副官たちによって、国民党軍に明け渡された。共産党の指導者、周恩来は投獄され、その他の急進派指導者で、捕虜や処刑にならなかったものは、漢口へ逃避した。

その後しばらくして蔣介石将軍が到着して状況を掌握すると、国民党から共産党員を追放し、すべてのロシア・ソビエト顧問にシナから強制退去を命じる布告を出した。広東で追放命令と退去命令が実施されると、それとともに深刻な暴動が起こり、数人のロシア人を含む左翼グループの党員が数多く虐殺された。ロシア人が広東のアメリカ領事館に逃げ込むのを許したアメリカ領事のハウストンのおかげで、多くのロシア人顧問の命が救われた。

「広東コミューン」が崩壊した後、共産党員たちは広東の北、広東省沿岸の汕頭《スワトウ》に政権を樹立しようとしたが、蔣介石将軍の率いる国民党軍には抵抗できなかった。ついに中支と南支に追い散らされた共産党敗残軍は、漢口から追い出された者たちと連合し、江西省と福建省の間の境界線上の山岳地帯に「シナのソビエト政府」を樹立した。そこで数カ月持ちこたえたものの、最後には蔣介石の爆撃機に追い出され、仕方なく北西部へと逃避せざるをえなかった。彼らは陝西《せんせい》省の延安《えんあん》で別の共産党政府を樹立した（それは今でも存在している）。

国民党の共産派が演じた最後のエピソードは、南京で、国民党軍内部の共産党員が外国居留民を攻撃したことである。数人のアメリカ人とイギリス人が殺害されたり、負傷したりしたので、南京の揚子江上に停泊中のアメリカの砲艦は、アメリカ領事館員と地元のアメリカ居住民を攻撃した兵士の群れに砲撃することが必要になった。そのアメリカ人の中には、南京城壁を見渡す丘の上に孤立状態となった数人の女性も含まれていた。共産党兵士たちは砲艦の艦砲射撃で追い払われ、アメリカ人たちは南京城壁を越えて、揚子江に停泊中の砲艦へ避難した。蔣介石将軍の忠実な司令官たちが秩序を回復すると、諸外国列強に対する国民党の信用を落とそうとした共産党クーデターの指導者たちは裁判にかけられ、そのうちの数人が処刑された。

南京における「強姦」事件の真相

南京事件の翌日の夕方、通信記者たちは、アメリカ領事館での記者会見に呼び出された。私はハーバード大学国際法学部のマンリー・O・ハドソン博士を同伴してその会見に出席した。そこで私たちは「恐怖統治」のとき〈注7〉に南京にいたアメリカ人宣教師に紹介された。この宣教師は、南京大学名誉総長のウィリアムズ博士が殺害されたこと、そして宣教事務所のアメリカ人女性秘書が金庫の鍵を渡すのを拒んだために殺害されたことについて語った。またイギリス領事が発砲されて怪我をしたことにもふれた。

これらの事件はすでに報道されていたけれども、実際に事件を体験してひどい興奮状態にあった会見者が、逆上した共産党兵士に外国人女性が強姦されたケースが何件もあったと公表したときには、通信記者たちも強く興味をかきたてられた。ちょうど領事館職員がタイプで打ち上げたばかりの、宣教師の声明の写しが、通信記者たちに配付された。

〈注7〉　共産党員が第一次南京事件を起こしたときを指す。

記者会見が解散となる前、ハドソン博士は私に対し、どんな強姦事件でもいいから、個人的に知っているかどうか宣教師に尋ねてみてはどうかね、と言った。するとその宣教師は、かなり興奮して、現地で直接に入手した情報ではないが、その事件については、信頼する人々から話を聞いていると答えた。

この返答を受けて、すぐに論争が起こった。論争の中で、第一次世界大戦の残虐行為を調査する委員会で働いていたハドソン博士は、申し立てられた強姦事件で、調査に堪えうるものはほとんどなかったと説明した。

このことの結末はこうなった。強姦事件を海底電信で送信した通信記者の大部分が、現場で得た情報にもとづくものではないと見なしたのだ。いわゆる「強姦」話は、南京の至るところで勝手に出回っていたし、それを掲載した新聞もあったことを述べておかねばならない。強姦話は、諸外国列強側の武力介入を引き出す目的で、反動的な集団に利用されたのだ。

前述の事件があってから数週間後に、あるアメリカ人の女医から一通の手紙を受け取った。彼女は事件があったときに南京にいて、現地で強姦の申し立てを調査したことがあった。ただ一件だけ該当するケースがあるが、それは強姦「未遂」だと彼女は言った。彼女の説明では、三人の兵士が家に侵入し、アメリカ人女性が一人でいるのを見つけると、二階の部屋まで引きずり上げたという。しかし兵士たちは怖気《おじけ》づき、目的を遂げずに逃げ去った。私はシナで新聞の仕事を二五年以上もやっているが、その種の事件で私の注意を引いたのはこの一件だけだった。

杜月笙は、共産党の脅威から上海を救った人物として、歓呼して迎え入れられた。その後ほどなく、フランス政府は、フランス租界でこのように長年にわたり汚職やギャング行為がはびこってきたことに憤慨するようになり、提督と海軍を派遣してギャング行為を完膚なきまでに一掃した。その後、杜月笙は立派なビジネスマンかつ慈善家となり、フランス政府から叙勲された。しかし杜は、藍青社と便衣兵《べんいへい》の小隊を支配しつづけ、安全対策を怠ったことがなかった。

一九三二年の初頭、満洲占領後に勃発した反日活動を抑え込むため、日本人が上海に干渉すると、杜月笙の「軍隊」は、日本人が占拠した上海の虹口《ホンキユー》地区で活動を再開した。彼らは、建物の上階や屋根の隠れた位置から銃撃し、日本人市民はもちろんのこと、海軍の軍隊も破滅させた。杜の便衣兵たちは、上海の防衛を大いに助け、日本人の干渉にとても手痛い犠牲を払わせたので、日本人は進んで調停を受け入れ、海軍の軍隊を撤退させたのである。

一九三七年、日本人がシナ本土で戦争を始めたとき、杜月笙とその手下たちは、最後の最後まで上海を守った後、国民党軍と一緒にシナ西部へ撤退し、そこに留まった。

「共産党員」たちの本当の姿

上海で共産党員が鎮圧されてから何カ月も経《た》って、共同租界のアメリカ人議長であり、「上海市長《ロード・メイアー》」の名でも広く知られたスターリング・フェッセンデンは、シナ共産党員とソビエト顧問から上海を「救済」した物語を、つぎのように私に語った。私の知る限り、その話の全貌が活字になったことはない。日本が上海を占領した後、フェッセンデンが死ぬまでは、「オフレコ」になっていたからだ。

フェッセンデンが言うには、国民党と、ロシアが援助する中国共産党との間の「上海戦争」に杜月笙を引っ張り込んだ責任は、主としてフランス租界当局にあったという。杜はフランス租界で「育った」ため、外国人地区を囲むシナ人地区で、政府の支配力がことごとく崩壊していたとすれば、フランス人が杜に助けを求めるのも至極当然だった。フェッセンデンはこう言った。

「フランス人の警察署長が、ある日、私に電話をかけ、地元の状況について密談をしたいので会いに来てくれと頼んできた。署長が教えた住所の場所へ行ったら、そこは高い壁に囲まれたシナ人の住居で、驚いたことに、正門には武装した護衛がいた。私は中に入ることを許され、すぐに待合室へ案内された。否応なしに気づいたのは、広々とした玄関広間には、おびただしい数のライフルや軽機関銃が並べられていたことだ。やがて声がして、フランス人の署長が二人の男と一緒に待合室に入ってきた。一人は杜月笙、もう一人は通訳だった。早速、私たちは要件に取りかかった。フランス人の署長は、つぎのように説明した。北部の防衛司令官と軍隊が撤退した後、北部人からなる地元のシナ政府は崩壊してしまったので、共産党員から外国租界を防衛する問題を杜と討議していたのだと。杜は、ドライに核心に触れた。杜としては共産党に対し敵対行動を取っても構わないと思っていた。しかし、それには条件が二つあった。フランス当局には、少なくともライフル五〇〇〇丁と充分な弾薬を杜に供給してほしいというのだ」

さらにフェッセンデンは続けて言った。

「つぎに私のほうを向いて、杜の軍用トラックが共同租界を通過する許可が欲しいとも言った。租界当局がこれまでどのシナ軍にも許さなかった要求だ。杜月笙が言うには、シナ人街のある区域から別の区域に武器や軍需品を移動するのにはそれが必要だという」

フェッセンデンは、工部局が承認することを条件に同意しようと杜に告げた。さらにフェッセンデンは続けた。

「杜のような名の知れ渡った男を相手に、一か八かの危険な賭けをしているのだと、私は実感したけれども、局面は重大であった。というのも、共産党員が共同租界とフランス租界を占領しようとすれば、きっと広範囲に及ぶ混乱と流血という結末を迎えるに違いなく、その中には、上海の外国統治地区に住む何十万人ものシナ人はもちろんのこと、何千人ものアメリカ人、イギリス人、そして外国人居留者も含まれていたからだ。共産党員は、外国人地区を占領して国民党軍から自軍を防衛しようと企んでいたので、外国人は交戦する両軍の板ばさみになったことだろう。その結果、一〇〇年ほど前に租界が設立されてから起こったいかなる事件よりも、ずっと深刻な国際問題となったことだろう。

杜が仕事を片付けるのに三週間かかった。その頃までには、充分な外国軍隊が、外国人地区内の秩序維持のために到着していた。そしてまた、その頃までには蔣介石将軍が到着し、シナ人地区を統括していた。将軍は、南京で起こったような外国人攻撃の意図が国民党軍にはまったくないことを、ただちに公表した。また南京で蛮行をした犯罪者は罰せられるだろうとも明言した」

中国共産党を擁護するために雇われた数多くのアメリカ人専門家たちは、上海や広東やその他のところで、シナの「ファシストと資本主義者」がシナの労働者や学生を「虐殺」したことについて、涙を誘うような、短い記事を書いている。

しかし、連中はつぎのような、すこぶる重要で肝心な点をうまく言いつくろっているか、あるいは完全に書き落としているのだ。いわゆる労働者や学生と呼ばれる者たちが、モスクワかシナでロシア人特務機関員から革命の方法やテロの訓練を受けていたこと、そして、その同じ労働者や学生が、シナで作戦行動を行なう第三インターナショナルの特務機関員から武器を供与されていたことだ。共産党員が、自らの政治的陰謀を成就する手段として「暴力」主義を維持する限り、共産党員の敵が共産主義者と争うのに同じ方法を用いても、とやかく文句を言われる筋合いはないのである。

第15章　干渉についての外交的曲芸

国民党の南京・上海占領に対して、列強はどう反応したか

南京の情勢に対するアメリカ政府の公式声明

アメリカ国務省と上海のアメリカ総領事との間で交わされた急送公文書が新しく公表されたことから、一九二七年当時の上海の状況を示す興味深い一面が明るみに出た。

上海総領事のクラレンス・E・ガウス（在任一九二六〜二七年）と国務長官のフランク・B・ケロッグの間で、『チャイナ・ウィークリー・レヴュー』に関する二通の特別公文書が交わされていたのである。おりしもシナ国民党軍が広東から揚子江流域へ進軍していた時期だった。

ガウス氏（一九四四年に重慶政府への大使を最後に退官）は、一九二七年三月末にアメリカ国務省に宛てた電報で、『チャイナ・ウィークリー・レヴュー』の通信記者、J・J・アンダーウッドがワシントンから発信した特電の信憑性を疑問視したのである。その特電によると、ク

ーリッジ政権は、上海の頑固な保守主義勢力が要求していた「統一指揮」のもとに、他国と共同してシナに干渉するつもりはないと述べられてあった。『チャイナ・ウィークリー・レヴュー』と、その他の上海の新聞にその特電が公表されると、世間を騒がす事態になった。
当時のシナ国民党の軍事的・政治的運動に対するアメリカ政府の重要な声明として、そしてその後に展開されるアメリカの政策を示唆する正確な声明として、ここにその特電の全文を引用する。

「ワシントン、三月三十日〔一九二七年〕大統領は、シナの状態が今よりも前途有望だという事実を確信しているとの説明が、本日、ホワイトハウスであった。官僚筋が匂わせているところによると、南京事件〔第一次〕関連で罪を犯した者たちの処罰に対する統一要求には、どのようなものであれ、これに加担する意図はまったくないらしい。上海の現状では協力が必要だけれども、シナの現状では統一指揮権を設置する必要性を合衆国政府はまだ感じていないと、内閣周辺はほのめかしている。さらに現在シナ駐屯の軍隊と移動中の軍隊に加えて軍隊を増援する必要はまったくないと思っている。シナのアメリカ軍は単に警察の資格で行動しているにすぎず、これは干渉を意味するものではないと、国務省は重ねて強調した。南京事件に関しては、広東人たちに責任があると決まったわけではないと発表された」

この特電が公表されたとき、上海のどの新聞社も、アメリカの通信社を通して直接には特電を受け取っておらず、その結果、イギリスのロイター通信社に全面的に依存していた。ロイター通信社は当時、ロンドン―カルカッタ―シンガポール―香港という遠回りのルートで合衆国の出来事を報道していた。したがってシナへの武力干渉の問題で、合衆国の公式見解や世論が新たな展開を見せても、上海がそれらの意見に直接に接していたわけではなかった。

南部から国民党軍が進軍してきたために、上海は何週間もパニック状態に陥っていた。北京の公使館はもちろんのこと、商工会議所、市役所、外国領事館は、上海を守るためにもっと軍隊を派遣せよと、気も狂わんばかりに海底電信を送っていた。上海では、急遽建設した塹壕網、コンクリートのトーチカ、数えきれないほど列をなす有刺鉄線で、バリケードがすでに築かれていた。

国民運動への敵対宣伝が集中的になされて、「モスクワに操作され、指示された」とか、「揚子江の赤い波」とかいろいろと言われたため、外国人居留者の間には、きわめて集団ヒステリーに近い心理状況が生まれていた。

だがフランス当局は、おそらくシナ全土に散らばっているカトリック宣教師たちと密接に連絡を取り合っていたためか、国民党の進軍には驚かなかった。すでに述べたように、フランス当局は、国民党の指導者たちが上海の周辺に到着するずっと前から、彼らと接触していたのだ。しかしフランス人は、シナ人地区に面するフランス租界の境界には同じようにバリケードを築いていた。

た。合衆国、イギリス、フランス、イタリア、そして日本は、すでに軍隊派遣の嘆願に応じていた。しかしワシントンの通信記者から『チャイナ・ウィークリー・レヴュー』に発信された電報にもあったように、アメリカ政府側には、少なくともクーリッジ大統領の政権には、上海の頑固で保守主義的な反動主義者が何年にもわたって要求してきたような、いわゆる「統一指揮権」下でシナに干渉する意図がないことは明らかだった。

揚子江で国民党の動きを妨害し、北伐を阻止するための壮大な戦略計画を見た者を、私は一人も見つけられなかった。しかし、ほとんどの住民はそのような計画の存在を信じ、今や列強諸国はそれを実行に移す準備ができていると信じていた。

クラブやホテルのロビーのあちこちでは、つぎのような話で持ちきりだった。長く遵守されてきた外国条約を破棄する意図があると宣言した成り上がり者の国民党員は、身の程を思い知らされた上、さんざん平手打ちを食らう運命にあると。シナ軍に対する昔からの印象、つまり連中は、外国人兵士がライフルを一発撃っただけで、尻尾を巻いて退散するごろつきだという認識が、依然としてはびこっていたのだ。

港を支配し、大部分の新聞を牛耳り、租界で既得権を持っている頑固で保守的な商人や住人たちは、自作自演の宣伝で催眠術にかかり、長く待ち望んだ救済の日がやって来ると信じていた。揚子江の河口に広大な「自由都市」区域を造ろうという計画が、整理棚から取り出され、埃が払われ、すぐに使えるよう修正された。

怒りに煮えたぎる上海のアメリカ人

というわけなので、ワシントンからの特電が『チャイナ・ウィークリー・レヴュー』で発表され、アメリカによる何の干渉もなく、統一指揮権もなく、夢のような揚子江中立地区の建設もなく、上海に派遣される軍隊の目的がもっぱら警察機能のためだけと言われると、集団精神病の専門用語以外ではとても言い表わせない激怒とフラストレーションの感情が引き起こされたのである。特電を公表した『チャイナ・ウィークリー・レヴュー』は、昔からよくいう、悪い知らせを持ってくる人のように見なされていた。筋金入りの反動主義者たちはこう主張した。

「特電がほんとうであるはずがない。どう見ても列強諸国がこの重要な段階で私たちを見捨てるはずがない。特電はボルシェビキが唻《けしか》けたに違いない。合衆国政府は、そのような『腰のひけた』政策の責めを負うことなどありえない」

憤りが募り、熱にうなされるまでになった。外国人は、勢いを増すシナ民族主義の流れに譲歩して答える必要がある、さもないと外国人はすべてを失うだろうと、以前から社説で『チャイナ・ウィークリー・レヴュー』がずっと主張してきたことから、伝統的な保守派の人々は、自分たちが充分に準備してきた計画が失敗に終わった責任を、新聞の編集長である私に押しつけてきた。

動揺したガウス総領事は、つぎのような旨の海底電信をアメリカ国務省に送った。

「この特電のせいで、過去の意見がどうあれ、今は急進的共産分子が国民党運動を牛耳るのを食い止めるため、南京事件に対し列強諸国による強硬な行動の必要性に目覚めた当地のアメリカ人が狼狽しているだけでなく、現在急速に現状を支配しつつある急進派分子が勢いづいていることも明らかだ。『チャイナ・ウィークリー・レヴュー』の記事は事実に反しているので、それを否定するよう指示を受けるものと私は信じている。こちらの状況にはいまだに変化がなく、無法者の急進派分子が幅を利かせ、限られた軍隊しかない蔣介石《しょうかいせき》は、それを押さえる抜本的対策を何ら講じていない」

国務省はガウス氏の電報に対し返信を送ったけれども、その返信は、もし外交珍品博物館なるものが実在するなら、そのような施設にでも保管すべきものだった。返信では、外交特有の回りくどい専門用語で、ジャック・アンダーウッドが『チャイナ・ウィークリー・レヴュー』に送った特電をことごとく真実だと言いながら、最後には特電には「何の真実の根拠もなく」、もしガウス氏が「賢明と考える」のなら、それを拒否する権限を与えると結ばれていたからだ。その返答はこうである。

「ワシントン、三月三十一日〔一九二七年〕貴官が引用した新聞記事は、三月二十九日のホワイトハウスでの記者会見にもとづいていることは明らかだ。その席上、大統領は、質問に答えながら、先日、シナでのアメリカ軍の動きについて述べたことに対し、それ以上何も付け加えることはないと語った。そのとき、大統領は、シナでアメリカ軍を増強する必要はまったくないと考えると発言したのだ。しかし、大統領の言いたかったのは、ウィリアムズ提督から一五〇〇人の海兵隊増援を要求する電報を受け取っていたときは、とてもそのような声明が出せなかったということだ。もちろん、海兵隊は、海軍省によって派遣されていた。たぶんそれだけの軍隊で充分だろうと思うし、それほどの軍隊はまったく必要ないということもありえるかもしれないが、いずれにしろ、シナは遠く離れており、軍隊を召集して派遣するには準備に時間がかかる、と大統領は言ったのだ。私たちはどのような事件が起こりうるか予期しなければならないし、軍隊の増強を求める提督の要求を信頼している。提督は、最初の声明が出されるまでは、シナに駐屯する軍隊よりも大規模な部隊の派遣が必要だとは考えていなかった。かなりの長い期間、三隻の巡洋艦がホノルルで提督の命令を待って待機していた。数日前に、巡洋艦が出港した。当地での私たちの軍隊の目的は、私たちの国民と財産を守ることだ。私たちの軍隊は遠征軍ではない。私たちの軍隊は警察隊の性格を持ち、できる限り、私たちの国民を保護するためのものだ。いかなる相手に対しても戦争をすることは許されない。今のところ私たちの国民に対して組織的な軍事攻撃はないが、ときどき兵士による非組織的な攻撃が行なわれている。私たちが憶測するに、兵士たちは政府の役割を果たそうとする何者かの支配下で行動しているのではなく、むしろ暴徒として行動しているのだ。そのようなことがいつ何時起こるかもしれないというのが、私たちの軍隊増強の理由である。シナの米軍の指揮権に変化はないだろう。もちろん私たちの軍隊は、私たちの将校によって指揮されるだろうし、私の知るかぎり、いかなる統合司令部も置くつもりはない。もちろん、現状では必要なので、当地では他国と協力している。外国租界の位置からして、私たちの国民が諸外国の国民と完全に分離されるようなものだとは理解していない。フランス租界は、その他の国民の租界や共同租界と分離していないので、暴徒がいつ何時力ずくで進入してきてもこれを阻止し、自国民を保護するために、私たちは皆ともに行動すべきである。前述の報告は、貴官に内々の極秘情報を提供するためのものである。貴官は『チャイナ・ウィークリー・レヴュー』で公表された陳述が、いかなる事実にももとづいていないことが分かるだろうし、もしその陳述を否定するのが賢明と考えるのなら、貴官にはそうする権限がある。　ケロッグ」

この特電の内容はまもなく上海中に知れわたり、あちこちでひそひそと言いふらされた。二日後、上海のアメリカ商工会議所は、列強諸国によるシナへの武力干渉を要求する強硬な決議案を通過させた。商工会議所の決議案では、本国のアメリカ国民は「いつも簡単に甘言で釣られ、正当か否かの区別なく、どのような運動にも涙もろく同情的であり、ソビエトの宣伝に乗せられ、シナの現状については騙されていた」という見方が表明された。

私を除名する商工会議所の決議案

この決議案が通過してまもなく、重役会は会議所の特別会議を招集し、『チャイナ・ウィークリー・レヴュー』の編集方針を理由に、同新聞の編集者の辞任を正式に要求した。私は、一九一七年の会議所創設の日から、現役の会議所会員だったけれども、特別会議のことは知らされていなかった。偶然にも、早めにそのことを知り、決議案の投票が行なわれる前に会議所に到着した。

その日の朝、私は『チャイナ・ウィークリー・レヴュー』のワシントン通信記者のアンダーウッド氏から、電報をもう一通受け取っていた。その電報は、クーリッジ大統領と国務長官のケロッグが、いかなる武力干渉主義の計画にも反対していることをさらに裏付けていた。会合に出かける際、私は電報の写しをポケットに入れて持参した。

会合はごく少数の会員しか出席していなかった。集まった顔ぶれを見渡していると、「出席者を自分の派の者で固めた《バックト》」会議だという感を覚えた。その私の予測が証明されたのは、出席した会員がつぎからつぎへと起立し、『チャイナ・ウィークリー・レヴュー』の編集態度が、上海のアメリカのビジネスとシナ全土での外国人の権益に反するものだとして同紙を非難したときだった。

投票する前に、私はこう述べた。シナの深刻な危機的状況は充分に理解しているが、諸外国列強による武力行動は、蔣介石将軍率いる穏健な国民党派を打倒しようとする急進分子やそのソビエト支持者たちを勢いづける結果にしかならないだろうと確信していると。また私が『チャイナ・ウィークリー・レヴュー』の社説で表明した見解は、合衆国政府の伝統的な見解、そして特に政府指導者たちの見解と一致することも説明した。

そしてあの日の朝、ワシントンから受け取った電報を読み上げた。その電報によって、以前のメッセージがさらに裏付けされた。すなわち、ワシントン政府は、暴徒の暴力からアメリカ市民の生命と財産を守るため以外、武力干渉に反対であるというメッセージである。

私が席に着くか着かないうちに、地元のアメリカ人弁護士で、デラウェア州出身、在支合衆国裁判所所属の前地方検事のチャンシー・P・ホウルコム氏が立ち上がって熱弁を振るった。その中で同氏は、合衆国政府の「弱腰」政策を非難し、『チャイナ・ウィークリー・レヴュー』は「私たちの本国政府当局が、アメリカ人と他の外国人を失望させるような態度を取ったことに対し大きな責任がある」と告発した。

投票が行なわれる前に、会議所の内規に注意を促し、議事進行の手続きを質問した者がいた。その内規によれば、どの会議所の会員も、書面でしかるべき通知がなされ、正式な返答ができるよう一定日数の猶予が許されていなければ、除名はできないと規定されていた。しかし、出席していた会員は、たとえ規約上の理由といえども、反対意見に聞く耳を持たず、かなりの大多数で決議案が通過した。

私はただちに自分の編集方針を続ける決意を宣言し、会議所の決議が、この組織の内規に合致する目的で招集された会議で承認されない限り、私の辞任を要求する会議所の決議に応じることはできないと言った。そのような会議は一度も開かれなかった。

上海危機干渉問題に対するメディアの態度

上海危機を取材していたアメリカとイギリスの新聞社の通信記者たちは、アメリカ商工会議所の決議を記事にして本社に送った。その結果、私がそのような態度に出たことを喜び、武力干渉反対の立場を一歩も引かぬよう勧告する電報や海底通信が私のもとに殺到した。私の立場を承認した人々の中には、大部分の宣教団委員会の代表団がいた。

アメリカの商工会議所の決議は、地元のビジネスマン、いわゆる「レイヴェン・グループ」の団員によって扇動されていたのではないかという疑惑を持っていたが、数日してから、私はその裏付けを入手した。

この連中は、外国人租界の外にある土地で、投機的な不動産販売促進活動に深くかかわっていた。このグループは、干渉主義者の計画から有形の利益を得ようとやっきになっていたのだ。

後になって明らかになったのだが、このグループの団員の一人は、中華民国から独立したであろう都市、いわゆる揚子江河口の「自由都市」建設計画も促進していた。この計画は、ジュネーブの国際聯盟に送られていたが、シナの国有地に植民地を開拓しようとする、見え透いた偽装計画だった。その地域には、もちろん、上海も含まれただろう（レイヴェンのさらなるコメントについては第2章を参照のこと）。

シナのアメリカ人宣教師団は、ほとんど例外なく、商工会議所の態度とはっきり対照的な立場を取った。商工会議所の態度は「砲艦外交」であり、アメリカ人とシナ人の最善の権益に反するものとして公然と非難された。南京事件で被害を蒙《こうむ》った宣教団の中には、生命や財産の損失に対する賠償金の授受を拒否した教団もいくつかあった。

上海のアメリカ商工会議所は、合衆国政府の不干渉主義政策に対して断固反対を貫き、そのワシントン代表に、悪名高い日本の宣伝機関員で、一〇年以上も日本の極東権益に貢献した新聞『ファー・イースタン・レヴュー』の編集者、ジョージ・ブロンソン・リーを任命するまでに至った。リー氏はかつて合衆国商工会議所の年次総会に先立って演説を行ない、その席上で、アメリカ合衆国の新しい極東政策を推奨した。リー氏は、その政策を「モスクワの共産党の影響からシナを救済するための善意ある干渉」と呼んだ。リー氏は、後に二万五〇〇〇ドルの年俸で、満洲傀儡国家のワシントン外交代表となった。

これらの事件が起こったときに上海にいたAP通信社ワシントン支部の社員、ロバート・ピッケンズは、シナへの武力干渉問題をめぐる合衆国の報道陣の意見を要約、編集した。ピッケンズはつぎの事実に注意を促した。

たいていの場合、アメリカの報道界は、シナのニュースの問題では眠っているような反応しか見せないけれども、主に南京事件があったために、もっとも保守的な新聞でさえ、通信記者からの長い特電に重大な表題を付けて活字にしたのだと。こうしてシナの状況は、第一級の重要な新聞ダネになった。その結果、合衆国の世論は、異常なまでにまとまったのである。

アメリカの報道界は、シナへの干渉反対でほとんどの意見が一致した。広範囲の軍事行動を含みうる計画で、アメリカが他の列強諸国と協力することに対し、強く反対したのである。『リタラリー・ダイジェスト』が用意した要約によれば、アメリカの編集者が、クーリッジ大統領の政策を承認することで、あれほど意見が一致したことは滅多になかったという。出版するために書かれたピッケンズの調査では、上海制裁計画に反対するアメリカの論説意見によって、国務省が不干渉政策に従うようになったと明言されていた。

第16章　戦争状態のシナとソ連

中国共産党の策謀、
ソ連による北満洲へのおびただしい侵蝕

ソ連に対する張作霖《ちょうさくりん》の憎悪

一九二七年、国民党が分裂してから、中支と南支で募っていた反ロシア感情は、瞬《また》く間に北支へ広まった。北支には、ロシア人がもっとも憎む敵であり、（一九二八年に主席となった）蔣《しょう》介石《かいせき》将軍の敵対者でもあって、満洲の独裁者で北方軍閥の指導者、張作霖《ちょうさくりん》将軍がいた。

一九二七年四月六日、張作霖の警備隊は、アメリカ、イギリス、日本、フランス、オランダ、スペイン、ポルトガルの諸公使が管轄する公使館区域の警備兵の補佐を得て、北京のソビエト大使館事務所の手入れをした。シナ人は、ロシア人が共産主義思想の宣伝活動の中心地として外交区域を利用していたと告発していたが、この告発の他にも、ソビエト大使館付陸軍武官の事務所では、隣接のイギリス大使館に侵入する通路を造っていたことが発覚し、外国公使館は公使館でロシア人への不満を募らせていた。ソビエト大使館はイギリス大使館の隣接地域にあり、高い壁で隔てられていた。告発によれば、ソビエト側から高い壁をくり抜いた入口が造られていて、そこからイギリス警備兵を攻撃し、突発的に事件を起こそうとする狙いがあったという。当時休暇で帰国していたソビエト大使は、ソ連がシナに派遣した最初の外交使節、L・M・カラハンだった。一年前、張作霖はカラハンの罷免を要求していた。

その手入れで、共産党員の宣伝用印刷物や書類が大量に押収され、敷地内にいたロシア人とシナ人が数人逮捕された。ソビエト政府はその手入れを「前例のない、国際法の初歩的ルールの侵害」として公然と非難したが、張将軍はその抗議を無視し、シナを共産化しようとする陰謀が広範囲に及んでいたことを証明する書類を写真に撮り、その複写を、新聞社やその他の列強諸国の外交官に配付した。その書類を見ると、たしかにソビエト大使館員が陰謀に加担していたことが窺《うかが》えた。これは、ソビエト政府がシナで共産主義の宣伝活動を広めないことを約束した一九二四年の北京協定を侵害するもので、深刻な問題となった。その結果、ソビエトの代理公使は召還され、手入れで逮捕されたシナ人の首謀者たちは、簡単な軍法会議の後、射殺された。

ロシア人が、シナ全土に共産主義を広める目的で、満洲北部を横断する東支鉄道〔東清鉄道が改称〕の収益や施設を利用していたことを物語る書類が発見されたことにより、張作霖のソビエト・ロシア人への敵意はさらに深まった。一九一七年のボルシェビキ革命の後、ソビエト政府は北満洲の東支鉄道とその他の帝政ロシアの権益をシナの管理下に返還しようと申し出たが、後にその申し出を取り下げた。そして第一次世界大戦末、東支鉄道の連合国共同管理が断念されると、ロシア人は鉄道の完全な支配権を引き継いだ〈注1〉。一九二四年、ソ連は、東支鉄道の共同管理と操業のため、シナと協定を結んだ〔北京協定〕けれども、シナ人の話では、その協定は実施されなかった。そのシナ人の申し立てによると、ロシア人の総支配人が、重要な政策問題について、シナ人共同経営者と相談することを拒否したそうだ。

多数のロシア人スパイが、新たに機関士や鉄道技師に変装してハルビンに送られ、共産主義推進のために時間と労力を捧げている。幅一六キロの鉄道「区域《ゾーン》」内にあるハルビンやその他の都市では、鉄道教育課の運営する学校が、一九二四年の協定に違反して、共産党の宣伝活動を広めるために利用されたのである。

張元帥がソ連に敵意を募らせたさらなる原因は、張の大敵の馮玉祥《ふうぎょくしょう》が、ロシアから武器と資金の両方の援助を受けていたと知ったことにあった。有名な北方軍指導者の馮玉祥元帥は、以前に安徽《あんき》派で呉佩孚《ごはいふ》と提携したことがあったけれども、一九二六年にロシアへ渡り、一年間、軍事戦略を学んだ。一九二七年、シナに帰ると、中国共産党に占領された地域に隣接する甘粛《かんしゅく》省で地歩を固めた。馮は、ソビエト人から供給された資金と武器で、俗にいう「国民軍」〔ソ連の援助を受けていながら、自らの軍隊をこう称した〕を結集し、南京で国民党に合流した。それから暫くして蒋介石と絶交し、南京に敵対する連合を組織した。

馮は蒋に破れ、一時期引退したけれども、ふたたび国民党政府に復帰した。不思議なことに、ソビエト人が馮の軍隊に支給したライフルには、レミントン銃器製造会社〈注2〉の商標が付いていた。ライフルは、第一次世界大戦中、帝政ロシア軍用として合衆国で製造されたものだった。一九一七年の革命の後、そのライフルはボルシェビキに押収されたのだった。
　蔣介石は南京に国民党の首都を樹立したが、アメリカの公使も含め、諸外国の公使は、依然として北京政府へ派遣され、本部も北京に置いていた。公使館の中には、新政府との接触を維持するため、上海へ非公式の代表を派遣したところもあったけれども、公使たちは、昔ながらに快適で保護された北京の公使館区域を捨てたくはなかったのである。

〈注1〉　一九一七年、ロシア革命が勃発すると、東支鉄道の支配権をめぐって争いが起こった。一九一九年には、アメリカを主席とする国際監督委員会の干渉を受けるようになり、「シベリア鉄道および中東鉄道監督協定」が締結され、日本・イギリス・アメリカ・フランス・イタリア・シナの監督委員会の管理下に入る。同年、ロシアは、カラハン宣言を行ない、東支鉄道その他のシナにおけるロシア既得権の原則的放棄を表明するが、シナはこの混乱に乗じて、鉄道の完全なる接収を行ない、一九二〇年にはシナとロシアとの間で「中東鉄道敷設および経営に関する統計契約」が結ばれた。したがって、本文に「ロシア人は……〔東支〕鉄道の支配権を引き継いだ」とあるけれども、実際に東支鉄道を接収したのはシナ人である。

〈注2〉　一八一六年に、エリファレット・レミントン（一七九三〜一八六一年）が創設したアメリカの銃器製造会社。レミントンが自分用のライフルを作っていたところ、それを見た射撃仲間が同様のライフルを作るように依頼したことが始まりといわれている。ウィンチェスター社と並び、ライフル、ショットガン、散弾銃の名門メーカー。

シナとソ連との間の戦闘の勃発

一九二八年六月、張作霖元帥の死後、「若元帥」の張学良《ちょうがくりょう》が指揮を執り、ただちに南京の新国民党政府を支持すると発表した。若元帥も、父親が北支と満洲で始めた反共産主義活動を継続した。

奉天《ほうてん》で官職に就いてまもなく、若元帥は、第三インターナショナルが、一九二九年五月二十七日、北満洲のハルビンで秘密の地域会議を招集していることを知った。その会議の進行中、シナの警備隊が手入れをし、四〇人ほどのロシア人領事館職員と満洲のさまざまな地域から来たほぼ同数の中国共産党員が逮捕された。またシナ人警備隊は、トラック二台分の書類や文書も押収した。警備隊は、その書類から東支鉄道職員がボルシェビキの思想宣伝に積極的な役割を演じているとの疑惑が裏付けられたと主張し、思い切った行動に出たのだった。

七月十日、警備隊は鉄道を占拠し、ソビエトの鉄道労働者組合をすべて解散させ、約一二〇〇人の鉄道職員と組合指導者を逮捕して、ハルビンから数キロの、人の住まなくなった鉄道会社の建物に拘禁した。シナ政府が、外国の一強国に対して、ここまで精力的に断固とした行動に出たのは初めてだった。

私は、約一週間後、多数の通信記者と一緒にハルビンに到着したが、その中には『ニューヨーク・ヘラルド・トリビューン』紙のウィルバー・フォレスト、AP通信のジム・ハウ、スクリップス・ハワード系新聞〈注3〉のウィリアム・フィリップ・シムズが含まれていた。そこで分かったことは、シナ人が、ソビエトの極東貿易会社であるナフサ・トラストの鉄道電信システムとすべての事務所、その鉄道が所有し操業していたソビエト商船会社を接収していたことだ。この商船会社は、上海江や黒竜江《アムール川》で操業する大型外輪蒸気船を数多く所有し、アメリカのミシシッピー川やミズーリ川の蒸気船時代を髣髴《ほうふつ》させた。

これに対してソビエト政府も、同様に精力的な行動を見せた。モスクワで外務人民委員代理〔副外務大臣〕に任命されたカラハン公使は、シナ人の行為を「甚だしい条約違反」と非難し、三日以内に誠意ある返答をよこすようシナに最後通牒を出した。そして、もし返事をよこさなければ、ソビエト政府は「合法的な権利を守るため、別の手段に訴える」と脅しをかけた。

まもなく満洲の東西両国境では、東支鉄道沿いに戦闘が勃発し、満洲里《マンチユリ》市〈注4〉では、シナ軍に大量の死傷者が出る結果になった。同市では、約八〇〇〇人のシナ兵士が殺された。東支鉄道東端のポグラニチナヤのシナ人町は、ソビエトの砲火と空爆で木《こ》っ端《ぱ》微塵となった。黒竜江のハバロフスクの対岸、松花江《しょうかこう》河口の拉哈蘇蘇《ラハスス》〈注5〉というシナ人町は、爆撃され焼き払われた。さらにそこに停泊中の二隻のシナの砲艦も、ソビエトの飛行機に撃沈された。

韃靼《タタール》族の衣服

松花江と黒竜江との合流地点にあたる地方は、とりわけ注目の的《まと》となった。というのも、そ

〈注3〉　一九二一年創業のアメリカの大手新聞チェーン。
〈注4〉　内モンゴル呼倫身爾《フルンブイル》盟の西北部にあり、一九三四年に市となった。
〈注5〉　満洲国三江省同江県にある町。ラハススとは満洲語。

の近隣には、北東アジアのもっとも原始的な部族が何部族か暮らす村落が数多くあったからだ。私たちは韃靼族《タタール》の住む村を訪れた。韃靼族の衣服のほとんどは、有名なロシア産「黒」キャビアを産み出す魚、あのチョウザメの革でできていた。地元では、この特別の部族を「魚革」韃靼族と呼んでいた。

私は、年代物のシナ製外輪蒸気船のデッキから、拉洽蘇蘇《ラハスス》の戦闘を取材した。私はこの蒸気船でハルビンから約九六〇キロも川を下る船旅を続けてきていた。同行者は、『シカゴ・デイリー・ニュース』のポール・ライトと、ロイター通信社代表のスウェーデン人貴族、タウベ男爵だった。

この頃までには、気候も寒くなっていて、川には氷が張りはじめていた。ときには、私たちの船は氷で身動きができなくなり、ソビエト軍に捕まるのではと思ったほどだった。富錦《ふきん》という川沿いの小さな町に停泊したとき、一人の急使が到着して言うには、昨夜、拉洽蘇蘇を攻略して、これを焼き払ったロシア人が、その後、こちらのほうへ向かっているということだった。船長は慌てて船のスピードを上げた。後で分かったことだが、私たちが上流に向けて出発したのは、共産主義者たちが到着するほんの五時間前だった。そのシナ人の急使の話によると、ロシア人たちは、シナ人町を攻略しては、決まって店と穀倉をすべて開放し、「共産党」の意思表示として、その品物や穀物を民衆に無料で配る慣習があるという。このときも、私たちの後にいた、シナの役人を乗せた別の船は、ソビエト軍用機の乱射を浴びてガタガタにされた。私たちは何とか無事にハルビンに到着できたが、蒸気船の外輪と舵は氷に覆われ、流れに

松花江《しようかこう》

白頭山に源を発し、吉林、ハルビンなどの都市を結び、黒竜江に合流する旧満洲最大の河。ロシア名はスンガリ。
冬季は凍結する（下の写真）

逆らって進むのは困難をきわめた。

シベリア旅行に欠かせない衣類が二点あることを知ったのは、この戦いの取材中だった。ひとつは、以前にポーランドのワルシャワで製造されていた毛布で、羊とアンゴラの毛で作られていた。約二・五センチも厚みがあるのに、軽くしなやかで、風も雪も雨もほとんど通さなかった。ハルビンの店で五〇ドル支払って購入した。もうひとつの品は、天津のロシア人靴店が作ったシベリア・ブーツだった。革が二重になっていて、間にはラクダの毛が入れてあり、二・五センチの靴底は石綿《アスベスト》の層で作られていた。靴底は縫合され、木製の釘が打ちつけてあった。靴職人が断言するには、金属製の釘だと、冷気が靴底から足に伝わるそうだ。ただし、靴には欠点がひとつあった。キーキーとものすごい音がするのだ。しかし、ロシア人の目から見れば、それが差し障りにはならないことが分かった。音がするのは、靴が新しいことの証しだからだ。

極東ソビエト軍は、東支鉄道の両終点からシナ領土に三二〇キロほど侵入し、国境沿いのシナ人町をほとんど爆撃して占領した。しかし報道によると、ロシア人は日本から同国の勢力圏には侵入しないようにと警告を受けていたため、興安嶺《こうあんれい》を越えて押し寄せることはなかった。

身の毛もよだつ話

やっとのことでハルビンまでたどり着いた白系ロシア人女性と少年から、身の毛もよだつような戦いの話を聞いた。二人は、北満洲の額爾古納河《アルグン川》に隣接する地域、いわゆる三江省の白系ロシア人社会、数百世帯の一員だった。この地域は、一九一七年の革命の後、家族ともども移住してきたロシア系コサック人によって開発されたが、彼らが占有した土地は豊かで、農業や家畜の放牧に適していた。この居留地は、シナの大都市に乳製品を売って繁栄していた。シベリアのソビエト当局は、ちょうど国境を隔てたすぐ近くで白系ロシア人が活動していることに憤慨しており、戦闘が勃発すると、白系ロシア人がシナ人「ファシスト」の援助を得て、シベリアを侵略しようとしていると非難した。

白系ロシア人たちは、家族の身の安全が侵されるのを恐れ、荷馬車のキャラバンで長蛇の列を作り、大地を横断して、ハルビンの西約八〇〇キロ、海拉爾《ハイラル》という鉄道町まで、妻や子供や老人を送り出した。ロシア正教の司祭も付き添ったキャラバンが、鉄道から北約八〇キロの地点に到達したとき、赤軍士官〔ロシア革命のボルシェビキ軍〕が率いていたといわれる赤軍モンゴル騎兵隊に襲撃された。

私が言葉を交わした女性と少年は、このキャラバンの唯一の生き残りで、森へ逃げ込んで命拾いをしたという話だが、他のキャラバンの一行は、モンゴル人たちによって皆殺しにされたという。連中は、荷馬車と、積荷のバターや大型五〇ポンドチーズ入りの樽で巨大な火葬用積み薪を築いた。この積み薪の上に犠牲者の死体を積み上げ、その頂上に司祭の死体を乗せた。積み薪に火を放つと、奇声を上げてライフルを乱射し、ポニーに乗って燃える薪の周りを遠巻きにぐるぐると回った。七世紀前と同じように、勝利を祝うジンギスカーン軍の姿をありありと瞼《まぶた》に浮かべることができた。

六カ月ほどの戦闘の後、その大部分がゲリラ兵の寄せ集めであり、かつ蔣介石将軍の援軍もなかったため、若元帥〔張学良〕はやむをえず降伏し、ソビエト人に鉄道の支配権を返還せざるをえなくなった。後になってモスクワで和平会議が開かれたが、合意に達することなく決裂し、シナ・ロシアの主な二国間問題は、本書を書いている今でも解決されないままである。

三年後、日本人が満洲と内モンゴルを占領し、シベリアを脅かすようになると、モスクワは東支鉄道を約五〇〇〇万ドルで日本に売却した（実質価格の約四分の一だった）。一九三七年、日本人が、ロシア攻撃計画を策定していることが確実になったが、モスクワは、シナと反日軍事同盟に加わると申し出ていたのに、その申し出を引っ込め、ドイツとの戦争が近づいていることを考えて、日本の機嫌を取ることに終始した。

北満洲の大都市・ハルビン

北満洲の途方もなく広大な農場や牧草地、森林、そしてアメリカのミシシッピー川上流や支流に匹敵するほど雄大な松花江・黒竜江の水系を、これまで私は見たことがなかった。ここには、戦う価値のある帝国が存在するという実感を持った。というわけで、シナの強力な二つの隣国が、この豊かな土地に手を出さずにはいられなかったというのは、私にはさほど驚きではなかったのである。

ここには、シナの人口が密集した沿岸諸省から、過剰人口のかなりの部分を吸収できる地域があった。このことは、万里の長城以南の河北省と山東省のシナ人農民にとって周知の事実であり、農民たちは何年もかけ、年間一〇〇万人の割合で、満洲に移住したのだ。満洲最北の省、黒竜江省の行政長官が私に語ったことだが、北満洲にたどり着いたときは極貧のシナ農民たちも、一〇年も経《た》たないうちに、たいてい農地を無条件で購入でき、農業機械購入のローンも返済できたという。私は、東支鉄道の昂昂渓《こうこうけい》〈注6〉から黒竜江省の省都、斉斉哈爾《チチハル》〈注7〉まで平原を自動車で横断しているとき、ミズーリ北部、イリノイ、アイオワ州の肥沃な農地と色濃い黒土を絶えず思い出していた。ハルビンの合衆国総領事、ジョージ・ハンソンが私に語ったことだが、総領事の意見では、満洲と内モンゴルは、東アジアの人々の大部分を養えるだけのトウモロコシ、小麦、大豆を生産し、家畜も飼育できるという。アメリカの大手農業機械製造業者は、この地域で期待される農業開発に参入するため、すでにハルビン支店を開設していた。ここは、中華民国で重農業機械が使える唯一の地区だったのである。

北満洲の大都市、ハルビン市が設置されたのは、皇帝ニコライ二世が、シベリア東部と満洲の山脈や森林を抜けて日本海へ至るシベリア横断鉄道網を拡張しているときだった。一九二九年のハルビンは、商工業の発展では、シナの西欧化した港町とまだ肩を並べるまでには至らなかったけれども、多くの点で、シナで一番興味深い都市のひとつだと私には思えた。それは多くの点で、私たちのアメリカ北西部開拓時代のフロンティアの町と似かよっていた。

〈注6〉　黒竜江省斉斉哈爾《チチハル》市の西南部にあり、浜洲鉄道が通っている。
〈注7〉　黒竜江省中部にあり、一九三六年に市となる。清の時代にはここに竜江府を建て、民国は黒竜江省竜江県を置いた。

主なビジネスといえば、猟師や罠猟師の用具商だった。他のどの小売商よりも毛皮店がたくさん軒を並べ、下はモンゴル・リスやギンギツネから、上はロシアン・セーブル、シベリア熊、朝鮮トラまで、ありとあらゆる種類の毛皮を買うことができた。ハルビン近くの小さな町で、私は大きな構内というか、囲い地を見かけた。中には、柔らかな長い黒毛の、毛むくじゃらの犬、モンゴル犬がいっぱいいた。どうして囲い地で犬が飼われているのかとロシア人の犬舎番に尋ねたら、たどたどしい英語で「毛皮売る、ニューヨーク、一枚五〇ドル」と答えた。

後になって分かったのだが、モンゴル人は、こと犬については信心深く、犬には亡き先祖の霊が棲《す》みついていると信じているので、犬を殺さないという。しかしロシア人は、アメリカ市場向けに犬を育てることに何の罪の意識もなかった。これらのモンゴル犬の皮は、五番街〈注8〉に着く前にどう変わるのか、またこの皮のもとの持ち主だった犬に棲みついていたかもしれない亡きモンゴル人の霊はどこへ行ったのだろうか、と私は思った。

ハルビンの通りや鉄道沿いの町には、偉大なジンギスカーンやフビライハーンの従者の子孫であるモンゴル人が大勢いた。これらの、かつてシナ海からドナウ川まで支配した祖先の末裔たるゴビの男たちは、おそらく今でも世界一の騎手であり、もっとも賢い馬商人なのだろう。定期市で馬の取引が行なわれている最中は、言葉はひと言も聞こえてこない。売り手と買い手が互いに向き合い、それぞれ相手の袖の中へ手を滑り込ませる。買い手は売り手の前腕に指を押し付けて、支払う用意のある金額を示す。売り手は、買い手のもう片一方の腕に指を押し付け、それでよいかどうかを示す。何度も頷《うなず》いたり、首を横に振ったりして、二人の主役がつい

北満洲の大都市・ハルビン

ロシア人が建設した西洋風の町並み。写真はその中心部のキタイスカヤ街。遠くに松花江をのぞむ

に取引に至る。この交渉方法の利点は、他の傍観者たちがいくらで手打ちをしたか、知るすべがまったくないことだ。

モンゴル人は小型のポニーで競馬をするのが好きである。ポニーは、アメリカの若いムスタング〈注9〉にいくぶん似た馬だ。しかし、競馬の走路は平原を一直線に横断しているため、モンゴル競馬でスタートと、ゴールの両方を見ることはできない。モンゴル人は、ポニーを一列に並ばせ、誰が勝つのか賭けをする。そして、合図があると、もうもうと土埃《つちぼこり》を上げて遠方へ走り出すのだ。

今日、モンゴル人はせいぜい五〇万人ほどだが、大部分が遊牧民で、テキサスの四倍くらいの広さの地域に散在している。日本人が満洲と内モンゴルに侵入した一九三一年以前は、シナにしぶしぶ忠誠を尽くす者と、ソビエトの支配下にある者とが、ほぼ半々に分かれていた。今や日本人は内モンゴルを支配し、さらに数多くのモンゴル人が牛馬や羊の群れを育てている西満洲のかなりの部分もその傘下に加えていた。

モンゴルのほとんどすべてのものが、伝統的に「万人の偉大なる支配者」ジンギスカーンゆかりのものである。このことは、ハルビンから数キロ、二つの向かい合う丘陵地に左右対称に並ぶ温泉群にもあてはまる。モンゴルの民間伝承によると、偉大なジンギスカーンはしばしばその地を訪れたという。温泉から湧き出る湯は、二つの丘陵を流れ下り、やがてひとつの本流となるが、その様はちょうど、迷信深いモンゴル人の意見では、人体の脳、脊髄、神経組織にも似ているという。温泉が違えば湯も違い、煮え立つ熱湯からぬるま湯までいろいろで、温泉の湯には、地表に湧き出るときに通過する火山石のミネラルがたっぷりしみ出ている。
モンゴル人とロシア人の農夫たちは、温泉の湯に奇跡的な治癒力があると思っていて、生半可な知識しかない者は、温泉利用法にくれぐれも注意を払い、地元の医師から専門的なアドバイスを受けなくてはならないと信じている。たとえば、谷の両側にある二つの温泉の湯は、モンゴル人たちの間で流行っている眼病には効果てきめんの治療薬となる。ただし、右目の病気には谷の右側の温泉の湯を、左目の治療には左側の温泉の湯を使うよう注意しなくてはならない。

この治療では、ほぼ沸点にある湯を、錆《さ》びたヤカンから直接に、感染している目に注ぐ方法を取る。たいていの場合、患者を地面に仰向けに寝かせ、しっかりと押さえつける助手が二人必要であり、三人目は、患者の数メートル上に持ち上げたヤカンからお湯を注ぐのだ。ほとんどすべての温泉には、ごつごつした石壁で囲まれた溜め池があり、治療を受ける者は、時間決めでその中に腰を下ろし湯につかる（通常、衣服は着けず、男女混浴である）。

ハルビンに住むアメリカ人、ユダヤ人、ロシア人

一九二九年、ハルビンの人口は五〇万人を少々超えたくらいで、ロシア人とシナ人がほぼ

〈注8〉　ニューヨーク市中心部にあり、マンハッタン島を南北方向に延びる目抜き通りで、ブランド店が多く建ち並ぶショッピング街として有名。
〈注9〉　アメリカの平原地帯にいるスペイン種の小型で頑丈な野生馬。

半々であった。シナ人と外国人が外国租界に共住するシナ沿岸の港町とは異なり、ハルビンでは、シナ人が川の近くの古びたシナ人街の一地区に住み、ロシア人は「ニュータウン」に住んでいた。そこは、ロシア皇帝の都市計画者たちが、広い道路とゆとりのある公園を整備し設計したものだ。ハルビンは、東支鉄道の関係でソビエト人スパイが流入したにもかかわらず、ロシア人社会は目立って「白系」だったため、ロシア皇帝時代から少しも変わっていない。そこは文字通りロシア正教の都市だった。しかし、ロシア・プロテスタント、バプティスト、メソジストの共住団もあると知って私は驚いた。

バプティスト教会の牧師は、サウスカロライナ州出身のチャールズ・レオナード牧師だった。その夫人は、アメリカ南部風フライドチキンと、本格的デキシー風トウモロコシパン《コーン・ポーン》が上手で、その料理の腕前は共住団でも有名だった。レオナード牧師は、以前、山東に住んでいたが、シナ人の教会員たちが北満洲に移住した際に、一緒についてきたのである。

ハルビンではアメリカのＹＭＣＡが盛況だった。以前はサンクト・ペテルブルグにあったのだが、革命後、ハルビンへ引き揚げてきたのだ。

裕福で大きなロシア系ユダヤ人社会もあった。彼らはハルビンの小売業、特に盛況な毛皮取引を牛耳っていた。彼らの大部分は一九一七年の革命の際にロシアから移住してきたのだ。

多くの白系ロシア人たちは、不安定な政治状況を鑑《かんが》みて、デラウェア法のもとで事業を会社組織とし、アメリカの国旗を掲げていた。これが原因で、アメリカ領事は何日も眠れぬ夜を過ごすことになった。というのも、これらの偽アメリカ会社は、アメリカ資本がほとんどか、あるいはまったく関係がないのに、シナのバカ高い税金を払わずにすむよう、いつもアメリカに保護を要求していたからだ。

ハルビンと鉄道沿いの満洲の町には、たぶん三五万人の白系ロシア人が住んでいたことだろう。一般的に彼らは、一九一七年の革命以前から慣れ親しんできた生活を送りつづけていた。夜間取締令もなく、六軒のキャバレーにはロシア人の踊り子や芸人が数多くいて（全員が「王女」）、夜明けまで開店していた。ハルビンにはまた、ジプシー芸人たちが金儲《もう》けをする場もあった。「モダン・ホテル」という一流ホテルは、もっとも裕福なロシア人と外国人社会の社交施設だった。ホテルの所有者はロシア人亡命者で、毎年、ホテルの建物の一部を改築しないと破産する、と迷信深くも信じ込んでいた。その結果、宿泊客にとっては迷惑千万で、不便きわまりないことに、いつも構内のどこかで大工や石工が仕事をしていた。

第17章　第二次世界大戦の「ほんとう」の始まり

一九三一年、満洲事変の勃発と、日本による奉天占領

満洲事変の伏線となった中村大尉射殺事件

シナ駐在の私たち外国人通信記者や新聞記者は、一九三一年に満洲で「てんやわんやの大騒ぎがあった」〈注1〉ときでも、世間ほど驚きはしなかった。世間の人々は、日本のスポークスマンや宣伝機関員たちから、つぎのような話を聞かされた。シナ政府の軍服を着た兵士が日本所有の南満洲鉄道を攻撃したことが引き金になり、突然、日本が満洲諸省へ侵攻し、約五八万四〇〇〇平方キロのシナ領土を軍事力で占領することになった、と。しかし、本国では、まったく違う新聞記事が出回っていたため、日本国民は新たな事態を受け入れる覚悟がすでにできていたのだ。

一九三一年七月初旬、今回の奉天《ほうてん》事件が起こる約二カ月前、日本の新聞は、内モンゴルのとある地点で、日本陸軍士官、中村大尉が射殺された記事をセンセーショナルに掲載していた。

内モンゴルとは、シナが支配する広大な地域で、満洲の西側国境から外モンゴルへと広がり、数年間、ソビエト・ロシアが権力を振るっていたところだ。ここは大切な放牧地であり、北支に牛肉、羊肉やその副産物、皮革、羊毛を供給していたので、日本人はずっと前からこの地に目をつけていたのである。そこはまた高価な毛皮の供給源でもあった。

モンゴルで中村大尉が何をしていたのか、公式説明は一度もなかったけれども、イギリス人が所有し編集する神戸の新聞『ジャパン・クロニクル』〈注2〉の記事によると、中村大尉は、もう一人の日本軍下士官で実名は明らかにされていない騎兵曹長、白系ロシア人、そしてモンゴル人ガイドと一緒だったという〈注3〉。奉天のシナ当局が中村大尉に発行したパスポートには、「歴史と地理研究に従事する教育家」と記載されていた。大尉は大金を所持し、その額は総額で一〇万円、合衆国通貨では五万ドルにも上るといわれていた。

〈注1〉　満洲事変の発端となった柳条湖事件のこと。一九三一年九月十八日の夜二二時過ぎ、奉天（現在の中国遼寧省瀋陽）北方約七・五キロの柳条湖の南満州鉄道線路上で爆発が起き、線路が破壊される事件があった。

〈注2〉　イギリス人、R・ヤング（R. Young）が創刊し、イギリスの利権擁護の立場を基調としていた新聞。小泉八雲（ラフカディオ・ハーン）も一時、記者として在籍したことがある。前身は『ジャパン・メイル』（Japan Mail）という横浜の外字新聞で、一八九九年七月に紙名を『ジャパン・クロニクル』と改題した。この頃から同紙は、地方紙の域を脱して、日本の外字新聞の中でも、一時最大発行部数を誇るまでに成長した。しかし、その後、新聞の戦時統制により『ジャパン・タイムズ』に吸収合併された。

日本の新聞は、軍部の示唆のもと、中村大尉射殺をネタにして蜂の巣をつついたような大騒ぎを引き起こし、容疑者逮捕の努力という点では、シナ側に誠意が足らないと非難した。シナの新聞で報道されたように、シナの調査では、中村大尉が率いる日本隊の一行は、ソビエト支配下の外モンゴル国境沿いで、謎めいた任務を遂行していたのであり、中村大尉の所持品の中には、モンゴル人が見境《みさかい》なしに欲しがる麻薬、ヘロインが大量にあったといわれている。

満洲のシナ当局は、事態がこれ以上深刻化するのを恐れ、慌てて公式に遺憾の意を表明し、日本人大尉の死去に対し賠償金を支払うと申し出た。しかし日本軍はこの申し出を拒否したので、さらに騒ぎが大きくなったのである。

新聞で中村事件の経緯を注意深く追っていた私たちは、一九三一年九月十八日の夜に奉天でほんとうの嵐が起こっても〔柳条湖事件〕、別段驚きもしなかったというわけだ。

太平洋問題調査会

しかし、この事態に対して準備のできていない重要な団体がもうひとつあった。太平洋問題調査会〈注4〉である。この調査会は、いろいろな国の機関から構成され、会議の合間に時間を見つけては、国家間のごたごたの原因や、ひいては戦争になりそうな特別テーマを調査していた。二年ごとの会議は一般には公開されていなかったが、出席した諸国代表団の報告書は注意深く検閲した上で出版され、今や膨大な資料となっている。

調査会に参加した団体の中には、アメリカ人、イギリス人、フランス人、カナダ人、オース

中村大尉遭難事件

満洲事変の２カ月前、中村大尉が内モンゴルで何者かに射殺された。写真は、遭難前の中村大尉（左）と井杉元曹長（右）

トラリア人、ニュージーランド人、ロシア人、シナ人、そして（真珠湾攻撃以前は）日本人がいた。調査会は、特に日支関係の危機に関する報告書や文書の編集に、足かけ二年間も携わっていて、二年ごとの会議も準備万端であった。

つぎの会議は、一九三一年秋に上海で開催される予定だった。会議の地固めをするために、会長が音頭を取り、大勢のスタッフが上海に向かった。アメリカの委員会が地元の上海新聞のために催したお茶会とレセプションでは、会長がグループのメンバーを紹介したが、その大部分がコロンビア大学の卒業生で、国際関係の諸方面の専門家ということだった。調査会の資金は私的寄付によってまかなわれ、主な提供者は、国際問題の研究促進に興味を持つニューヨークの大手財団だった。

有名なサンフランシスコの編集者でジャーナリストのチェスター・ローウェルも、会議の準備のため、秘書団を同伴して上海に派遣されていた。その会議は共同租界のキャセイ・ホテルで開催される予定だった。ローウェル氏もまた地元新聞のために晩餐会を催し、これには約五〇人の編集者と通信記者が参加した。

晩餐会後の挨拶で、ローウェル氏は調査会の目的を説明した。席上、同氏はこう語った。太平洋の関係諸国で、男女の重要人物からなる民間団体が設立されたのは、国際関係の特別な問題を研究するためである。その結果、これら諸国間で厄介な問題が持ち上がった場合、調査会では、いつでもわれらの専門家集団がお役に立てるようになっている。この集団は国際状況に精通しているので、直ちに行動を起こし、特定の問題が平和裡に調整されるまで、各国政府に平和的な態度を維持するよう圧力をかけることができる、と、ローウェル氏は念入りに説明したのだ。

同調査会は、少なくとも太平洋諸国に関するかぎり、このように大戦の再発防止計画を練っていたのである。

ローウェル氏は、挨拶を終えると、新聞記者に質問はないかと水を向けた。私は注意して満洲からの報告を追ってきたほうだし、同地で増大する危機の深刻さも実感していたので、ローウェル氏に至極当然な質問をした。「会議で集まっているときに、もしシナと日本が戦争を始めたら、調査会はどうするのですか」。ローウェル氏といえば、昔からウェストコーストではテーブルスピーチの一番の名手と評判だったが、今度ばかりは返答に詰まってしまった。しばらく考えた末、「そうですね、戦争が起これば、すべてが片付きますよ」と言って、席に着いた。

その言葉は将来を予言するものだった。九月下旬に上海で調査会の会議が開催されるのを待

〈注3〉　一九三一年六月六日、中村震太郎（陸軍大尉）は井杉延太郎（元騎兵曹長）らをともない、興安嶺方面偵察の任務を帯びてイレクテを出発したが、洮南地方の民安鎮付近で消息を絶った。一九三一年七月二十四日の『満洲日報』の夕刊では、六月二十七・二十八日頃に洮南と索倫の中間の蘇鄂公府付近で索倫第三駐墾軍の兵士に捕らえられ、七月一日に従者三人とともに惨殺され、死体は焼棄されたとある。従者三人とは、旅館館主の井杉延太郎、ロシア人、モンゴル人である。

〈注4〉　太平洋およびアジア地域に位置し、あるいは利害関係を持つ各国の民間調査機関によって構成される国際的調査団体のこと。略称はＩＰＲ。

たず、満洲事変が勃発したのである。日本軍は満洲の首都、奉天を占領し、シナ領土の数地点でシナ人と血なまぐさい戦闘を繰り広げていた。

大会のオープニングセッションでは、シナ代表と日本代表が取っ組み合いとなったので、会議は、もっと平和的な雰囲気が望める都市、杭州へ持ち越す必要があった。報道機関はいつも調査会の会議から締め出されていたけれども、今回の特別の騒動は外部に漏れ、広く世間の注目を浴びた。

満洲事変に対する列強諸国の態度

満洲事変に対する列強諸国の最初の対応としては、まずアメリカが実効性のない抗議をした後、現場に軍事監視団を派遣して調査と報告をさせることに決めた。アメリカは、東京の大使館から二人、北平《ペイピン》〈注5〉の大使館から二人、合計四人を派遣した。イギリスは軍事監視員を三人、フランスは二人、イタリアは一人派遣した。またスペイン共和国政府代表が議長を務める国際聯盟会議からも一人、上海スペイン総領事のファーラー氏が派遣された。同氏は以前スペイン領アフリカの植民地士官を務めたことがある。

合衆国、イギリス、フランス、その他の諸国の一流新聞や通信社を代表して、極東駐在の新聞社の通信記者も、事の顚末を取材しようと奉天に集まったが、どの記者も、とてつもない重大事件だと本能的に実感しているようだった。奉天には、合衆国とイギリスの領事館常駐職員や、この満洲の首都でビジネスに従事する外国人居住者も二〇〇人ほどいた。

柳条湖の事件現場

写真／毎日新聞社

満鉄の線路爆破地点付近の現場検証。線路の破損はきわめて軽微だったとされる　(1931年9月)

東京は、満洲「事変」を犯した日本帝国陸軍の一派、いわゆる「関東」軍の行動に神経を尖《とが》らせていたので、満洲駐在の多くの通信記者の間では、つぎのような確信が芽生えていた。ワシントン会議の列強諸国が抗議すれば、あるいは合衆国一国だけでも強烈に抗議をすれば、日本は撤退することになるだろうと。東京には、日本軍の行動に反対する強力な一派があることは分かっていたし、〔奉天の事件に続いて起きた〕錦州《きんしゅう》〈注6〉の占領をめぐる日本軍のばかげた行動に際しては、東京の政府が優柔不断だったことを物語る明白な証拠もあったからだ。ちなみに錦州は、ここを境にして、東北部三省の満洲と万里の長城以南のシナ本土に領土が二分される重要なシナ人町であり、鉄道の連絡地点でもあった。

列強諸国は、日本人があまりにも深く首を突っ込みすぎたために満洲全面侵攻から後戻りできなくなったことを知ると、その侵攻が万里の長城付近まで広がらないよう策を講じはじめた。その地域には、北平北の熱河《ねっか》省と長城の東端付近の錦州や山海関《さんかいかん》の町も含まれていた。というわけで、軍事的行動をこの地域まで拡張しないよう、日本人に圧力がかかった。

日本政府の権限をもって行動すると思われるワシントン駐在の日本大使は、錦州は爆撃も占領もされないだろうと約束した。その合意が守られていることを調べるために、合衆国、イギリス、フランス、ドイツ（当時のドイツは東洋の法律と秩序を守る側についていた）は、それぞれ公使館付陸軍武官を錦州へ派遣した。武官たちは、錦州の鉄道駅からほんの数百ヤードしか離れていないシナの学校に宿泊した。

一線を越えた錦州爆撃の真相

二、三日後、「日本政府の約束にもかかわらず、錦州が爆撃された」という報道に、世間はびっくり仰天した。奉天の本庄司令官〈注7〉の本部はただちにその報道を否定したけれども、ドイツの進歩的なアルステイン新聞社代表でスイスの通信記者、ヴォルター・ボッシュハルトが錦州まで旅をし、錦州の鉄道操車場で拾い集めた日本軍の砲弾の破片を山ほど持ち帰ると、本部は口をつぐんでしまった。ボッシュハルトが日本軍スポークスマンの前のテーブルにその砲弾の破片をどっさり投げ出すと、日本軍のお偉方は危うく心臓発作を起こしそうになった。スポークスマンは記者会見を延期した。

その夜、陸軍スポークスマンの渡《わたり》少佐は通信記者のために芸者パーティーを催した。少佐は、席上、ウイスキーソーダをたくさん飲みすぎたのか、錦州爆撃の「内輪話」をあらいざらい打ち明けた。本庄本部の年輩の軍参謀は、東京から錦州不干渉の指示を受け取っていたという

〈注5〉 北京のこと。原文はウェード式の Peiping を用い、原著者注には「一九二八年に北京（Peking）の名称は、北平《ペイピン》（Peiping）に変更された」とある。一九二八年六月十五日、蔣介石の国民党政権が南京遷都により直隷省を河北省、北京を北平に改称。一九三七年から一九四五年まで続いた日本軍占領期では北京の名称が用いられ（公式には一九四〇年に改称）、日本の敗戦によって北平に復した。

〈注6〉 シナ遼寧省南西部の都市。

〈注7〉 陸軍軍人の本庄繁（一八七六～一九四五年）のこと。第十師団長・関東軍司令官・侍従武官長を歴任したが、軍を退いてからは軍事保護院総裁や枢密顧問官を務めた。

う。しかし若い士官たちが言うことを聞かず、陸軍スポークスマンの渡少佐の家で秘密の会合を開いた。そこで錦州爆撃が考案されたのだ。

その夜、渡少佐の家に招待された通信記者団の中には、私もいた。居間の小さなテーブルを囲んで着座したら、渡少佐は、縦横三〇センチほどのやわな木製テーブルをコツコツと叩き、「これは歴史的なテーブルです。私たちは、昨晩、錦州爆撃を考えていたとき、このテーブルを囲んで座ったのです」と声高に叫んだ。

賽《さい》は投げられた。日本の軍部は錦州占領のために同地へ軍隊を派遣「せずにはいられなくなった」のだ。

日本軍は北平・奉天鉄道で奉天から大軍を派遣したが、その軍隊は半分くらい進んだだけで、突然に撤退させられた。撤退の理由は、合衆国大統領がホワイトハウスの記者会見で、日本軍は「自制心を失った」と述べたからだった。その当時、日本人は、合衆国が本気だとまともに信じたのである。しかし、私たちアメリカ人がまたこけおどしを言っているだけだと分かると、日本人は計画を続行したのだった。

私は奉天の端からその戦争を報道していたが、日本軍撤退にともなう小康状態を利用して、現状を直《じか》に調査すべく、錦州へ旅立つ決意をした。一九三一年のクリスマスの二、三日前、私は錦州に到着したが、陸軍武官たちは、アメリカ人とイギリス人を除き、全員引き払っていた。また国際聯盟監視団が本部を構えたシナの学校の校庭では、弾孔がいくつか開いているのを目撃した。日本人は鉄道操車場を爆撃しただけでなく、学校に駐留した軍部監視団の国際聯盟使節団本部までも爆撃しようとしたことを、その弾孔は物語っていた。

クリスマスから新年までのある日の早朝、伝言を送信しようと鉄道電信事務所を訪れると、電信技手たちが、ネジを抜いて機器を作業台から取りはずしにかかっていた。間違いなく避難が差し迫っている様子だった。技手の一人が興奮気味に「日本人がやって来る」と説明してくれた。私はそのニュースを持って急いで本部に帰った。アメリカ陸軍の青年情報将校、オールドリッチ中尉は、機関車を接収して基地から前線まで調査に出かけたところ、日本人の捕虜になり、数時間、拘束された。私は錦州から最終列車に飛び乗ったが、列車は避難中の鉄道職員や文官たちでぎゅうぎゅう詰めだった。シナ軍は大部分がすでに撤退していた。

途中、私は、シナ古代の万里の長城が海まで延びている山海関という小さな国境の町に短期間滞在した。そこで目にしたのは、張学良《ちょうがくりょう》将軍のシナ軍が、万里の長城を通過して満洲からシナ本土へ向かう姿であり、それは東北諸省でシナの支配が終わったことを告げていた。私の送った公電は、満洲の最後の引き揚げを述べたものだが、山海関でこのシナ人司令官によって差し止めをくらった。

日本が、万里の長城以南のシナ本土へ占領拡大の準備をようやく整えたのは、それから五年も経《た》ってのことである。西洋の列強諸国の側では、不毛の論争に明け暮れ、怠惰に流れた五年間だったが、その間に日本はドイツと同盟を組み、野心的な東洋・世界征服計画を推し進めていたのだった〈注8〉。

鉄道爆破現場の実況検分

満洲で戦争があり、極東での不安が高まると、新しい通信記者団の公電が、アメリカの新聞読者の注意を引くようになった。この記者たちは、ヨーロッパに駐在したことがなかったので、これまで名前が知られていなかったのである。記者の中には、極東問題の専門家として後に評価されるようになる者も数人いた。

たとえば『ロンドン・デイリー・ニュース』代表のエドガー・スノウ、『ニューヨーク・ヘラルド・トリビューン』のヴィクター・キーン、『シカゴ・デイリー・ニュース』のレジナルド・スウィートランド、インターナショナル・ニュース社のエドワード・ハンターとジョン・ゲティ、AP通信社のグレン・バブとモリス・ハリス、ロイター・サービスのフランク・オリヴァー、『ニューヨーク・タイムズ』のハレット・アベンド、ユナイティッド・プレスのジョン・モリス、そして私は『マンチェスター・ガーディアン』と『シカゴ・トリビューン』の代表だった。後に事態がさらに深刻になったとき、ユナイティッド・プレスはベルリンからフレデリック・クーを、インターナショナル・ニュース社はフロイド・ギボンズを、それぞれ派遣した。

ウィル・ロジャーズが到着したことで事態は盛り上がりを見せた。ロジャーズは、通信社を通じて主に日本人をターゲットにした五〇語の警句を毎日発表し、日本の検閲官を悩ませていた。ある特別のメッセージが、何時間も遅れたことがあったが、実はその間、日本の検閲官は、メッセージを持って、奉天在住のいろいろなアメリカ人のもとを回り、何が書いてあるの

山海関

河北省の北東部、万里の長城の東端に位置する町。渤海に面し、長城はその海岸で終わっている。左の写真は「天下第一關」と書かれた明《みん》代の見事な扁額が掛けられた城門

か、説明を求めていたのだ。たとえばつぎのようなことが書いてあった。

「ちょうど耳にはさんだのだが、国際聯盟は、満洲事変の調査のため、奉天へ使節団の派遣を決定したそうだ。それを聞くと、私は、オクラホマの昔日の懐かしい場面を思い出す。馬が盗まれた後になって、保安官がのこのこと馬小屋の取り調べにやって来たというわけだ」

図を書いてきっちり説明をしてもらい、日本軍検閲官と参謀将校はやっとのことで内容がのみ込めたという次第である。

満洲事変、それ自体はどうかといえば、私たち通信記者は、何が起こったのかについて山ほど証拠をつかんでいた。日本所有の南満洲鉄道地区内と朝鮮にあらかじめ駐留していた日本軍が、満洲の首都を占拠したのだ。

私たちが到着すると、日本軍司令部の報道代表で、オックスフォード訛《なま》りの英語を話す渡少佐は、つぎのように説明した。「事件がありました。東北三省（満洲）のシナ政権の長である張学良将軍の軍服を着たシナ兵士が、奉天のはずれで、日本の鉄道の線路一区を爆破しました。日本軍は奉天付近のシナ軍に対し、敵対行動を取らざるをえなくなりました」。

実際に何が起こったか。渡少佐は私たちを「犯行現場」へと案内した。奉天から数マイル、日本所有の南満洲鉄道の線路の一区である。

そこで私たちと軍部監視官たちは、三人のシナ人兵士の死体が線路沿いに横たわっているのを見せられた。報道されているところでは、そこで「三本の枕木を粉砕し、曲線路外側のレール一区を吹き飛ばす、一回分のダイナマイトを取り付けた」場所から逃走する兵士を射殺したという。正常な位置に据えられた、新しい枕木三本と新しいレールを指差しながら、もちろん破損箇所は修復された、と渡少佐は説明した。死亡したシナ兵士の死体の位置は、逃走中に射殺されたことを指し示すという事実にも、少佐は注意を喚起した。

しかし、渡少佐は、小さな情況証拠をひとつ見落としていた。死体が横たわっている場所には、血痕が一滴もなかったのだ。同じ頃、日本人は近郊でシナ守備隊に奇襲攻撃をかけていたので、死体をここに運んでくるのは比較的簡単だった。数日後、日本軍は、疑惑を抑えるため、満洲で日本人の「諸権利」がシナ人によって侵害されたという申し出を、三〇〇件余りリストにして提出した。

後に国際聯盟が、リットン卿率いる国際調査団を派遣して、日本によるシナ諸省の占領を調査したとき、その調査団と関係のあったアメリカ人の専門家、ベン・ドーフマンが、列車の時刻表を調べたところ、つぎのことが分かった。時速約八〇キロで走行する快速列車が、日本軍

〈注8〉　当時、満洲で関東軍が戦線を拡大していたとしても、日本政府は「事変不拡大」の基本方針を採っていた。また五年後の一九三六年には日独防共協定を締結するのであるが、その理由は、日本の国際的孤立を防ぐためと、ソ連が共産主義を世界に広めようとしている現状で、自国の共産主義勢力の台頭を防ぐために、対ソ連封じ込め策が日独両国に必要だと判断されたからだ。さらにその五年後、一九四一年に大日本帝国が「大東亜戦争」と呼称することを閣議決定したのは、この戦争がアジア諸国における欧米の植民地支配の打倒を目ざすものと規定したからで、「田中議定書」のような偽文書を別にすれば、大日本帝国の「世界征服」計画といえるものは存在しない。

当局の言う爆破時刻から少なくとも二〇分後までに、爆破現場と報道されている地点を通過していたのだ。日本軍は、この証拠を突き付けられると、列車乗務員から証人として制動手を出してきた。この制動手は、列車がこの地点を通過したとき「かすかな震動を感じた」と証言した。

それよりも軍部は、壊れた枕木三本、九〇センチから一二〇センチのねじれたレール、曲がった継ぎ目板を用心深く保管していた。それらは、関東軍司令官、本庄将軍の奉天事務所に数週間展示されていた。日本軍は、これより大規模な行動や目的ではすこぶる露骨なのに、このシナ領土占領となると、どうしてそこまで骨を折って事件を正当化しようとするのかが不思議だった。

満洲の首都占領の際に日本が用いたやり方を物語る証拠が、まだ奉天にはあった。日本の写真店でファイルを探していたら、ライフルを持ち、腕章をした私服の日本人が写っている写真を多数見つけたのである。外国人ビジネスマンの証言によれば、一九三一年九月十八日よりも前に、市民の服装をした日本人「旅行者」の大集団が、数日間、奉天を徘徊していたという。日本軍は、事前に取り決めておいた合図で、いつでも全戦略地点を占拠できるよう、何千人もの偽装兵を奉天へ潜り込ませていたのだ〈注9〉。その占拠は、一九三一年九月十八日の夜一〇時頃、計画通りに実行された。この日は覚えておいたほうがよいだろう。第二次世界大戦のほんとうの開始日だったのである。

奉天の占領が周到に準備されていたと主張する私の根拠

私は、日本が私服兵士で奉天を占拠したという記事を書き、奉天の写真店で偶然見つけた写真も入れて解説を付けた。上海の私の新聞で記事が活字になると、二、三時間もしないうちに、日本軍の代表者らが奉天の店をしらみつぶしに捜し、「私服」兵士の写真をすべて没収していった。

満洲諸省を占領する際に日本が用いた手法を分析すると、ヒトラーは、このようにして他国の領土を盗み取るという独特の方法を、自ら考案したのではなく、模倣したことが分かる。奉天での行動は、シナ軍の一部隊が敵対的行動に出たことから引き起こされたと、日本は主張したけれども、奉天は私服の日本兵でいっぱいだったのだ。さらに奉天での事件が起こる数時間前、「軍服」を着た日本軍の大隊を輸送する列車が、すでに朝鮮の国境を越えて満洲に入っていたことを示す証拠もあった〈注10〉。

日本人はまた、ずっと前から、奉天で曲射砲型野戦砲をコンクリート製の土台に据えて砲列を作り、いつでも攻撃できるよう準備していたのだ。大砲は、厳重に警護され囲いをめぐらせた日本人地区の構内に配備され、波状の鉄板屋根のついた大きな納屋のような建造物で覆われていた。大砲の照準は奉天の兵器庫に合わせてあった。シナ人の主張では、野戦砲は「鉱山機

〈注9〉　このような重要な事件について、いつもの原著者なら出典（たとえば、いつ発行のどの新聞か）を明らかにするのであるが、一般的な記述に留まっているのは不思議である。また写真店の名前も場所も明示しないのはなぜか。

械類」とラベルを貼った荷箱で何カ月も前からこっそり持ち込まれたものだという。占領後のある日、その近くに住む知り合いのアメリカ人で、ケンダル・グラハムというビジネスマンは、野戦砲の衝撃で「納屋」の端の部分が破損し、波状屋根の大部分が吹き飛ばされるのを見た。この友人はアメリカの石油会社と関係があった男だが、私が奉天に着くと、この野戦砲見物のため、あちこちに連れて行ってくれたのである。

世間が初めて日本人の残虐行為の話を聞いたのは、日本が満洲で起こした軍事行動についてのものであったが、一般には信じられていなかった。だが日本人が、ゲリラをかくまった疑いのある村々を全滅させたという報告を、私たちは頻繁に受け取った。国際聯盟代表のファラー氏は、これらの報告の記録を付け、詳細な説明をジュネーブに電信で送信した。

私自身も一件の残虐行為の報道を調査し、送信したが、シカゴの日本総領事はこれを否定した〈注11〉。総領事は、三〇〇〇人のシナ人の村人が大虐殺されたとした私の被害者数に疑いをはさみ、「たったの三〇〇人が殺されただけなので」大虐殺はなかったと語ったのである。

日本人には、アイルランド人のジョージ・ゴーマンとアメリカ人のヘンリー・キニーをヘッドとするアメリカ人とイギリス人の宣伝機関職員がついていて、日本人が承認しない通信記者報告をすべて論駁する仕事に就いていた。以前、ホノルルに在住したキニーは、日本人女性と結婚し、南満洲鉄道の広告代理業者として長く勤めた。ゴーマンは、北平やその他の場所で日本の宣伝用新聞の編集者として働いた。ゴーマンの名目上の仕事は『ロンドン・デイリー・テレグラフ』の通信記者で、その身分により、記者会見にはすべて潜り込めた。けれども、彼の主な仕事は、日本軍部の弁明者であったように思える。

〈注10〉　奈良武次大将の日記によれば、金谷参謀総長が天皇に拝謁した際、林銑十郎朝鮮軍司令官は、本庄関東軍司令官の要請により、朝鮮駐屯の日本軍（混成旅団）を出発させてしまったけれども、金谷の至急電報により、増援行動を中止させたとある。九月二十日付の日記には「午後二時、金谷参謀総長拝謁：朝鮮軍より出でたる混成旅団は未だ国境を越えざる内に抑止し得たるに依り…」とある（中田整一著『満州国皇帝の秘録』幻戯書房、二〇〇五年、115ページ）。

〈注11〉　この大虐殺への言及は、第14章で原著者本人が国民党の共産系兵士による女性レイプ事件を否定した論拠と矛盾するように思える。報告があっただけで、実際の体験者に対する言及がないし、またパウエルが自分で「調査した」というわりには、場所や時間はもとより報道機関・媒体が特定されていないのにも、物足りなさを感じる。さらに日本総領事の発言に「三〇〇人が殺された」とあるが、総領事は「村人」とは言っていないので、通常の戦闘行為の犠牲者かもしれない。

第18章　ロシア、シナ、日本

満洲とソ連の国境をはさんで緊迫度を増す日ソの攻防

幻の米支ロ・三国協定

一九三二年、アジア大陸での日本の勢力拡大を阻止するため、ロシア・ソビエトが、合衆国やシナと協定を結ぶ構えだったことは、どうも一般には知られていないようだ。この協定により、日本とこれら三列強の一国との間で戦争が勃発した場合、残る二国は、日本侵攻の犠牲国を救済しに行くという取り決めがなされるところだった。

この協定案は、国際聯盟が満洲問題を討議していた際に、ジュネーブで、ロシア、アメリカ、シナの代表者によって非公式に話し合われた。ソ連の主席代表はマキシム・リトビノフ外務人民委員《コミサール》〈注1〉、シナの代表団は、顔恵慶《がんけいけい》〈注2〉、顧維鈞《こいきん》、敦泰祺《とんたいき》という顔ぶれだった。

当時のアメリカはソビエト連邦との外交関係がまったくなかったので、提案に対する合衆国政府の態度は表明されなかった。しかし、シナとロシアとの話し合いで、二つの重要な新展開があった。まず、一九二七年、ロシアがシナで共産主義の宣伝活動をしていることを理由に、蔣介石《しょうかいせき》はソビエトとの関係を断絶したが、それ以来中断していた外交関係の再開に、シナ・ロシア両政府がただちに同意したこと。そして、ジュネーブで極東権益に関し、アメリカ・ロシア間で行なわれた非公式会談の第二の結果として、合衆国とロシアとの関係再開への道が開かれたことだ。

過去を振り返り、特別の場合にある行動に出ていたら、あるいは出ていなかったら、どんなことが起こりえたか、あるいは起こりえなかったか、こんな推測をしてもつまらぬことだ。アメリカ・ロシア・シナ間の協定案で、日本を阻止できたかどうかは推測の域を出ないけれども、もし成功していたら、日本と同じような野望を抱く他国が、危険な企てに追随しようかすまいか、躊躇するようになっていたかもしれない。

協定案を暴露したものとしては、トマス・F・F・ミラード氏が「太平洋観察」と題して書

〈注1〉　ソ連の外務人民委員は諸外国の外相にあたる。ちなみにソ連は、一九三一年九月、満洲事変に際し、シナを援助することなく中立を維持する立場を取ったばかりか、東支鉄道による日本軍の輸送も認めている。同年十二月、芳沢謙吉フランス駐在大使（外務大臣就任が決定していた）が陸路のシベリア鉄道で日本に帰国した際、モスクワで日ソ不可侵条約の提議をした相手は、この外務人民委員、リトビノフであった。

〈注2〉　シナの外交官・政治家（一八七七～一九五〇年）。外交部長（一九二〇～二二年）、国務総理（一九二四、二六）、駐ソ大使（一九三二～三六年）を歴任。

き上げた原稿に収載されていたものがあったが、一度も出版されなかった。ミラード氏は、国際聯盟のシナ代表団顧問としてジュネーブの会議に出席した。

先述したように、一九三二年、ロシアとシナ（特にロシア）が、日本阻止のための三国同盟へ合衆国とともに加盟する構えであったという事実は、第二次世界大戦に関して、すこぶる興味深いことである。というのもロシアは、ロシアの相手国である合衆国、イギリス、シナを巻き込んだ太平洋戦争で、最初の四年間は中立の立場に立ったからである。このロシアの中立が、私たちが日本と戦争をする上で、アメリカのもっとも深刻なハンディーキャップになったのは周知の事実である。ようやく一九四五年四月になって、ソビエト政府は、一九四六年四月失効の中立条約を破棄する意向を日本に通達した〈注3〉。

ミラード氏の暴露によると、協定案の目的は、その前文で述べてあるように、「極東で平和を維持し、極東と西太平洋に政治的および経済的安定を確立し維持すること」であった。その本文には、つぎのように規定されていた。アメリカ、ロシア、シナのいかなる領土、あるいは同協定の保護地域内における同三国の商業権と財産権、あるいはこれらの地域に居住する同三国の市民の政治的自由と安全が、協定非加盟国から侵害されるか、あるいは蹂躙《じゅうりん》される場合、協定同盟国は現状維持のために取るべき方策について協議するだろう、と。

極東と西太平洋での共同行動に備える主要協定に加え、対日戦争が勃発したとき、三つの補充協定が自動的に実施されるよう準備がなされた。そのひとつは、合衆国・ロシア間の協定で、それぞれが相手国の現行の領土を尊重し、米ソでシナの承認を得て別段合意がなされない限り、シナの現行の領土も同様に尊重すべきことが規定された。納得のいく戦争終結に向けて、日本領土をある程度再調整すること。サハリン島南半分はロシアに返還すること。満洲のロシア鉄道権益も公平に改善整理されること。ヴェルサイユ会議で日本に委任統治をさせた太平洋諸島は、合衆国政府の自由裁量下に入ること。合衆国とフィリピン政府が合意したフィリピン諸島に関する協定は、いかなるものでも尊重すること。そして最後に日本国本土の領土は、納得のいく海軍力制限に日本が同意すれば、無傷のまま残すことになっていた。

合衆国・シナ間の協定案では、各々が相手国の領土的、政治的独立を尊重することになっていた。シナの主権を損なう、あるいは侵害する日本との協定はもちろんのこと、シナ国境内の特権や租界を廃止する上で、合衆国はシナを支援する。合衆国は、シナ軍の組織化を援助するために、陸海軍顧問をシナに提供し、対日戦争遂行のために必要な軍需品、補給品、経済的援

〈注3〉　一九四一年に日本とソ連の間で締結された日ソ中立条約のこと。有効期間は一九四六年四月十一日までで、相互不可侵および、一方が第三国の軍事行動の対象になった場合の他方の中立などを定めた条約で有効期間は五年とされた。一九四五年四月五日、ソ連は、翌年期限切れとなる同条約を延長しないことを通達したが、それはヤルタ会談で対日宣戦布告が約束されたためである。さらにソ連は、同年八月八日深夜、日ソ中立条約の一方的な破棄を宣言し、「ヤルタ会談で連合国の要請を受けた」として宣戦を布告するという暴挙に出た。九日午前零時、ソ連は、戦闘を開始し、樺太・千島列島、日本の支配下にあった満洲国などへ侵略した。このとき、駐ソ日本大使館から本国に向けての電話回線はすべて切断されており、完全な奇襲攻撃となった。

助とともに、軍用機やその他の軍事専門家を提供する。シナの港を合衆国の海軍基地に使用することも含め、シナはあらゆる点での協力に合意する。シナはまた、合衆国・ロシア間の協定で合意した領土配分を講和条件でも尊重する。

シナとロシアは、合衆国が直接的な利害関係にない事柄すべてにおいて、両国当事者間で平等な協定を成立させるだろう。ただし、そのような協定は、ロシア・シナ・合衆国の協定条件を制限したり、反対したりはしないことになっていた。

国務省、陸軍省、海軍省に提出された合衆国・ロシア・シナ協提案をまとめた覚書には、日本軍のシナ征服計画、あるいは極東のロシア領土を奪う、どのような計画も、この協定により頓挫するだろうという意見が表明されていた。日本軍国主義者は、きっとこのような連合体に挑戦する勇気はないだろうと思われていたのだ。

イギリス政府が仮協定に入らなかった理由には、二つの要素があった。第一は、当時、日本の計画に、イギリス植民地圏内の南西太平洋への侵攻が含まれているとは考えられていなかったこと。第二に、イギリスは、協定案のある側面に反対であり、そのために、当時国際聯盟を通じて日本に圧力をかけようとしていたイギリス側の一定の努力に、水を差されるかもしれないと考えたのだ。

ジュネーブでソビエト代表団の一人が、シナは外モンゴルのロシア主権を認め、東支鉄道北の満洲領土をすべてロシアに割譲すべきとの提案をした。こうすれば、ロシア人は、ウラジヴォストークの海域へ出る近道を手に入れ、東シベリア、満洲、朝鮮の合流点、ポシェート湾

〈注4〉近くまで展開できただろう。この湾は冬でも氷結しない。引き合いに出された北満洲地区は、ロシア人移民を除けば、人口がまばらで、いつもロシア勢力圏内にある満洲と見なされていた。

シメオン・カスプ誘拐事件

日本による満洲での軍事行動を目の当たりにして、ロシアがじっとしていられないのは明白だった。一九三二年から一九三三年までに、その軍事行動は、満洲北部と西部の国境に達し、内モンゴルにまで拡張されて、ついにソビエトが支配する外モンゴルの東と南の側面を包囲したのだ。

日本人は、ソ連と北満洲に住むソビエト市民への敵意を露《あら》わにした。東支鉄道地区内に居住するロシア系ユダヤ人は、その多くがソビエト市民権証明書を持っていたけれども、日本の警察保安隊に雇われた誘拐犯たちから特別に目をつけられていた。

もっとも悪名高い事件は、シメオン・カスプの誘拐事件だった。被害者は、ハルビンで複数のホテルと映画館、そして一軒の宝石店を経営するヨセフ・カスプの息子である。父親のカスプは、日露戦争でロシア軍の騎兵隊将校として兵役に就き、その後、ハルビンに落ち着いた。事業で成功して、子供たちをパリに留学させた。末っ子のシメオンは才能あるピアニストとな

〈注4〉　ソ連のピョートル大帝湾の西部にある湾で、朝鮮の国境近くにある。

り、パリ滞在中にフランスの市民権を取得した。極東では有名で、東京、上海、マニラでリサイタルを開催した。

一九三三年、日本人が北満洲を占領すると、日本保安隊が雇った白系ロシア人の無法者の一団に、シメオン・カスプが誘拐された。ギャング団の指導者は、ラドツォエフスキーという名の白系ロシア人であり、ハルビンのいわゆる「ファシスト・クラブ」の首領で、日本人と協力関係にあった。誘拐の陰謀を計画したのは、保安隊部局の事務官・通訳の中村という名の日本人だった。中村にはマルティノフという名のロシア人の助っ人がつき、マルティノフはハルビンの保安隊部局とつながりがあった。カスプの息子が誘拐され、ハルビンのはずれの隠れ家まで連れて行かれた後、身代金三〇万ドルを要求する手紙が父親のもとへ届いた。父親はより少ない金額を提示して誘拐犯に抵抗し、フランス総領事にその旨を通報した。

フランス副領事のM・シャムボンはカスプの息子の解放を要求し、日本の保安隊が誘拐の陰謀を企てたという動かぬ証拠を日本領事当局に突き付けた。ハルビンの白系ロシア人のファシスト系新聞は、日本の示唆のもと、ただちにそのフランス副領事への敵対宣伝活動を始め、彼を「共産党のユダヤ人」と呼んだ。

日本当局は誘拐犯逮捕にあたり、ぐずぐずと何もしなかった。誘拐犯たちは、事態がごたごたするのを恐れ、身代金の要求額を下げてきた。以前の誘拐事件では、身代金を支払っても必ずしも人質の解放には至らず、身代金の上積み要求をされることもしばしばだった。そこで父親のカスプは、フランス副領事の助言に従い、身代金の支払いを拒否した。すると無法者たちは、人質の両耳を切り落とし、親元へ送りつけた。連中は、結局九五日間もカスプの息子を拘束して拷問した後、射殺した。

この事件では、ハルビン市民たちの間に、ものすごい怒りが充満していたので、ロシア人、シナ人、朝鮮人を含む人々がほとんど全市を挙げて、葬式に参列した。ハルビンでは、今までで最大の葬式だった。この事件は極東新聞を大々的に賑わしたので、東京の日本政府は、フランスの圧力のもと、誘拐計画にかかわった白系ロシア人の犯人六人の逮捕を命じた。

日本人がその地区をちょうど占領してからも、ハルビンでは、シナの司法当局がまだ機能していた。ハルビンは鉄道地区内にあった。ファシスト系新聞が、司法当局への攻撃を活字にして、法廷を威圧しようとしたにもかかわらず、シナ法廷は勇敢にも白系ロシア人の無法者六人を有罪にし、四人に死刑判決、二人に終身刑判決を言い渡した。ハルビンはその評決に歓喜した。

しかし、その喜びも、束の間だった。日本の保安隊部局の局長が介入し、シナ人の裁判長を逮捕させ、判決を無効にするよう命じたのである。六カ月後、三人の日本人からなる特別の判事団は、さっさと裁判を片付け、「愛国的な動機から行動した」という理由で、容疑者を釈放するように命じた。

日本が牛耳っているファシスト系新聞は、ロシア語で出版されていたが、その判決についての論評を載せ、誘拐犯たちを「正直で優秀な市民であり、真にロシアの愛国者たちであり、個人的に利益を得たいという動機からではなく、抗ボルシェビキ戦争を継続するため、もっぱら反共産主義組織に供する資金獲得の目的で行動した」と説明した。

ハルビンでイギリス人が出版する二つの新聞、すなわちレノックス・シンプソン編集の『ハルビン・ヘラルド』紙とB・ヘイトン・フリート編集の『ハルビン・オブザーヴァー』紙は、日本の法的処置を非難したため、日本当局に差し押さえられ、編集者たちも満洲から追放された。

日本占領に続く恐怖統治は満洲全土に広がり、ロシア系ユダヤ人とシナ人の大量誘拐が同時に発生した。ロシア系ユダヤ人は、共産主義活動を行ない、第三インターナショナルの党員だといつも告発されていた。

ソ連に対する日本の憎悪は、さらに深まった。というのも、シナ人将軍とその軍隊が、武器を持ったまま、満洲からソビエト領内へ「逃避」し、その後、はるか北西の新疆《しんきょう》で、ふたたびシナ領土に入国するのを許すという、ソビエト政府当局の行動があったからだ。問題のシナ人将軍は、馬占山《ばせんざん》〈注5〉という知られた人物だった。

馬将軍は、最初、北満洲のロシア領域南の国境を流れるノンニ川で、侵入する日本軍の前兵を食い止め、これを敗北させた。しかし馬将軍は、弾薬不足になったため、黒竜江《アムール川》に沿って興《こう》安嶺《あんれい》へ軍隊を撤退せざるをえなかった。ここは、道路が建設されるまで、事実上、近づくことができない〔派兵できない〕領土だったので、日本人は外交交渉を試みることにした。

日本の「策略の達人」として知られる土肥原賢二《どひはらけんじ》将軍〔当時は少将〕〈注6〉が、馬将軍と交渉するためハルビンへ派遣された。数回会談を重ねた後、馬将軍は日本人に「身を投じる」こ

馬占山《ばせんざん》という人物

写真／毎日新聞社

満洲国建国の式典で、執政に就任する
溥儀《ふぎ》を長春駅に出迎える馬占山（左）

（1932年３月８日）

とに同意したが、それは日本人が馬将軍を新満洲政府の軍政部総長に任命し、将軍の軍隊再装備のために金塊で一〇〇〇万ドル支払うという条件をつけたからだった。

馬占山将軍にまんまと裏をかかれた日本

さて話は変わって、私は、馬将軍のインタヴューのため、アメリカ人の通信記者団を連れて、黒竜江省の首都、斉斉哈爾《チチハル》という辺境の町まで旅に出た。将軍は、日本人《ジャップ》に対し後衛戦をしながら、東支鉄道を横切り、ハルビンの西へ向かっていた。

私たちは東支鉄道の連絡駅、昂昂渓《こうこうけい》から斉斉哈爾まで旅をし、ずっと軌間の狭い線路で、馬将軍の本部へと到着したが、それは将軍が斉斉哈爾を引き払い、興安嶺に向かって撤退するほんの一時間ほど前だった。将軍が私たちに語った話では、最終的に愛琿《あいぐん》の町〈注7〉に本部を設立する計画だということだった。この町は、黒竜江《アムール川》上流のブラゴヴェスチェンスクという古いロシア前哨地の反対側にあった。

馬将軍は背が低かった。大方のシナ人とは異なり、ひげが濃く、口ひげの両端が五センチから七センチ垂れ下がっていた。

将軍とのインタヴューの時間が一時間ほどしか取れなかったし、私たちが質問し将軍が返答するたびに、シナ語と英語に通訳しなければならなかったので、きちんとインタヴューが進められるか心配だった。たった一〇分ほど進行しただけなのに、私たちはいらいらしながら腕時計を見つめていたが、それは部屋の隅に置いてある「おじいさんの古時計」型の大時計が鳴り出し、会話が聞き取れなくなったからだ。置き時計には、力強く鳴り響くリンとチャイムがついていて、深夜一二時の時報が、うんざりするほど延々と鳴りつづけたのだ。時計が鳴りやむまで、すべての質問を中止し、インタヴューも中断し、私たちはどうしようもなくお互いの顔を見つめ合っていた。

やっとのことで時計が鳴りやみ、インタヴューを再開したが、二、三分したらまた隣りの部屋で同じような時計が鳴り出し、ふたたび「ボーン」という音がして、私たちはびっくり仰天した。また、時計が鳴りやむまで、なすすべもなく腰を下ろした。数分間のことだ。再度インタヴューを始めた。ところがまたまた近くの別の部屋で別の時計が邪魔をした。広い構内のあ

〈注5〉　河北省豊潤県出身で、中華民国・満洲国の軍人（一八八五〜一九五〇年）。満洲国建国に参加し、一九三二年、黒竜江省長、満洲国政府軍政部総長となったものの、黒竜江を密かに脱出し、日本軍と戦った。

〈注6〉　岡山県出身の大日本帝国陸軍の軍人（一八八三〜一九四八年）。特務機関畑を中心に要職を歴任し、陸軍士官学校校長も務めた。満洲国建国に際して最後の清国皇帝の溥儀を隠棲先の天津から脱出させた。その後、北支分離工作を推進し、土肥原・秦徳純協定を締結し、この結果、河北省に冀東防共自治政府を成立させた。シナ人からは謀略をも辞さない強硬な対シナ政策の推進者と見なされていたらしい。

〈注7〉　黒竜江省北部、黒竜江中流域の右岸にある町で、斉斉哈爾《チチハル》の北東六〇〇キロメートル。ここはロシアの侵略が激しく、清朝は築城してロシアとの交渉の重要拠点とした。しかし義和団事件の際に、ロシア軍により全域壊滅した。

ちこちの部屋から六台の時計が時報を告げるので、結局、インタヴューは短縮せざるをえなかった。明らかに連中は、二、三分おきに時計が鳴るようセットしたのだ。部屋を出る前に最初の時計のところへ行って、機械装置を調べてみた。表には英語で「ドイツ製」という横文字が並んでいた。

ついに日本人が馬将軍の条件をのんだので、将軍は、新しい満洲国の首都、新京《しんきよう》(長春の新称)へ向かった。しかしながら将軍は、金塊を受け取ると、密かに興安嶺の軍隊に復帰し、侵入する日本軍にまたもや公然と反旗を翻したのだ。すぐに日本人は大隊を北満洲に派遣し、馬将軍の分遣隊を破るのに成功した。シナ人が撤退した後、日本人が原野に残されたシナ人の死体を調べていたら、将軍の軍服をまとった死体が見つかった。その死体の側には、馬将軍がいつも乗っていたようなポニーの死骸もあった。またそれ以上になるほどと思わせたものとして、日本人は鞍嚢《あんのう》を見つけたのだが、その中には、将軍の署名入りの書類と日本軍が将軍の軍隊装備用にと渡した金の延べ棒が数本入っていた。

日本陸軍将校たちは大得意になり、「死亡した」シナ人司令官の軍服やその他の装具を持たせて、政府高官を東京へ派遣した。東京では、それらの遺品が、誇らしげに裕仁天皇の前に陳列された。土肥原将軍も加わって、このような儀式に興じていた間に、馬将軍は、黒竜江を横断し、ソビエト側の前線、ブラゴヴェスチェンスクへ全軍を実質的に移動させるために必要な時間を稼ぐことができたのだ。そこでシナ兵士たちは、湘江省行きの列車に乗車できた。そして馬将軍は、南京の蔣介石主席に電報を打ち、今回の出来事を知らせたのである。

馬占山「死亡」現場

写真／毎日新聞社

「馬占山が襲撃された現場」として
『東京日日新聞』に掲載された写真

(1932年9月)

馬将軍が見事な手柄を立て、日本人を当惑させたばかりか、天皇の威信、つまり「面子《メンツ》」をつぶしたことで、日本軍は、奇妙な苦境に立たされていた。というのも裕仁の耳には、すでに馬占山が死んだという報告が入っていたのだから、今さら皇軍が間違いを犯しました、そして狡猾なシナ人の将軍は裏をかいてロシアへ逃亡しましたと、天子に奏上できないのは明らかだったからだ。日本人は、どんな日本の新聞でも、馬将軍の名前の使用を永久に禁止することで、難局を打開した。さて話は変わって、馬将軍は、以来ずっと綏遠《すいえん》省で積極的に日本に対抗したが、日本の公式声明には、何であれ、一度も名が挙がらなかった。土肥原将軍は、策略が裏目に出て面子を失い、黄河でシナ軍によって敗北同然となると、日本の空軍へ転属となった〈注8〉。

〈注8〉　土肥原大将が一九四一年に陸軍航空総監に就任したことを指すと思われる。だが土肥原は、同年に陸軍大将に昇進し、またその後も、第七方面軍司令官、陸軍教育総監、第一二方面軍司令官などを歴任している。著者の言うように、陸軍から空軍に転属したわけではない。

第19章　ウラジヴォストーク

旅の途次で実見した東シベリア。着々と進むソ連の戦争準備

シベリア渡航の申請

日本人が満洲でシナ人最後の組織的な抵抗を退けると、アメリカとイギリスの新聞に関するかぎり、「報道」がぷっつりと途切れてしまった。そこで私は（一九三五年に）、ソビエト極東地方へ旅行ができないか調べてみようと決意した。

私はソビエト大使ボゴモロフと大使館参事官スピルワネクと知り合いだった。縁ができたのは、一九二八年、白系ロシア人による上海ソビエト領事館の占拠未遂事件を私が報道したからだった。上海のフランス租界に居住する元コサック兵の一団一五〇人ほどが、ソビエトとの関係を断絶した蔣介石《しょうかいせき》の行動に勇気づけられ、ソビエト領事館を占拠し、共同租界に「白系」ロシア政府を樹立しようとしたのである。

ソビエト領事館が略奪占領されようとしているというニュースは、上海の町中に広がり、大

勢の群衆が集まったが、その多くはロシアの女性亡命者だった。領事館の建物は、アスター・ハウス・ホテルから、通りをひとつ隔てた真向かいにあったので、ホテルのロビーや窓際は、見物に集まった宿泊客でごった返していた。

ロシア人女性が領事館の窓にレンガを投げつけると騒ぎが始まり、それと同時に大きな叫び声が上がった。どうもこれが行動開始の合図だったらしく、暴徒が怒濤のごとく押し寄せ、岩、レンガ、その他の投げられるものはすべて爆撃さながらに建物に投げつけ、一階と地下の窓の大部分を破壊した。

イギリス、フランスとも警察当局が干渉しなかったにもかかわらず、その陰謀が失敗したのは、建物内にバリケードを築いて守りを固めたソビエト領事コスロウスキーと、ひと握りの領事館職員が断固たる抵抗を見せたからだった。反乱のまっ最中、全員が古びたロシア帝国の軍服をまとった白系ロシア人分遣隊の一人が、領事館のドアまでたどり着き、鉄格子から鎌とハンマー〔ソ連の国章〕を剥がしにかかった。しかし彼は胸に銃弾を受け（領事館を守っていた者の一人がドア越しに発砲した）、通りで死亡した。これを機に「白衛兵」は戦闘をやめた。連中は、窓をもう二、三枚壊すと、警察が到着する前に消散した。逮捕は一件もなかった。

ソビエト大使は、事の顛末《てんまつ》を私が報道したことを喜び、極東での残りの滞在期間中も、格好の情報源になってくれた。私はこの縁故を生かそうと思い立ち、ウラジヴォストークとハバロフスクに訪問したいので、パスポートとビザを手配してほしいと大使に頼んだ。この二都市は、それぞれソビエト・シベリアの主要都市であり、政治の首都でもあった。ボゴモロフはモスクワに電報でその旨を伝えると約束したが、あまり希望は持てなかった。電報料が五〇ドルかかり、一カ月近くも待たされたあげく、私の申請は却下と通知された。

私は、シベリア旅行を見越して、新満洲国家を縦断するためのビザを日本に申請した。チタ〈注1〉でシベリア横断鉄道に乗るには、この手続きが必要だったからだ。日本領事もまた新満洲国の首都、新京に電信で許可を得なければならないとのことだった。二、三日して返事を求めたら、断固として「ノー」だった。そのとき分かったのだが、日本軍部は、日本の満洲占領を批判する通信記者全員の「ブラックリスト」を作成していて、記者たちがこの傀儡《かいらい》国家を永久に訪問できないようにしたのである。私が目論んでいたシベリア旅行の道は閉ざされたかに見えた。

数週間後、ソビエト公認の旅行会社、インツーリストの上海支配人から話があり、モスクワの赤の広場で催される、ソ連の十一月記念祝賀祭〈注2〉の見学という目的で、六カ月のツーリスト旅行許可書を申請するつもりなら、シベリア旅行ができるかもしれないという。もしモスクワ訪問のビザが取得できれば、シベリアで途中下車ができるかもしれないと言った。また上海港で茶を積んだシナの貨物船が、じきにウラジヴォストークへ出帆するところだとも。そ

〈注1〉　シベリア中央部、バイカル湖東方の都市。
〈注2〉　ロシア革命後、ソ連の首都がモスクワに定められると、最高指導者が居住するクレムリンの赤の広場の重要性が増し、革命記念日の十一月七日にはここで閲兵式（軍事パレード）が行なわれるようになった。

こで試しにもう一度五〇ドル支払い、モスクワに海外電報を送った。今度は色よい返事が得られてきて、パスポートとビザと六カ月の旅行許可書を受け取ることができた。ビザ代が六〇ドルかかり、ロシア入国費用は総額で一六五ドルに跳ね上がった。以前は、アメリカ国務省に支払うパスポート代の一〇ドルでさえ、法外な値段だと思っていたのに。

航海前、インツーリスト代表から、こう言われたことがあった。ホテル、食堂列車、寝台車の給仕の支払いに、クーポンを何冊か買っておくのがロシア旅行者の習慣になっていると。後で分かったのだが、ホテルや快速列車のサービス料金は「公式」の為替レートで請求されるけれども、ソビエト連邦入国後に旅行者が闇の両替マーケットを使えば、アメリカの一ドルで七〇ルーブルから八〇ルーブルもの「安い」ルーブルを買うことができたのだ。公式レートでは、アメリカの一ドルが約八ルーブルだった。

その後、ウラジヴォストークでは、一ドル七〇ルーブルのレートで合衆国ドルが両替できると小声で言われたけれども、闇マーケットを贔屓《ひいき》にしてはならぬと思いとどまった。「安い」ルーブルを買えば刑事犯罪になるという事実があるにもかかわらず、アメリカの一ドルに対し三〇ルーブルから五〇ルーブルの両替率で、ルーブルを売りたいと申し出るロシア人がひっきりなしに近づいてきた。あるとき、モスクワのボリショイ劇場でも、バレエの幕間に、両替業者が安いルーブルを買わないかと話を持ちかけてきた。

上海から一二日間の旅

ソビエトが日本との危機的関係についてどれほど神経質になっているか、ようやく実感したのは、茶を積み、ウラジヴォストークへ出航間近のシナの貨物船に乗り込んでからだった。一万トン級の貨物船の船倉には、茶箱が満載されていただけではなく、何千個もの追加の箱がデッキの上に山積みにされ、防水シートで覆われていた。その天辺は、今にも煙突に届きそうだった。ロシア人のお茶好きはジンギスカーンの時代にまで遡《さかのぼ》るが、それはシナ人のシナ茶好きにも匹敵する。ロシア人は、日本と戦争をする場合でさえ、戦争を機にこの大好物の飲み物を絶とうとはしなかった。

しかし、ソビエトが対日戦争を見込んでいることを示す証拠がまだ船上にあったのだ。限られた乗客区域は満杯で、極東で命を落とすまいと帰郷を急ぐソビエト官憲とその家族であふれ返っていた。

乗客の中には、シナ人を援助してシナ・ソビエト石油専売公社を設立したソビエト石油トラストの社員も数人いた。この専売公社が倒産したのは、カリフォルニアやオランダ領インド諸島から石油を入手するアメリカ系石油会社やイギリス・オランダ系石油会社に太刀打ちできなかったからだ。上海に建設された大型設備は、スタンダード・ヴァキューム社とダッチ・シェル社が安価で接収した。ソビエトの石油商人（とその家族）も帰国中だった。

ソビエトが神経過敏な状況にあることをさらに確信させたのは、船が出航してからだった。上海からウラジヴォストークまで航海するのに、どれくらいの時間が必要かと、スウェーデン生まれの船長に尋ねてみた。「普通なら五日くらいだが、今回はもっと長くかかるさ」と船長は答えた。さらに船長は、日本帝国艦隊が日本海で機動演習をしていると耳元でささやいた。

その結果、ウラジヴォストークに直航するのではなく、大きく日本を遠回りして太平洋に入り、北のアリューシャン列島方面へ向かうよう船長は指示を受けていた。そして日本列島最北の島、北海道とサハリンの間を西へと通り抜け、シベリア沿岸へ向かい、ふたたびロシア領海内を南西に進んでウラジヴォストークへ向かうコースで、つまり日本の本州と島々をぐるっと回り込むわけである。海は凪《な》いでいて、旅行もこれといった事件はなかったけれども、通常、上海からウラジヴォストークまで五日間の航海ですむところを、この船旅では一二日間もかかった。

平和時に日本列島を遊船することくらい気持ちのいい旅行を、私は知らない。ほとんどの海岸線では、木々で覆われた山々が直接海まで延びていて、山の壁の合間のところどころから、狭い緑の渓谷や、しばしばオモチャのように小さい家々の建ち並ぶ集落や、寺院が見え隠れした。二、三度、険しい崖から、滝が海中まで流れ落ちる様子を観察した。特に一本の滝は、いつまでも私の思い出の中に残ることだろう。海から眺めると、幅がたった二、三メートルしかないのに、高さは数百メートルもあるように見えた。早朝、その滝を見ると、そよ風にたなびく白い絹紐のように、あるいは溶けた白銀が糸を引くように落下していた。滝は、直接海に流れ落ちて水煙を上げ、虹がかかっていた。

ウラジヴォストークで見た風景

どうもウラジヴォストークは、この都市が出現したときから、物理的には少しも変わっていないように思えた。第一次世界大戦中、アメリカ軍がシベリア遠征をした後、撤収したのがこの港だった。あれから何年も経《た》つのに、歩道や道路には、昔と同じ穴が開いていたし、たぶん以前より穴が深くなっただけかもしれない。アメリカが初めてロシアの政治に首を突っ込んだ後、私たちの兵士が波止場まで行進して帰国の航海に出発したときも、穴はそこにあったのだ。ほとんどの道路沿いに軒を並べる店舗も、正面に板が貼られたままで、塞がれていた。

私たちの乗った蒸気船が着岸してまずショックを受けたのは、積み下ろし人足、つまり港湾労働者のほとんどが女性だったことだ。それも、港湾仕事についている男たちよりもずっと立派な体格をしていた。現場監督は女性だった。

つぎにショックを受けたのは、税関職員からパスポートを見せるように言われ、手荷物検査をしたときだった。その職員も女性だった。ひと息ついてから、まさにとっておきの（だが乏しい）ロシア語で話しかけた。三カ月間ほどロシア語を勉強していたので、まあまあの出来だった。しかし、女性は困ったような表情を浮かべ、笑って（英語で）こう言った。「何かご用があればおっしゃってください。お手伝いしますから」。

店の大半は閉まっていた。ただ一軒のデパートだけが営業していた。その一軒のデパートに押しかける客は、ほぼ朝鮮人だけだった。朝鮮人は、多少なりともお金を持っている唯一の住人のようだ。

しかし、外観が荒れ果てているからといって、町が沈滞しているわけではなかった。それどころか、ウラジヴォストークは軍事活動の中心地だった。ソビエト当局は、一九二二年から一九二三年にかけて日本人が撤退した後、ふたたび町を支配することになったけれども、それから一〇年以上もの間、港の改善にはまったく手をつけなかった。ところが、当局は突然に目覚め、こう実感したのだ。神頼みや宣伝活動だけでは、日本の征服の流れをとてもせき止められないだろう、と。その流れは、満洲中を席捲し、ウスリー川と黒竜江《アムール川》からモンゴル砂漠まで続くシベリア辺境にまで押し寄せていた。

ロシア皇帝が、ロシアの「東洋の海の宝石」を守るため、ウラジヴォストークに建造した古びた要塞も、連合国（イギリス、アメリカ、日本）がシベリア干渉を行なってからは、無用の長物となった。何ひとつ見のがさない日本人は、シベリアの地勢、特に朝鮮と満洲に面するシベリアの地形を隅々まで調査して地図にした。

一九二二年、ワシントン会議でアメリカから圧力をかけられた結果、日本軍がとうとうその地域から撤退すると、ソビエトは、シナと日本の両国に平和的意図があることを示すため、古びたロシア皇帝の要塞防備をすべて撤去し、内地の火器は、欧州ロシアの新鋳製鉄所でスクラップにするため、船積みに出した。

ソビエト当局は、ウラジヴォストーク要塞再建の遅れを取り戻そうとしていた。陸軍大臣のウォロシロフはウラジヴォストークへ赴き、情況を調査した。古びたウラジヴォストークの製鉄所と造船所は接収され、新しくなった。欧州ロシアから極東まで船で輸送された何千人もの技術者や労働者に住宅を供給するため、何列も長々と軒を並べる木造バラックがいくつも建設された。

その工場は、ウォロシロフ製鉄所と改称され、潜水艦の製造、もっと正確にいえば、組み立てに振りあてられた。潜水艦は、欧州ロシアかドイツで部分ごとに組み立てられ、シベリア横断鉄道経由か、あるいは海路でウォロシロフ製鉄所まで輸送され、ここで全工程が完成した。数えてみたら、ウラジヴォストーク港では、この流線型の潜水艦が六隻も巡航したり機動訓練をしたりしていた。ロシアから戻った数週間後、私が東京で耳にしたところでは、当時のロシア人は、ウラジヴォストークを基地とする潜水艦を三〇隻も持っていたという。

日本人は情況をじっと見守っていた。シベリア横断鉄道でヨーロッパから東京に到着する訪問者は、日本の新聞記者や政府役人から、過酷ともいえる尋問を受けた。旅行者がシベリア横断中に何を目にしたかを聞き出そうと、やっきになっていたのだ。

着々と進む日本との戦争準備

ロシア人は心理戦術の専門家なので、日本人に影響を与えるため、あえて自分たちの戦争準備をこれ見よがしに見せようとはしなかったのではないか、としばしば思ったものだ。たとえば、ウラジヴォストークとハバロフスク間をシベリア横断鉄道で旅行した者は、決まって、鉄道の近くの飛行場に大型飛行機がたくさん配置してあるのを見たと報告した。おそらく私もこの大型飛行機を六機ほど見かけたと思うけれども、その報告が東京へ届く頃には、六機が数百機に膨《ふく》れ上がることは容易に想像がついた。

ウラジヴォストークに初めて到着した訪問者が抱く第一印象は、今にもヒステリーを起こさんばかりに落ち着きがないことで、それはウラジヴォストーク港在住の二〇万八〇〇〇の人々にも蔓延していた。老若男女、ほとんどすべての者が、ガスマスクを持ち歩くか、さもなければ手もとに置いていた。夜になると、あちこちの交差点に人々が集まり、すっぽり笠で覆われた街灯の下に佇《たたず》み、合同国家政治保安部《オーゲーペーウー》〈注3〉の役人が出す指示「日本の空爆があったときにどうするか」に耳を傾ける姿が見られた。

ある夜、インツーリストの支配人が、ソビエト製「フォード」の新車に私を乗せ、ウラジヴォストーク郊外の、深い谷を見下ろす小高い丘へ連れ出した。強力なサーチライトが大型掘削プロジェクト現場を照らし出すのを見ていると、さながら地獄を眺めているような印象を覚えた。ウラジヴォストークの丘の地下では、何千人もの労働者が二四キロのトンネルを掘っていたのだ。公表された目的は、ウラジヴォストーク市を通り、内陸地と低い海岸地帯を結ぶ鉄道機関を建設することだった。
二、三週間後、モスクワで、以前に天津で知り合ったドイツ大使館付武官から聞いたのだが、トンネル建設の目的は別にあり、対日戦争になったとき、住民を避難させる防空壕として使うということだった。その他の場所の「トンネル」は、実際のところ、地下飛行場に違いないと確信した。
ウラジヴォストーク郊外をふたたび訪れたとき、インツーリストのガイドが、ウラジヴォストーク港、ロシアン・アイランドの樹木の茂った傾斜面に広がる空き地を指し示した。ガイドによると、完成を急ぐ新要塞の建設現場だという。その丘には、沿岸防備用の長距離砲がたくさん据えられていた。陸地方向からの攻撃を防ぐため、陸側の防衛に特別の注意が払われていた。ロシアン・アイランドの大型無線局は、もともとグレイヴィス将軍が、ロシアに干渉した際、アメリカ軍用に建設したものだが、再建され、操業中だった。

その他の丘の頂上に登ってみたら、新しい鉄道の側線用の切り通しや、さらに広い飛行場用の空き地が、それ以外にもたくさん見えた。上空には、飛行機がいつも飛び交い、日夜、偵察任務に就いていた。あるとき、数を数えてみたら、一六〇機ものソビエト機が一斉に頭上を飛んでいたことがあった。湾港地区の新冷凍工場は、大量の魚を加工保存する設備を備えていたが、明らかに軍隊用の食料生産場だった。あるアメリカの会社もまた、ソビエト水産局のために、近代的な大型缶詰工場を建設した。大きな地下食料庫が建設中で、目的は野菜、果物、乳製品を貯蔵するためだった。

〈注3〉　一九二三年に創設されたソ連の政治警察。一九三四年に廃止されると、政治警察の役割は、内務人民委員部（NKVD）に受け継がれた。一九三七年前後のソ連大粛清（殺害）を推進したのは内務人民委員のエジョフである。一九四六年、人民委員部は省となり、一九五三年のスターリンの死後、KGBが新設された。現在、KGBはロシア連邦保安局（FSB）に継承されている。

何よりも優先する「五カ年計画」

ある朝、何千人もの労働者が、路面電車の線路を、非常時の鉄道輸送にも使えるようにと、さらに軌道幅を広げる作業に携わっているのを見て驚いた。聞いた話では、その労働者たちは、火吹《ブロー》きランプを装備した多くの女性溶接工も含めて、ウォロシロフ製鉄所から出向いていて、路面電車の線路を鉄道用の軌道に変えるため、休日を「返上」しているのだという。

水道とガスの主管は、日本人の空爆から保護するため、すべて二五メートルから三〇メートルの地中に埋められた。必要時に予備の水を供給するため、地下送水路が三〇キロにわたって建設中だった。発電所は二基建設中だった。かつては堂々としていた教会の廃墟にも案内された。教会は、労働者と兵隊用にと計画されたサマーホテルやリゾートに場所を譲るため、ダイナマイトで爆破されたのだ。ウラル山脈から太平洋へ至るシベリア横断鉄道の複線は、すべての中で一番野心的なプロジェクトだが、まだウラジヴォストークまで届いていなかった。この歴史的な事業は、(ウクライナから連行してきた政治犯の)強制労働で推進されていた。

ナルコミンデル、すなわち外務人民委員のメリンコ氏は、私が氏のもとを訪れたとき、こう不満を漏らした。大工はすべてトンネル工事で雇われているので、わが家の屋根を修理してもらえない、と。「満洲では、二、三時間もあれば、シナ人大工に屋根の修理を頼むことができた」と言った。ウラジヴォストークでは、このような個人の小さな仕事をする用意など、「五カ年計画」には存在しないのだ。

この「五カ年計画」の主要事業は、すべてに優先された。十一月十日の祝賀準備のため、鉄道駅周辺の道路を補修、舗装しようと、満洲からシナ人労働者を入国させねばならぬときもあった。この仕事でさえ、それに応じられるロシア人労働者が充分にいなかったのだ。

ウクライナから強制的に移民させられた何千人もの男、女、子供が、鉄道駅周辺に数ブロックにわたって軒を並べる掘っ立て小屋や下屋に仮住まいし、家の建設や修理を待ちわびていた。同じような光景はほぼどの鉄道駅でも見られ、線路沿いに、はるかバイカル湖まで延々と続いていた。鉄道駅はどこも、他に寝る場所のない人々で寿司詰め状態だった。

「ヴェルサイユ・ホテル」の風呂

シベリアは、近代的な道路がないのも同然だった。さらに悪いことに、近代的な道路建設をする際に、機械工法もなければ、知識経験のある熟練した工業技師もいなかったのだ。私は、一九二七年まで近代的な道路とはほとんど縁のないシナで長く生活したが、ロシアが、特にシベリアが、近代的な道路では、シナにさえ遅れを取っていると知って驚いた。道路が足りないというと、平均的なロシア人は肩をすくめ、一年のかなりの期間、大地が凍りつくので「道路はほとんど必要ない」とよく答えたものだ。しかし、建設中の道路もあった。四〇キロの道路が一本、ウラジヴォストーク半島の町に向かって建設中だった。

数週間後、私はドイツ外交官高官の隣に立ち、赤の広場で十一月十日の軍事パレード〈注4〉

〈注4〉　革命記念日は十一月七日だが、原文は the November Tenth military show となっている。

を見ていた。新型ソビエト重量戦車「陸上の戦艦」が何台も重々しく走り過ぎた。私はそのドイツ人にどう思うかと尋ねてみた。すると彼は「モスクワ郊外へ一〇キロも出れば、ロシアの泥濘にはまり込むだろう」と言った。大地や川が凍結する冬に戦争をするのが、ロシア人の習慣だということにどうも気づいていないようだった。

ウラジヴォストークでは、普通教育の分野に主たる努力が払われていると聞いたけれども、私が案内された学校はたった二校で、そのうちの一校は、ウォロシロフ製鉄所で働く女性の子供たちを通わせる学校だった。この学校のある近代的な官舎は、以前、古いアメリカ領事館のある職員のものだった。

私が連れて行かれた、もうひとつの学校は朝鮮大学として知られ、古代朝鮮語を教える、ただひとつの現存する学校だといわれていた。しかし厳密にいうと、この表現は正しくなかった。第二次世界大戦前のある時期、日本の総督が朝鮮語をはっきりと非合法化するまで、朝鮮のアメリカ人宣教師たちは、日本の軍事的妨害があったにもかかわらず、自分たちの学校で朝鮮語を使っていたからだ。ウラジヴォストークの朝鮮大学を訪問中、五〇人ほどの学生が記事やパンフレットを朝鮮語に翻訳している教室に案内された。聞くところによると、その小冊子は朝鮮にこっそり持ち込まれたものだそうだ。

その後、一九四一年にスターリンが日本と不可侵条約に調印すると、ロシア人は朝鮮大学を閉鎖しただけでなく、朝鮮人住民のかなりの部分を、ウラジヴォストーク地域から、さらに西の中央アジアの某地点まで移住させたのだ。

ある日、パレード場を訪れたら、朝鮮軍の一連隊が、ソビエト士官のもとで軍事教練や機動演習をしているのを見て驚いた。聞けば、朝鮮連隊は、ソビエト国境防衛軍の一部だという。後にバイカル湖周辺で、もっと大勢の東洋人部隊がソビエトの軍服を着ているのを見た。

ホテル近くにある空き地の一区画は、毎朝、衣類、靴、下着、しばしば着古した毛皮のコートを、価格の下がったコペイカ貨幣〈注5〉一、二枚と交換する何千人もの男女でひしめき合っていた。その金で、パンや野菜を買うためである。どうもこの「市場」は官憲から見て見ぬふりをされているようだ。でなければ、ソビエトの法律では「利益を上げるための商売」とは考えられていなかったのだ。

古式ゆかしいヴェルサイユ・ホテルは、現在より繁栄していたロシア皇帝の裕福な時代の名称と面影を今も残している。そのホテルを見ると、石油ブームや鉱山ブームで一時期繁盛したものの、その後は見向きもされなくなったアメリカのとある町で、かつては貴族的だった宿屋を思い出さずにはいられなかった。

衛生配管の状態は、使用したら、できるだけ早く忘れ去るべき類のものだ。洗面器と浴槽というと、シベリア全土でも、まともに栓のついたものは半ダースもないと請《う》け合《あ》ってもかまわない。ハバロフスクでの最初の朝、風呂の設備についてメイドに尋ねてみた。メイドは出て行くと、ブリキのバケツに一ガロン（約三・八リットル）の湯を入れて戻ってきた。メイドは、

〈注5〉　ソ連の貨幣単位でルーブルの一〇〇分の一。

私にパジャマを脱ぐように身振りで合図をすると、シャワーの要領よろしく全身にお湯がかかるように、私の頭からお湯を注ぎはじめた。贅沢な風呂は、モスクワに着くまでお預けにすることにした。

どのホテルも、お客が苦情を書くための黒い大型ノートを置くよう法律で義務づけられていた。支配人が言うには、ホテルの官選査察官が、いつも前触れなく、モスクワからひょっこり訪れては、客がメモした苦情を閲読するために「黒ノート」を見せるよう要求するそうだ。ウラジヴォストーク滞在中、魚料理がいつも数種類はメニューに載っているのに、魚が不足していると何度か苦情を述べた。すると即座に、給仕長がおなじみの黒ノートを差し出した。ついに私もノートを手に取り、白紙のページを選んで、ソ連の水産庁からもらったウラジヴォストークの漁獲高の統計を思い出せるだけすべて書き連ねた。数字の下に「ウラジヴォストークでは大量の漁獲高があるのに、どうして朝食に魚を食べられないのか」と書いた。後に代表団が私のもとを訪れ、その中には支配人、食堂の給仕、主任簿記係がいたが、私に水産会社の配達業務が滞っていると説明した。モスクワから査察官が到着すれば、この問題は改善されるだろうと請け合った。

ウラジヴォストークの気候は、春、夏、秋とも、気持ちのよいものだが、冬も同様とはいいがたい。冬は寒く、強風が吹き荒れ、天気が変わりやすい。朝は穏やかで爽快でも、午後になれば冷たく、じめじめして寒くなり、毛皮で裏打ちされたオーバーコートが手放せなくなるかもしれない。ウラジヴォストークの役人たちは、ウラジヴォストークを夏のリゾート地として開発し、カスピ海や黒海の有名なリゾート地のようにしようと周到な計画を立てていたけれども、戦争準備で予定が狂ったのだ。

ウラジヴォストークにいる間、野心的な開発プロジェクトの説明を山ほど聞かされた。そのひとつは、もう少しで日本人と厄介な問題が起きるところの計画だった。それにはまたユーモラスな要素もあった。

そのプロジェクトとは、北部サハリン島と本土を結ぶ「なわて」、すなわち土手道の建設で、場所はちょうど黒竜江《アムール川》河口の北だった。寒い気候がシベリアの太平洋沿岸地域を支配するのは、オホーツク海からの冷たい寒流が、太平洋沿岸地帯沿いを南方へと流れるからだと、技師は主張した。そしてシベリア沿岸南部沿いを不快な気候が支配するのは、極寒の海流が原因であり、サハリン島とシベリア沿岸の間にある狭い海峡を塞《せ》き止めれば、寒流はシベリアから方向転換し、日本の東側に沿って流れ下るだろうと力説した。技師の分析によれば、この効果として、シベリア沿岸にもっと温暖な気候がもたらされると同時に、日本列島、特に北海道の北方諸島と本州は、日本の住民が耐えられないような極寒地帯に変わるという。

日本人を十把ひとからげにして凍結させるという、この奇抜なロシア流日本問題解決策のニュースは、当然のこと日本にも届き、大騒ぎとなった。そのニュースは、そのような類の多くの噂のひとつにすぎないが、シベリアで絶えず生まれては誇張された形で日本人の間に出回っていたのだ。これは抜け目のないロシア流の心理的戦争の一形態ではないかと、しばしば思った。

　また日本人が、自分たちの戦争心理を刺激し、当時のほぼ日本全土に蔓延する危機的な経済状況から日本国民の心をそらせるために、このようなシベリアから噂として流れてくる脅威を利用したことは、疑問の余地のないことだった。

第20章　シベリア横断

シベリア鉄道でのモスクワへの旅

強制労働に従事する「政治犯」の群れ

シベリア防衛が必要だと「ロシアの熊」が目覚めたことは、四方八方どこを見ても一目瞭然だった。あらゆる個人の行動も、あらゆる国土資源の活用も、自発的、強制的を問わず、みな「マカカス」からシベリアを守るという目的達成に向けられていた。マカカスとは「猿」を表わすロシア語で、日本人を指す蔑称だ〔普通は「マカーキー」と表記される〕。

ソ連流の労働者の扱い方を目の当たりにして、私は驚き、共産主義青年同盟《コムソモール》〈注1〉の女性団員でもある若いインツーリストのガイドに尋ねてみた。しばしば一〇〇〇人をも数える労働

〈注1〉　一四歳から二八歳の青年を対象とした全ソ連邦レーニン共産主義青年同盟のこと（一九一八～九一年）。

者集団が、シベリア横断鉄道の複線化の作業に携わっているけれども、なぜいつも集団がすべて合同国家政治保安部《オーゲーペーウー》〈注2〉の武装看守に服従させられているのか、と。

この武装看守たちは、いつも黒革のコートとズボン、コサック風の長い革ブーツ姿なので、ひと目でそれと分かった。連中はいつも軽機関銃を携帯していた。労働者たちの着ている服はよれよれだったが、多くの場合、その着用者が、かつてはもっと富裕な人物だったことを物語るしるしでもあった。特に毛皮の帽子と着古したコートの下襟は金持ちの証しだが、下襟はほとんど毛が抜け落ちていた。ロシアでは、帝政時代だろうが、近代共産主義時代だろうが、毛皮の帽子といえば、いつも間違いなく贅沢のしるしだった。

よくあることだが、作業中の現場で、列車が停車したときなど、急行車両から一歩外に出れば、たちまち男たちが群がってきたものだ。連中は私が「アメリカ人《アメリカンスキー》」であることを本能的に嗅ぎつけるらしく、「タバコ《タボク》」をめぐんでくれとせがむのだ。上海で買っておいた予備のタバコもすぐに底をついた。ある日、少しばかり英語が分かり、ひと目見て昔は羽振りがよかったと分かる男が、跪《ひざまず》き、ペコペコして、タバコをくれとねだったことがあった。半分中身が空になった缶を手渡したら、あまりにも熱烈に私を抱きしめたので、乗客がみな歓声を上げたほどだ。

武装看守についての情報提供をインツーリスト・ガイドに求めると、彼女は決まって肩をすぼめ、乏しい英語で「政治犯」だと答えた。それで、連中がいたわけだ。後から聞いた話では、ウクライナから来た者が大部分で、当地ではスターリンの集団農場計画に対して大規模な民衆の反対行動があったという。聞いたところでは、農場主たちは、国家へ家畜を引き渡すよりはましだとして、自分たちの手で家畜を殺し、大宴会をしたそうだ。その結果、途方もない破壊的な飢饉が起こったらしい。これらの農場主たちは、たいてい土地所有と利益目当ての労働者雇用の咎《とが》で告発された。彼らは有名な「クラーク」〈注3〉で、今やソビエト連邦の「階級のない」社会では迫害される階級だった。

チタの鉄道操車場は、東支鉄道がシベリア横断鉄道本線のアムール線から満洲方面の支線へ入る連絡点だが、ここで私は数珠つなぎになった貨車を目にした。文字通り、貨車、長物《ながもの》車〔無蓋無側の、長い貨物を積むための貨車〕、無蓋大貨車、有蓋貨車が何千台も並んでいた。長物車と無蓋大貨車には、トラック、トラクター、コンバインなど、種々雑多な軍事機材が積み込まれていた。

有蓋貨車の積荷は人また人で、大部分が男性だった。いろいろな建設作業をしたり、防衛作業に就いたりするため、欧州ロシアからシベリアへ列車で輸送中だったのだ。有蓋貨車はすべて外から施錠され、上隅の小さな窓に押し当てられた人々の顔は、どれも血の気がなく青ざめていた。合同国家政治保安部《オーゲーペーウー》の武装看守が、延々と続く列車の間をひっきりなしにパトロールしていた。

〈注2〉　361ページ、第19章〈注3〉参照。
〈注3〉　集団農場化に反対して敵視された比較的裕福な農民階級。

聞いたところでは、政治犯たちは、ある一定の期間、通常は五年ほど、良心的な労働をすれば、市民権を回復できるそうだ。とはいっても、誰の目にも明らかなように、何千もの人々のほとんどは、特に高齢者となると、とても五年間は生き延びられないだろう。疲労困憊か、あるいは病気で倒れた人々の死体が鉄道線路沿いに転がっているのをしばしば見かけた。

ロシアの歴史をひもとけば、この国の辺境域で、おびただしい数の強制集団移住があったことが分かる。ヤクート自治共和国〈注4〉、あるいはシベリアの豊かなレナ川流域のほぼ全域に居住するヤクート族には、つぎのような伝承がある。起源はトルコ系であり、初期の征服者、たぶんジンギスカーンか、タメルランによって、中央アジアから集団移住させられたのだという。現在、総人口三〇万人ほどのヤクート族は、アメリカ・インディアンの「親類」だと主張するのだが、なるほど両者は瓜二つである。

ヤクート自治共和国の首都、ヤクーツクは、合衆国・カナダとソビエト連邦を結ぶアラスカ・シベリア航空路上にあったので、第二次世界大戦初期には、アメリカ人旅行者の興味をかきたてた。旅行者の報告によると、ヤクート族は進取の気象に富む種族であり、「共和国」内で多量の金、プラチナ、毛皮、その他、貴重なシベリア原産品を管理し、これらの品々は、ロシア戦争経済の帳尻合わせの一助として、海外に輸出されているという。教育を受けたヤクート族と、バイカル湖や満洲の近くで列車に乗り合わせたが、アメリカ人には友好的で、いつも「親戚」であるアメリカ・インディアンのことを尋ねてきた。

シベリアのユダヤ人たち

満洲に面し、シベリアの首都、ハバロフスクの西に位置する三角地帯には、何千人ものロシア人が強制「集団移住」させられた実例がまだもうひとつあった。ビロビジャン（二本の川にちなんで名づけられた）地方という地域は、ロシア政府が、ロシア系ユダヤ人を再移住させるために、自治「移住地《コロニー》」として別途に用意した地域だった。この地域のユダヤ人は、その大部分がウクライナやベロルシア（白ロシア〔ベラルーシ〕）の町村からこの地へ輸送されてきた人々である。しかし、彼らは行政上の権利を維持し、同地区の地方行政の管理下で自治を営んでいる点で、鉄道労働者の仲間よりはましな暮らしぶりだった。

ハバロフスクの政党機関紙の編集長の話では、同ユダヤ人移住地は「イギリスがてこ入れしたパレスティナ移住地と似て」いて、この地区を設立したソビエト政府の主な目的は、パレスティナでイギリスがてこ入れをするシオニスト運動〈注5〉から、ロシア系ユダヤ人の注意を

〈注4〉　シベリア北東部にあるロシア連邦共和国を構成する自治共和国で、一九二二年成立。一九七八年の推定によれば、人口は約八四万人で、住民の四六パーセントがヤクート族、約四四パーセントがロシア人で、その他に少数のエヴェンキ、エヴェン、チュクチ、ユカギルなどの諸族がいる。十六世紀前半、ロシアに征服され、ヤクーツク砦が建設されて統治の中心地となった。十九世紀から二十世紀には政治犯の流刑地となった。

〈注5〉　ユダヤ人がその故郷のパレスティナに祖国を再建しようとする運動。その念願は、一九四八年にイスラエル共和国が建国され、一応達成されている。

そらすことにあった。そのシオニスト運動は、何百万人ものロシア系ユダヤ人に大きな影響を与えていたからだ。

シベリアのユダヤ人移住区事務局長が私に教えてくれたのだが、ニューヨークのユダヤ人組織がこのロシア・プロジェクトに相当額の資金をつぎ込んだそうだ。ついでにいえば、英字印刷されたソビエト連邦の公式便覧には、一二を超えるユダヤ人種族が列挙されていて、その中には、ソビエトのもっとも原始的な種族に分類される人々も含まれていた。

列車で出会ったソビエト陸軍士官から聞いた話だが、ソビエト政府がビロビジャン・ユダヤ人移住地を設立した主たる目的は戦略的なものだそうだ。移住地がシベリアの首都、ハバロフスクの真西に位置していることから、その地区を、シベリア東部に本部を構える極東赤軍を支援するための、農工業の重要基地にしようとしていたのだという。またこのユダヤ人移住地は、日本の新満洲国に隣接するアムール地方沿いに位置しているため、日本軍がハバロフスクを攻撃するにはユダヤ人移住地に侵入せざるをえないだろうし、そうなれば、後にヒトラーがヨーロッパのユダヤ人を攻撃したときと同じような波紋がユダヤ人社会全体に広がるだろうとのことだった。

後になって、ユダヤ人が新移住地の「集団」農場で働くのを嫌がると、ソビエト政府は、ウラジヴォストーク地域から朝鮮人農民を数千人ほど同地域に移住させた。ハバロフスクのロシア人官憲たちが言うには、ユダヤ人移住者と朝鮮人の間で相当数の異民族間結婚があり、必然的に新しい人種が生まれるに至ったそうだ。ちょうど同じようなことが北満洲とバイカル湖地域でも起こっていて、ロシア人とシナ人とモンゴル人との間でかなりの異民族間結婚があった。それは、数世紀前にロシア人が極東に到着して以来、ずっと行なわれつづけてきたやり方だった。

太平洋からウラル地方へと広がるこの広大な地域は、世界最後の辺境のひとつだが、ロシアでつぎのような発言をよく耳にするくらい、人種の「坩堝《るつぼ》」となっている。すなわち、住民の肌の色は、モスクワからシベリアへ東に旅をするにつれ、白色から徐々に黄色へと変わり、コーカサスに向かって南へ旅をするにつれ、白色から褐色へと変わる、そしてこれらの肌の色の違いを識別できる境界線は何もない、と。

モンゴルとシベリア東部を広範囲に旅行したことのある、ハルビンの高学歴のロシア人女性から聞いた話だが、現在のロシア連邦の国境内には、人種的にはっきりと分類できる集団、すなわち「種族」が一八もあり、数の上では非白人集団が白人住民を圧倒しているという。このような状況にあるため、ソビエト政府は、いわゆる「人種」問題には特別の注意を払い、人種間闘争を防ぐための法律を制定する必要に迫られていた。

しかし、人種問題を解決したと匂わすソビエト連邦の発言は、どれを取っても、実際にそうしたというよりはむしろ、そうあってほしいという希望的発言である。ロシアには、特にアジア系ロシアには、深い人種間憎悪があり、今のところ半分眠っているような状態だが、火の粉がひとつでも入れば、憎悪は炎となって燃え上がるだろう。

車窓をなでる樹木の枝

シベリアは、広大な自然資源の宝庫であり、その広さは、カナダにアメリカ北西諸州をくっつけたくらいになる。北満洲とモンゴルの諸地域は、農業や酪農業の潜在的可能性の観点からすると、アメリカのミシガン北部、ミネソタ、ダコタに酷似している。日本が満洲を占領したとき、シベリア国境沿いの白系ロシア人社会は、大連、天津、青島《チンタオ》、上海といったシナ沿岸の大都市にバターやその他の乳製品を供給していた。この地方は、ウラル地方から太平洋までの約四八〇〇キロにわたって、その大部分が森林である。人間と樹木との、いつ果てるともない闘争では、樹木がいつも勝利するようだ、とはシベリアで言い古された諺である。

ウラジヴォストークから西へ旅行するにつれ、森林の樹木はカバノキが主流となる。ロシア人たちはカバノキを彫刻して無数の商品を作ることを学んできた。ウスリー川沿いのカバノキの森は、徐々にマツやトウヒの原生林へとその姿を変え、ちょうど製材所やパルプ工場が建設されて荒廃する以前の北アメリカの森林のようである。主にウスリー川流域では、ときおり狭い空き地が見えるし、丸太小屋か芝小屋〈注6〉の集落もあって、初期アメリカの西部に似ている。概してこの地方は、初期アメリカの探検家や開拓者がミシシッピー上流やその支流を見つけた頃と同じくらい原始的である。樹木の枝が列車の窓をなでるほど、森が鉄道のすぐそばまで侵入している場所が多い。

ハバロフスクでは、農産物品評会を訪れたが、それは四半世紀前に、アメリカ中西部の田舎の豪農で行なわれていたかもしれないようなものだった。農産物、加工した果物、野菜を展示

ロシア人の農夫

半月形の大鎌を斜めに構える

するテーブルや屋台店が何列も延々と続いていた。大部分の果物は小型種のベリー類で、その中にはウラジヴォストーク地域で大量に生えているツルコケモモも含まれていた。興味をそそられたのが、アメリカ中西部の野生の姫リンゴ《クラブアップル》とよく似た数種の小ぶりなリンゴで、「シベリア」姫リンゴと私は名づけた。注目すべきは、展示物の大部分が合同国家政治保安部《オーゲーペーウー》の局員のものだったことだ。スターリンは、極東軍への食料供給の監督責任を合同国家政治保安部《オーゲーペーウー》に委ねたのだった。

ロシア人が恐れる日本侵攻のシナリオ

鉄道沿いのどの地点にも、兵士が大勢いるのが目立ち、印象的だった。極東ポリツブル、すなわち共産党中央委員会政治局の局長、人民委員のクルトフが催したお茶会と歓迎会の席上では、軍事問題については、いかなる質問もしないように注意を受けた。特に国境沿いの軍隊の数や配置についてはご法度《はっと》だった。しかし、ロシアのパーティーではよくあることだが、ウォッカを流し込むと、どんどん口が軽くなり、まもなく誰もが心の中で思っている最重要な話題について話しはじめた。シベリアと外モンゴルへの日本侵攻が予想されるが、それに対するロシアの防衛手段についてである。

ロシア人は次の二点での攻撃を恐れていた。まず、ウラジヴォストークと臨海地方の遮断を目的とした陸、海、空の合同攻撃。そしてバイカル湖東部のシベリア全域の遮断を目的とした外モンゴルへの陸空の大攻撃。

何年間にもわたり、日本人は、白系ロシア人あるいはロシア人移民を相手に宣伝活動を繰り広げ、日本はシベリアを共産党の影響から「解放」する計画であり、シベリアを白系ロシア人、すなわち帝政ロシア人に「返還する」つもりだと伝えていた。コサックの指導者、アタマン・セミヨノフは、第一次世界大戦中にアメリカがシベリアに干渉した際、チタ周辺で彼の軍隊がアメリカ軍に発砲したことがあるけれども、日本勢力圏内の南満洲の大連に長く住み、将来はシベリアで日本の傀儡《かいらい》になるだろうと見なされていた。

日本人が極東のロシア人亡命者の間で陰謀を企てていることについて尋ねると、ソビエトの陸軍士官たちはいつも笑みを浮かべ、つぎのような主張を繰り返した。ガレン将軍率いる極東赤軍なら、日本人を満洲から一掃することなど朝飯前だろう、と。

ハバロフスクのソビエト陸軍士官の一人が、笑いながら、私にこう言った。シベリアと満洲の長い国境線で戦争が勃発する前に、何千匹もの犬の戦いが起こるだろう、と。それはどういう意味かと尋ねたら、ソビエトの辺境守備隊は、日本人スパイを追跡させるために、数年間、警察犬を訓練してきたという。士官の話によれば、日本人は、ロシア人が犬を利用していることを知ると、ただちにドイツから訓練士ともども警察犬を多数輸入したそうだ。というわけで、もし戦争が勃発すれば、犬同士の戦いが予想されるというのだ。

〈注6〉　ロッキー山脈東方の大草原に入植した人々が、木材不足のため、芝をレンガのように積んで建てた家。

シベリアとモスクワにおける対日脅威の温度差

ハバロフスク政府の行政長官、グレゴリ・クルトフは、私があらかじめ投げかけておいた日ソ戦の見通しについての質問に答えて、つぎのように表明した。「大勢の日本の軍事策略家たちが、過去の犯罪を覆い隠すために満洲を所有しつづけなければならぬと考えて、この地域を支配する限り、日本との戦争は避けられない」と。

関東軍の「面子《メンツ》を立てる」ことができれば、満洲から軍隊を撤退させたほうがよいとする冷静な日本人は大勢いると、クルトフは主張した。しかし、関東軍の満洲占領のやり方からすると、とても撤退はさせられないので、戦争は避けられぬという想定のもとにロシア人は行動していたのだ。もし日本が、一九二九年から三一年にかけて同国に蔓延したような深刻な経済危機を経験すれば、きっと一九三一年に満洲で起こした危険な軍事的行動と同じような行動をもう一度展開せざるをえなくなるだろうと、ロシア人たちは信じて疑わなかった。

人民委員クルトフの事務所は、ハバロフスクでただ一軒しかない近代的な建物の一階をまるまる占拠していたが、その事務所の壁には、満洲の大地図が貼ってあり、日本人が、満洲の住人のまばらな地域に、ソビエト国境を目ざしてまっすぐに通した新鉄道や高速道路にたくさんしるしがつけてあった。クルトフは、その地図を指さしながら、こう声を上げた。

「これらの道路は平和のために建設されているのではない。戦争のために建設されるのだ」

しかし、恐ろしいとか、日本人と妥協を図りたいとかいう兆候はまったくなかった。私が得た情報では、相互に四〇キロほど軍隊を撤退させてはどうかと最近日本が出した提案を、ロシア人はにべもなく断ったそうだ。日本の提案は巧妙だった。というのも、そのように撤退すれば、多くの鉄道路線が黒竜江《アムール川》沿いのソビエト国境周辺を回って走るソビエト・シベリア横断鉄道を、日本の攻撃にさらすことになっていただろう。

そして東支鉄道の問題があった。それは、帝政ロシア政権が、ウラジヴォストークへの近道を造るため、満洲北部をまっすぐ横断して建設した鉄道だ。日本人がその鉄道を奪い、ロシアの準備が整う前に戦争を急に始めるのではないか、とロシア人は日々戦々恐々としていたのだ。ロシア人は、巧妙な宣伝活動を展開し、「面子」も考え、日本人に鉄道購入に同意するよう強要した。しかしそのときでさえ、ロシア人がようやくほっと安心したのは、売買協定が調印されてからだった。最終的に合意された価格は約五〇〇〇万ドルで、二四〇〇キロにわたる鉄道の実質価格をはるかに下回ると思われた。その鉄道の半分は、法的にはシナのものだった。

日本人がシベリア鉄道を占拠し、国境を横切ってソビエト領内に入る路線の両端を切断したことで、その鉄道の経済的重要性は破壊されたけれども、ソビエト側に所有権を明け渡そうという気持ちなどさらさらなかった。ウラジヴォストークの鉄道操車場で、空になって赤錆びたタンク車が何列も連なって放置されているのを見れば、日本の満洲占領が原因でウラジヴォストークの貿易が不況になっているのは明らかだった。これらの列車は、もともと、満洲の主要農産物の大豆油を市場に輸送するために使われていた。シナ人は、東支鉄道の売却には強く抗議したけれども、日本が満洲を占領していたため、売却を阻止するだけの国力はなかったのである。

私が特に興味を持ったのは、このような極東の危機的な段階における、ソビエトの対日政策であった。その政策により、最後には、われらの祖国アメリカも巻き込まれることになるだろう、と本能的に感じていたからだ。日本の支配下の満洲周辺から日本海へと至る極東ロシアの広大な地域を表面的に視察しただけでも、自国の領土を一インチでも守るために戦うというソビエト人のなみなみならぬ決意が伝わってきた。ある政府高官が言ったように「今日、わが極東赤軍は、黒竜江の全国境にわたって、兵士対兵士、砲艦対砲艦、飛行機対飛行機のどれを取っても、日本の満洲国の軍事兵器と互角」だからだった。

シベリアでは、ソビエト当局者なら誰でも持っていた戦争不可避の意識も、私が極東からモスクワに近づくにつれて、かなり冷めていった。モスクワとベルリンの関係が以前より緊迫してきたからだ。状況がそうならば、満洲での日本の脅威の影が薄れても至極当然というわけだ。モスクワの指導者たちは、よく耳にする言い草「ロシアは日本にシベリア領土を一インチたりとも占領させせない」と何度も繰り返しながらも、その一方で、あのシベリア地域が手に負えない状態にならないようにするにはどうしたらいいかについて心中であれこれ思いをめぐらし、また他方では、欧州で対ドイツ「戦線」を構築していたことは間違いない。したがってヨーロッパで戦争が勃発した場合には、ロシアもドイツも、ともに日本帝国に協力を求めるという、興味深い三つ巴《みどもえ》の外交ショーを見物できるわけである。その戦争では、ソ連とドイツは十中八九敵同士になるだろう。

後に私がソビエトの役人のふとした発言を思い出したのにはそれなりの理由があった。その役人は、私が極東での日ソ関係についてお決まりの質問をしたら、ずいぶんと苛立《いらだ》ってこう答えた。「どうしてアメリカは日本と戦わないのですか。それは私たちの仕事というよりも、あなたがたの仕事ですよ！」。

後に、本当に戦争をすることになったのである。

ロシアがアメリカにアラスカを売却した理由

ハバロフスクにいたとき、私は共産党員のクルトフに、この広大な地域で彼の管轄権下にあるアメリカ人がいるかどうかを尋ねたことがある。彼はいないと答えたものの、それから考え直し、ぶっきらぼうに、どこへ行けばアメリカ人技師を雇えるか知っているか、と尋ねてきた。彼の話では、ソビエト政府は技師に旅費と高給を支払うそうだ。連中は何か特別な土木工事プロジェクトでも計画しているのだなと思いつつ、どんな仕事をアメリカ人技師にやってほしいのかと、期待する仕事の性格について聞いてみた。クルトフは微笑んでこう言った。

「いや、土木工事の役割はさほど重要ではありません。私たちの英会話の練習を手伝ってくれるアメリカ人が欲しいのです。でも、もちろん、その人の土木工事の知識も使わせてもらいますが」

極東のソビエト人官憲のほとんどが、英語を学習しているけれども、ソビエトの極東地域で、英会話を一緒に練習できるアメリカ人は一人も見つからないと、この共産党員は語った。

クルトフのピカピカの新車のビューイック・リムジン〈注7〉に乗り込み、荷物を取りにハバロフスク・ホテルに戻ってから、モスクワ行きの列車に乗車するために鉄道駅へ向かう道すがら、「話し上手でもある」アメリカ人技師を雇いたいがどうか、というクルトフの提案を私はずっと考えていた。そんなとき、中年のロシア人であるクルトフの運転手が、私のほうを向き、うまいアメリカ英語で「あなたはアメリカ人ですね」と話しかけたのだから、私がどれほどびっくり仰天したか、ご想像願いたい。私は、そうだと答えたものの、驚きを隠せず、どこでアメリカ英語を学んだのか尋ねた。「革命後、一〇年間ほど、ホノルルに住んでいましたが、その後、シベリアに帰郷しました」と答えた。肩をすくめながら「でも、ここでは英語は一切話しません」と付け加えた。

アメリカ人がシベリアの大型開発計画になみなみならぬ興味を抱いていた時期があった。一八六七年、私たちがロシアからアラスカを買収した後の時期である。不思議なことに、アラスカは、米ロ関係で重要な位置を占めていた。同年、国務長官ウィリアム・H・スワードがロシアからアラスカを買収したとき、合意した買収金額は金で七二〇万ドルだったが、これを土地の面積に換算すると、一エイカーあたり一セントになった。

しかし実際の購入金額はずっと少なく（たったの一四〇万ドル）、差額の五八〇万ドルは、合衆国の内戦のとき、ニューヨーク港での海軍の公開演習費用としてロシアに払い戻すことになっていた。おりしも、イングランドは南部連合国〈注8〉を支持し、北部諸州人《ヤンキー》たちが友人を必要とするときだった。ロシアがアラスカの売却を、それもあのような特価で売却するのを厭《いと》わなかった理由は、イギリスがアラスカ占領の計画を立てているのでは、とロシア人が恐れていたからだ。

ロシアの極東地域で、私は若いコムソモール、すなわち共産主義青年同盟の会員何人かに会った。彼らは、私よりもずっとアラスカのことをよく知っていて、アメリカはロシア皇帝を「騙《だま》し」、二束三文の値段でアラスカを売却させた、という印象を誰もが抱いているようだった。現在のソビエトの学校の教科書に、ロシアのアラスカ「喪失」について書いた一節があるのではと思ったけれども、この件では何の情報も入手できなかった。

米ロ間を結ぶ海底ケーブル構想

一八六〇年から一八七〇年までの時期、ロシア人は、シベリア開発でアメリカ人の援助を欲しがっていた。ロシア皇帝の兄弟の大公は、アラスカ売却のときのシベリア総督だったが、太平洋とウラル山脈間の全鉄道、その他の輸送施設、電信通信機関、採鉱、森林管理、農業資源の開発のために、アメリカ人の一団体と契約を締結した。その契約はおそらく、イギリス国王がインド、マラヤ、シナを東インド会社に委託して以来、どの国の政府も与えたことのない最大の開発特権であったろう。

〈注7〉　アメリカのゼネラル・モーターズ社の高級乗用車。
〈注8〉　一八六〇年から一八六一年にかけて、アメリカ合衆国から脱退した南部一一州がつくった国。

しかし、アメリカのシベリア開発特権からは何も生まれなかった。というのも、ロシア皇帝が、そのために皇帝の威信失墜が起こるのではないかと恐れたからだった。その結果、シベリアは停滞したままで、皇帝政権下では広大な政治犯収容所だったし、もっと最近ではソビエト政権の政治犯収容所だった。

このようにアメリカがシベリアに興味を持っていた初期の時代には、陸地ケーブルと海底ケーブルを組み合わせて、アメリカとロシアの二国を結びつけようとする試みがなされた。そのケーブルはシアトルを出発点とし、アラスカ沿岸を通過し、アリューシャン列島とベーリング海峡を横断してカムチャッカ半島へと延び、そこからシベリアを横断してロシアとヨーロッパへ至るというものだった。このケーブルは、民間会社が政府の助成金をもらって操業するはずで、この援助があれば、大西洋ケーブルを支配する独占企業に頼らなくてすんだことだろう。

このプロジェクトに興味を示した会社は、アリューシャン列島沿いのルートを調査してから、カムチャッカ沿岸に測量技師団を上陸させた。測量技師団はついにシベリア全土を横断しヨーロッパまで進んだけれども、このプロジェクトからは何も生まれなかった。喉《のど》から手が出るくらい欲しかった太平洋横断ケーブルがよくやく建設されたのは、一八九八年にアメリカがフィリピンを占領してからだった。

一九二〇年、ソビエト政府は、アメリカの石油プロモーターのハリー・F・シンクレアに、サハリン島北部の貴重な石油資源開発の特権を与えたものの、日本の圧力があったために、モスクワは、仕方なく契約を破棄して契約金を返還した。結局、ソビエト政府はその特権を日本海軍に委託し、それ以来、日本海軍は、海軍と空軍の石油主源泉としてロシアのサハリン油田を利用したのである。

　バイカル湖地域でソビエトの産業が発達しはじめた頃、私はシベリアにいたが、そのとき耳にしたのは、南満洲の奉天《ほうてん》を中心とした日本の巨大産業開発とできる限りそっくりなものを造るのがモスクワの意図だったということだ。もし、一八七〇年代初頭、アメリカの大型開発特権が受け入れられていたら、ロシア領アジアで何が起こりえたのだろうかと、私はしばしば思いを巡らせたものだ。シベリアには、何世代にもわたって世界の新聞社に提供できる充分なパルプ材があるのだから。

読者のみなさんへ

この本をお読みになって、どんな感想をお持ちでしょうか。ご意見、ご感想を左記の宛先までお寄せいただけたらありがたく存じます。今後の企画の参考にさせていただきます。電子メールでもけっこうです。その場合は、書名を忘れずにご記入下さい。

〒一〇一―八七〇一　東京都千代田区神田神保町三―六―五　祥伝社
書籍出版部　編集長　角田　勉
電話〇三（三二六五）一〇八四　E-Mail : nonbook@shodensha.co.jp

「在支《ざいし》二十五年《ねん》」米国人《べいこくじん》記者《きしや》
が見《み》た戦前《せんぜん》のシナと日本《につぽん》（上）

平成20年４月１日　初版第１刷発行
平成20年４月20日　　　第２刷発行

著者――――Ｊ・Ｂ・パウエル
訳者――――中山《なかやま》　理《おさむ》
監修者―――渡部 昇 一《わたなべしよういち》

発行者―――深澤健一
発行所―――祥伝社《しようでんしや》
〒101-8701　東京都千代田区神田神保町3-6-5
☎03(3265)2081(販売部)
☎03(3265)1084(編集部)
☎03(3265)3622(業務部)

印刷――――堀内印刷

製本――――ナショナル製本

ISBN978-4-396-65041-4　C0022　Printed in Japan
祥伝社のホームページ・http://www.shodensha.co.jp/

造本には十分注意しておりますが、万一、落丁、乱丁などの不良品がありましたら、
「業務部」あてにお送り下さい。送料 小社負担にてお取り替えいたします。

目からウロコ、
井沢史観のエッセンスを凝縮!

点と点が線になる

日本史集中講義

井沢元彦

この一冊で、「日本史の謎」がすべて解ける!

- 十七条憲法が、その後一四〇〇年の日本人に与えた影響とは
- なぜ、武士が発生したのか。そしてなぜ朝廷と幕府が並存できたのか
- 寺社の商業活動と、「楽市・楽座」でみせた信長の本当の狙いとは
- 秀吉の朝鮮出兵と、キリスト教禁止令の本当の意味とは/他

祥伝社